하나의 대한민국, 두 개의 현실

하나의 대한민국, 두 개의 현실

지은이 | 박노자 외
인터뷰 | 지승호
펴낸이 | 김성실
편집 | 최인수 · 여미숙 · 한계영
마케팅 | 곽홍규 · 김남숙 · 이유진
디자인 · 편집 | (주)하람커뮤니케이션(02-322-5405)
인쇄 | 중앙 P&L(주)
제본 | 대홍제책
펴낸곳 | 시대의창
출판등록 | 제10-1756호(1999. 5. 11)

초판 1쇄 발행 | 2007년 9월 15일
초판 8쇄 발행 | 2010년 11월 10일

주소 | 121-816 서울시 마포구 동교동 113-81 4층
전화 | 편집부 (02) 335-6125, 영업부 (02) 335-6121
팩스 | (02) 325-5607

ISBN 978-89-5940-081-2 (03300)
값 13,500원

ⓒ 지승호, 2007, Printed in Korea.

지승호 인터뷰

하나의 대한민국, 두 개의 현실

박노자
홍세화
김규항
한홍구
심상정
진중권
손석춘

미국의 식민지 대한민국, 10 vs 90의 소통할 수 없는 현실

10% 부자를 위한 신자유주의 자본 파시즘에 맞선 7인의 지성, 90% 약자를 위한 참 정치를 말하다

시대의창

약자의 상처를 어루만지는 정치가 그립다

정녕 고달프고도 험난한 '진보'의 길

전작 《금지를 금지하라》가 널리 사랑받기를 바랐지만 결국 내 바람은 바람으로만 끝났다. 하긴 요즘 그런 책에 관심을 갖기에는 즐길 거리가 도처에 널려 있고 피부로 느끼는 삶은 절망적이다. 어떤 이는 "지승호의 인터뷰는 비교적 무거운 주제를 다루고 있음에도 불구하고 유쾌한 부분이 있었고 희망을 담고 있었다. 그런데 이 책은 그렇지 않았다"고 평하기도 했고, 어떤 이는 "마치 책에 핏물이 배어 있는 것만 같았다"고 말하기도 했다.

문정현 신부, 이상호 기자 같은 분들과 인터뷰를 하면서 그전처럼 '무거운 주제를 비교적 경쾌하게' 가져갈 수는 없었다. 그리고 인터뷰 과정에서 내 스스로 절망하는 부분이 컸다. '아, 이런 사회에 희망이란 게 있을까?' 하는 절망감에 사로잡혔다. 그리고 도망가지도 못하고 더 깊이 다가서지도 못하는 비겁자의 정서를 가진 나는 그 책을 낸 후 매우 힘이 들었다. 잡혀서 두들겨 맞는 동료를 보면서 다가가지도 못하고, 슬금슬금 뒷걸음치다 도망가는 그런 비참한 심정을 느꼈다.

난 한국 사회의 전체적인 스펙트럼 안에서는 좌파로 분류될 수 있는 사람들을 주로 인터뷰해왔다. 그리고 오버스럽게도 《금지를 금지하라》에 넣은 내 셀프 인터뷰 때문에 나를 좌파로 착각하는 사람들도 있는 것 같다. 물론 나는 내가 만난 사람들을 존경하고, 존중하고, 그런 목소리가 우리 사회에 정말 필요하다는 생각을 하고 있다. 다만 내가 스스로 좌파라고 하지 않는 이유는 도무지 난 저렇게까지 희생하며 살 자신이 없고, 그렇게 단단하게 내 생각을 지키며 살 만큼 내 자신이 강하지 않다는 것을 알기 때문이다. 주제파악을 하는 정도의 미덕이 있다고 할까.

강준만 교수는 "진정한 진보주의자라면 흔쾌히 동의하겠지만 진보의 길은 고달프고 험하다. 자신을 앞세우거나 자기 위주로 생각하고 사는 걸 자제해야 한다. 늘 낮은 곳을 향하는 자세로 겸허하고 또 겸허해야 한다. 윤리의식도 철저해야 한다"고 하면서 "지식이나 기질로 진보를 익힌 사람들에겐 그런 진보의 원칙들이 넘기 어려운 벽이 된다. 그럼에도 '진보'는 하고 싶다. 실천 없이 말이나 글로만 하는 진보라도 하고 싶은 것"이라는 글을 쓴 적이 있다.

내가 그런 사람이 아닌가 하고 반성하면서 그런 삶을 흉내는 내면서 닮도록 노력은 하겠지만, 나는 평생 진보주의자가 될 수 없다는 자괴감이 들 때가 많았다. 이 책을 위해 인터뷰를 하면서도 '내가 왜 이런 이야기에 진작 귀를 기울이지 않았을까? 아니 김규항 선생이 지적한 대로 듣기만 하고 실천은 하지 않았을까?' 하는 생각을 자주 했다.

〔다른 사람의 상처를 먼저 어루만질 줄 아는 마음

이상호 기자가 얼마 전에 내게 이런 말을 해줬다.

"너무 예민하고 힘들었던 시기라서 인터뷰를 하면서 실수도 좀 했던 것 같다. 그런데 지승호는 끝까지 인내하면서 얘기를 들어주었는데, 나중에 생각해보니 내가 인터뷰어 지승호를 좋아하게 된 이유가 그거였다. 약자, 아픈 자에 대한 공감 능력이 뛰어난 거였다."

그 얘기를 듣고 너무 고마웠다. 그나마 내 존재 가치라는 것을 찾은 것 같기도 했다. 목숨 걸고 X파일 취재를 했고, 40번이나 고소 · 고발을 당한, 정말 약자에 대해 귀기울이는 기자의 말이라 '내가 그런 말을 들을 자격이 있나?' 하는 부끄러움이 더 컸지만 말이다.

난 어쩌면 약자에 대한 공감 능력이라는 부분이 노무현 정권(정부, 여당, 지지 세력까지 포함)의 가장 큰 문제가 아니었나 생각한다. 그들은 끊임없이 자신의 상처를 얘기했지만, 남의 상처에 대해서는 전혀 배려하지 않았다. 오히려 "난 니들의 상처를 알고 있는데, 내가 그 상처를 치유해줄 시간을 주지 않는다"고 지지자들에게 화를 냈다. 그리고 시간이 지난 후 돌아보건대 그럴 의지도 능력도 없었던 것은 아닌가 하는 생각이 들었다. 그리고 상생相生을 얘기하고 연정聯政을 얘기하다가 상대방에게 비난을 퍼붓기 일쑤였다. "나는 하늘을 우러러 한 점 부끄러움이 없다"는 듯이.

어느 교회에 고민이 많은 사람들이 모였다. 바쁜 목회자는 어디 좀 갔다 올 테니 서로 얘기를 하고 있으라고 했다. 목회자가 돌아왔을 때 다른 사람들은 다 가고 한 사람만 남아 있었다. 남의 고민을 듣고 난 사람들은 "어, 나만 아픈 게 아니네. 다른 사람들의 상처가 더 크네" 하면서 돌아갔다는 것이다. 상처란 그런 게 아닐까? 그래서 다른 사람의 상처에 공감하는 능력이 꼭 필요한 것은 아닐까? 그리고 그 얘기를 들어주는 것이 필요하지 않을까? 이 정권은 '토론 공화국'이라고 하면서 토론을 통해 이루어진 것은 하나도 없다. 예전 같으면 "정보를 공개하지 않는다"고 화를 냈을 사람들조차 "협상의 성격은 그런 것"이라며 눙치기 일쑤였다. 그리고 전태일의 아픔에 공감한다면서 그걸 통해 상대방과의 차별화 전략을 세웠던 그들은 허세욱의 죽음에 대해서는 "택시 기사가 FTA에 대해서 뭘 알아서 분신을 하느냐?"고 말하기도 했다. 전태일은 이해가 간다고 하면서 말이다. 그러면 전태일은 노동 문제, 경제 문제 전문가여서 분신을 했던가? 그들 계급의 현실과 위험에 대해 그들보다 더 잘 아는 사람이 어디 있을까?

노무현 정권은 '트로이의 목마'인가

한미FTA의 졸속 타결과 밀어붙이기 과정을 통해 이 정권(다시 말하자면 지지자까지 포함)은 보수대혁명, 보수대연합을 이뤄냈다. 이건 1990년의 3당 합당을 능가하는 구국의 결단이었으며, 보수층의 단결을 촉발한 포성이었다. 어떤 분들은 아직까지도 "김대중, 노무현 정권이 대한민국을 신자유주의의 아가리에 처넣었다"는 김규항의 말에 화를 내던데, "노무현은 진보·개혁 진영에 들어온 보수세력의 트로이의 목마가 아니었을까?"라는 생뚱맞은(?) 고종석의 의문이 너무나 현실적으로 느껴질 정도로 개혁·진보의 동력과 에너지를 끌어모아 보수의 아가리에 처넣은 게 사실이 아니란 말인가?

그게 아니라면 그렇게 평소에 대립했던, 아니 대립하는 척했던(지금 보면 적대적 공생관계였다고도 생각되는데)《조선일보》를 비롯한 수구신문들의 극찬을 받고 있으며, 평소 그렇게 경멸해 마지않던 야당 지도자들로부터 "이제야 대통령답다"는 극찬을 받을 리 없지 않은가?

심상정 의원은 "내가 겪은 모피아들은 굉장히 유능한 확신범들이었다. 한국 경제를 주물러온 모피아의 실체를 봤다. 그들은 자신들이 원하는 게 뭔지, 그리고 우리가 원하는 게 뭔지를 정확히 파악한 후 설득하려 들었다"고 얘기한 적이 있다. 그들이 마음에는 안 들지만, 대화는 가능하다는 얘기 아닌가?

거기에 비해서 열린우리당과 참여정부 그리고 그 지지자들은 자신들이 뭘 원하는지조차 제대로 알지 못하고, 상대가 뭘 얘기하는지는 더더욱 가늠하지도 못한 채 정치를 해온 것은 아닌지 의문이 든다. 걸음은 줄곧 오른쪽으로 치달으면서도 스스로 진보라고 착각하고 있었으니 무슨 일이든 제대로 될 리가 있겠는가? 이런 비판을 의식했는지 '좌파 신자유주의'라는 기발한(?) 개그로 자신들의 모순을 덮으려 들었지만 금세 썰렁한 개그로 놀림감이 되고 말았다. 좌파라고 하면 극도의 우편향인 한국 사회에서 "그래 저 사람이 빨갱이긴 빨갱인가 봐" 할 거고, 신자유주의 하니까 진보·좌파들은 "그래, 이제 내놓고 자본 지상주의로 가겠다는 거구나" 하고 생각할 게 아닌가? 뭐, 실제로 그 사이에서 헤맨 건 사실이니까.

언론 탓? 이제 와서 솔직히 말해보자. 언론들이야말로 너무나 정확하고 일관성 있게 자신들의 이익을 주장해왔던 것 아닌가? 개혁을 통해 자신들의 이익이 침해된다고 생각했을 때는 게거품을 물면서 물어뜯었고, 파병이나 FTA 같이 자신들의 이익에 맞는 정책을 펼 때는 호들갑스럽게 박수를 쳐왔다. 그 사이에서 갈팡질팡했던 것은 노무현 정권이었고 말이다.

설령 우리나라가 더 잘살게 된다고 해도 그것으로 인해 죽어나갈 위험성이 있는 사람들이 거기에 대해 불안감을 느끼고 저항하는 게 잘못된 일인가? 그렇다면 그들에게 정보를 주지 않고, 불안감만 가중시킨 정부의 잘못은 없나? 그 많은 홍보비로 텔레비전에서 동화 같은 장밋빛 미래로 덧칠한 광고만 들이댈 게 아니라 피부에 와닿는 현실을 가지고 솔직하고 겸손하고 진지하게 설득했어야 하지 않을까? 그게 정치 아닌가? 그런데 저럼한 인격을 가졌으나 지킬 재산이 많은 분들이 눈 맞은 강아지처럼 신나서 날뛰는 걸 보면 이것이 누구를 위한 잔치인지 삼척동자도 훤히 알 일이 아닌가?

박정희 식 밀어붙이기의 달인들께서 왜 그동안 그렇게 박정희는 미워하셨을까? 그 시대의 멘탈리티를 그대로 가지신 분들이 왜 그렇게 '우린 다르다' 라고 생각하셨을까? 황우석 사태 역시 황우석 혼자만의 잘못이 아니듯이 이렇게 된 것이 노무현 한 분만의 잘못은 아니라고 본다. 이 정도가 우리 꼬라지인 것이겠지. 하지만 그들이 좀더 성찰하고, 좀더 겸허했으면 이렇게까지 되었을까?

자기반성 · 자기교정 결핍이라는 치명적인 한계

노무현 정권은 자기반성 · 자기교정이란 면에서 너무도 부족했다. "처음으로 인간의 얼굴을 한 사람이 대통령이 되었다"는 찬사를 듣던 그는 기대에 가득 찬 눈으로 그를 바라보는 사람들의 가슴에 못질을 하는 말을 수없이 내뱉었다. 그러면서도 정작 자신의 가슴에 못질을 한 사람들과는 친해지지 못해서 안달이었다. 아니었다고? 그들에게 대립각을 세울 때는 거의 상황이 종료된 다음 아니었던가?

어떤 심리 실험은 20달러를 받고 거짓말을 한 사람보다 1달러를 받고 거짓말을 한 사람이 그 사실을 더 진실이라고 믿을 확률이 높다고 했다. 자신이 1달러를 받고 거짓말을 했다는 자존심 상하는 사실을 믿을 수가 없어서 차라리 그것이 진실이라고 믿어야 견딜 수 있다는 건데, 노무현 정권을 지지한 사람들은 실제로 1달러든 20달러든 그것을 내고 그 얘기를 해왔던 사람들이기 때문에 도덕적 우월감마저 가지고 있었던 것 같다. 그런 과정에서 자신의 행동과 말이 달랐을 수도 있다는 것을 믿기는 어렵다.

파업하는 노동자들을 식칼로 찌르고 진압하는 것만이 폭력은 아닐 것이다. 그 폭력은 너무나 쉽게 드러나기 때문에 그 폭력의 피해자는 그것으로 늘 사람들의 기억에 남는 사람이 될 수 있다. 파업에 대한 손해를 보전한답시고 수십억 원의 소송을 내서 결국 자본주의 사회의 패배자로 만들고, 결국 사회적 · 물리적 자살까지 하게 하는 행위는 폭력이 아닐까? 그리고 그 폭력은 너무도 부드러운 방식이어서 사람들에게 전해지지 않는다.

과연 권력의 속성은 변했을까? 아직 변하지 않았다. 아니, 사람들이 더 빨리 변해버렸다.

민노당 지지자였던 어떤 친구는 노무현이 대통령이 되었을 때 "처음으로 인간의 얼굴을 한 사람이 대통령이 되었다"고 좋아했다. 그리고 부안 문제, 파병 등의 처리 방식을 보면서 노무현과 결별했다. 그리고 나한테 "왜 그 사이트에 아직도 있느냐?"는 말을 가끔 하곤 했다. 그때마다 내 대답은 "아직 희망을 가지고 있다"는 거였다. 희망? 인간의 얼굴? 처음부터 그런 게 있긴 했었나?

난 노무현 정권을 망친 가장 큰 세력은 보수 언론도 아니고 한나라당도 아니라고 생각한다. 만약 보수 언론의 힘이 그렇게 세다면 어떻게 그걸 극복하고 대통령이 되었을까? 두 번 대선에 지고 패닉 상태에 빠졌던 한나라당을 살려놓은 건 보수세력이 아니라 무능한 데다 오만하기까지 한 정부와 집권당의 태도였다고 생각한다. 안티 조선 운동을 타락시킨 것도 마찬가지일 거고.

권력? 아무리 부드러워도 권력은 권력이다. 권력에는 감시가 필요하다. 그런데 감시자를 자처했고 그랬어야 할 지지 세력들은 '상대가 공격을 하니까'라는 명분으로 되도 않는 방어에 급급했다. 그 지지자들이 노무현 정권을 망친 가장 큰 원인을 제공했다는 생각이 든다. 상대방이 말도 안 되는 공격을 하면 할수록 이쪽은 더 애정을 가지되, 단호한 비판을 해줬어야 한다고 본다. 당연히 상대방의 부당한 비판에 대한 대응 역시 마찬가지였을 것이고, 오히려 그럴 때 이쪽 목소리가 더 힘이 실렸을 거라고 본다. 그 점에서는 나도 깊은 반성을 해야 할 것이고, 하고 있기도 하다.

{ 제발 나라 걱정 좀 하지 마세요

광주는 민주화의 성지로 되어 있고 광주 항쟁은 한국의 민주화에 가장 큰 역할을 했다. 그것이 없었으면 87년의 그 뜨거운 열기로 이어지지 않았을 것이고 우리의 민주화는 훨씬 더 더디게 왔을지도 모른다. 그리고 그때 광주 사람들은 악마들에 맞서서 우리가 인간임을 보여준 분들이다. 그런데 지금 대추리는 어떤가? 일제시대, 한국전쟁 등을 거치면서 일본 놈들한테 쫓겨나고, 미국 놈들한테 삶의 터전을 두 번이나 뺏겨서 개펄을 개간해 농사짓던 노인들이 "여기서 농사짓다가 죽게 해달라"고 하는데, 공권력은 그들에게 뭐라고 했던가? "보상금이나 더 받으려고 하는 집단 이기주의자"로 몰지 않았던가? 그들이 절망감으로 인해 '제2의 광주항쟁'이라는 조금 쎈(?) 표현을 했다고 해서 그게 그렇게 화를 낼 일인가? "택시기사가 FTA에 대해서 뭘 알아서" 운운하는 것과 무엇이 다른가?

5월 4일 행정대집행 때는 어땠는가? 공수부대를 포함한 군인, 경찰, 용역을 합쳐 1만 6000명이나 그곳에 들어갔다. 그리고 헬리콥터까지 동원해서 일사천리로 작전을 밀어붙였다. 그곳 주민과 지킴이들은 1000여 명밖에 안됐는데도 말이다. 그곳 주민들의 절망감과 공포감은 어땠을까? 그런데도 언론은 죽창 들고 가만히 있는 군경을 공격하는 폭도로 그들을 묘사했다. 누가 더 다쳤을까? 안 봐도 비디오 아닌가? 거기에 어떤 늙은이들은(씨바, 이렇게밖에 표현 못하겠다) 오히려 공권력을 질타하면서 대추리를 쓸어버리라는 고상한 칼럼을 써댔다. 대한민국을 지켜야 한다면서.

5월 4일 새벽 5시에 전개된 이른바 '여명의 황새울' 작전은 윤광

웅 국방장관이 "역사적 국책사업을 집행하는 데 더 이상의 기다림은 없을 것"이라고 경고한 지 20시간도 안 돼 전격적으로 이루어졌다. 좀 과장되게 말하면(아니 전혀 과장이라고 생각지 않지만) 박정희 정권이 인혁당 사건 관계자들에게 사형선고를 내린 지 20시간이 안 된 다음날 새벽에 전격 사형을 집행해버린 그 장면이 그대로 오버랩되었다. 아, 그 변하지 않는 속도감이라니.

그리고 권력이라는 건 작동 방식의 차이만 있지 본질은 동일한 게 아닌가 하는 생각마저 들었다. 차라리 박정희는 "그래, 내 무덤에 침을 뱉어라"는 말이나 했지, 아직도 자기들이 선이라고 생각하는 그들의 얼굴에는 가래침이라도 뱉어주고 싶다.

정치란 좋은 정책과 시스템을 만드는 이성적인 행위이기도 하지만 국민의 아픈 마음을 어루만져주는 감성적인 행위이기도 해야 한다. 천재지변이 일어날 때마다 정치인이 책임질 바는 아니지만 '내 잘못'이라며 하늘에 고사를 지내는 그 마음으로 읍고할 줄도 알아야 한다. 정치인은 연예인과 마찬가지로 국민에게 기쁨을 주는 존재여야 한다. 국민의 마음에 응어리가 맺히면 씻김굿을 해주는 무당 노릇도 해야 한다. 그런데 지금 그런가?

권위주의가 없어졌다고? 노 대통령이 권위주의를 없앴다고? 물론 그런 측면도 있을 것이다. 하지만 혼자? 정확하게 얘기하자. 노무현 대통령이 시대정신을 만든 게 아니라 시대정신이 노무현 대통령을 선택한 거다. 그리고 그 시대정신을 쓰레기통에 처박아버린 건 참여정부에서 일하는 당신들이었다.

권위주의가 해체되었다고? FTA반대집회 때, FTA 오적의 사진을 화형식하려고 할 때(물론 그 방식에 동의하지는 않는 편이지만), 전경들이 달려들어 노무현 대통령 사진이 박힌 피켓만 악착같이 빼앗으려 한 코미디 같은 장면에서 권위주의는 여전히 살아 숨 쉬고 있다.

군사정권 시절에 김근태 의장이 고문을 당하면서 겪었던 회고담을 들으면서 우리는 치를 떨었다. 언제 끝날지도 모르는 끔직한 고문이 자행되던 현장에서 고문을 하던 사람들은 고문으로 초죽음이된 사람을 바로 옆에 두고 태연히 집에 전화를 걸어 "우리 아이 오늘 소풍 갔다던데, 잘 다녀왔어?" 라는 일상적인 대화를 하더라는 것이다. 고문당하는 그 사람에게도 소풍 갈 초등학생 아이가 있다는 생각을 했으면 그렇게 행동하기 힘들었을 것이다.

5월 4일 행정대집행 다음날은 어린이날이었다. 대추리에 있는 아이들도 최소한(!) 그날만큼은 선물도 받고, 뛰어놀 권리가 있지 않았을까? 그런데 그 소박한 꿈마저 뭉개버린 그들도 집에 가서는 "우리 딸 무슨 선물 받았어?" 라는 얘길 했을 것이다. 위의 장면과 너무 닮았지 않은가? 차라리 그들은 "니들이 정권을 잡으면 우릴 고문해" 라는 위악이라도 떨었지만, 이들은 위선적이기까지 하지 않은가? 과연 누굴 위해서?

우린 탄핵 때 한나라당과 《조선일보》를 비롯한 수구세력에게 "너흰 아니야!"를 목이 터지도록 외쳤다. 그렇지, 그 인간들은 아무리 생각해도 아니지, 하지만 이젠 이런 노래도 불러야 하지 않을까 하는 생각이 든다. "너희도 아니야. 제발 나라 걱정 좀 하지 마!"

이 책은 한때 노무현 정권의 일원이었던(큰 기대를 가진 지지자 중 하나였고, 이데올로그였던 사이트에서 한때 필진이었다는 점에서) 사람이 노무현 정권에 대해 '이런 면도 생각해보고, 자기반성이나 교정을 할 부분은 없었는지 살펴보는 것은 어떠냐?' 하는 제안이기도 하고, 내 스스로는 '이런 삶에 조금 더 다가가겠다. 이런 고민들을 더 해야겠다'는 다짐이기도 하다.

물론 내게도 반성해야 할 몫이 많을 게다. 나 역시 많은 상처들을 주고 살아왔다. 상처를 주는 게 마음이 아파 더 험한 말과 더 폭력적인 방식을 취하기도 했다. 말로든 글로든 폭력으로든 많은 사람들에게 상처를 줬고, 어떤 형태로든 그만큼 돌려받기도 했다. 그들에 대해서 화가 나는 만큼 내게도 어떤 문제가 있지 않나 하는 반성도 같이 하고 있다.

나는 내 몸에서 나는 피 냄새가 너무나 싫다. 누군가에게 줬던 상처로 인한 것이든 내가 누군가에게 입은 상처 때문이든 상처 입은 사람들 옆에 있어서 생긴 것이든 말이다. 누군가가 때리려고 하면 피하고, 피하지 못하면 그냥 맞고, 그래도 스스로 할 일을 다 하는 모습을 보일 때 날 괴롭히는 피 냄새가 없어지고, 나도 조금씩 치유해나갈 수 있을지 모르겠다.

인터뷰한 분들 중 많은 분들은 "늘 똑같은 소리만 한다"는 비판을 적지 않게 받아왔다. 그럼에도 그 분들이 똑같은 얘기를 계속할 수밖에 없었던 이유는 한 가지일 게다. 한국 사회가 전혀 바뀌지 않았으니까. 어떤 면에서는 더 나빠졌으니까. 한국 사회에 대해 끊임없이 경계의 목소리를 내는 이 분들에게 진심으로 존경한다는 말을 전하고 싶다. 독자들께서는 그들의 목소리를 곱씹어서 읽어주셨으면 한다. 지금 너무 필요한 말들이라는 생각이 드니 말이다.

지승호

김규항 _ 대한민국, 자본 파시즘이 지배하는 나라

한홍구_대한민국, 머리 까만 미국인들의 나라

심상정_대한민국, 이제는 삼성이 지배하는 나라

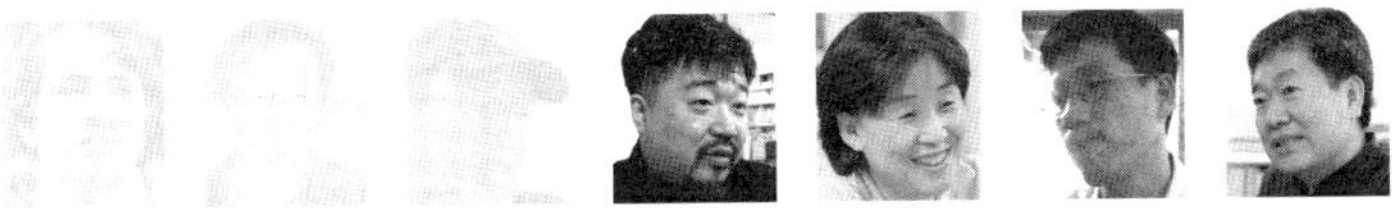

진중권_대한민국, 정염이 태양처럼 빛나는 나라

손석춘_대한민국, 새로운 상상력이 필요한 나라

대한민국, 미국의 '자발적 식민지'가 된 나라

박노자

● 1973년 상트페테르부르크에서 태어났다. 2001년에 한국인으로 귀화한 그는 토종 한국인보다 한국에 대해 더 잘 알고 있는 사람으로 유명하기도 하다. 모스크바 국립대학교, 러시아 국립 인문대학교 강사, 경희대학교 러시아어과 전임강사를 역임한 그는 현재 노르웨이 오슬로 국립대학교에서 한국학을 가르치고 있다. 주요 저서로는 《당신들의 대한민국 1, 2》 《좌우는 있어도 위아래는 없다》 《하얀 가면의 제국》 《나를 배반한 역사》 《우승열패의 신화》 등이 있으며, 한국 주요 작가의 작품이나 논저를 러시아어, 영어로 번역하는 작업도 하고 있다.

대한민국은 근본적으로 식민지 시대의 한국인 관료를 이용해서 미국이 만든 겁니다. 이 나라 자체가 미국이 만든 건데, 이 나라를 다스리는 사람들이라면 여권은 하나라 하더라도 마음속이랄까, 의식 속에서는 이중국적을 가지고 있다고 봐야죠. 그리고 지금은 아니지만 북한이 나름의 힘을 가지고 있었던 1980년대 말까지만 해도 미국이 그들의 생존의 보루였습니다. 지금 같은 경우에는 북한이 별 문제가 안 되지만, 중국과의 관계에서 대한민국의 위치를 보장하는 것이 미국이라고 하는 의식이 강하게 있구요.

"

박노자

● "박노자는 처음에는 관료주의, 집단주의 문화에 대한 비판을 주로 썼던 것 같다. 주류 사회에 대한 거야 당연했지만 '운동권 문화'에 대한 강한 거부감은 적이 거슬렸다. 그런 거부감은 그가 구소련에서 태어났고 이른바 페레스트로이카 시절 청소년기를 보낸 것과 관련이 있을 것이다. 그는 한국의 운동권에서 현실 사회주의 체제의 관료주의를 느꼈던 모양이다. 그러나 NL 계열 학생운동의 편린을 보고 한국의 운동권 문화를 말하는 건 경솔해보였다. 그런데 언젠가부터 그의 글을 보면 반자본주의, 사회주의에 대한 열망이 가득하다. 우리 사회에서 권위주의, 집단주의 문화가 많이 가신 이유도 있지만 그보다는 박노자의 내면이 진전한 게 아닌가 싶다."

박노자에 대한 김규항의 평가다. 박노자의 글은 우리의 아픈 내면을 들여다보게 해서 불편하지만, 그것이 치유 가능성을 동반한다는 점에서 그의 글을 볼 수 있는 것은 우리에게 축복이다. 더 래디컬해지지 않았느냐는 질문에 박노자는 "글은 불편하고 위험해야 한다"고 하면서 "내가 래디컬해지는 것이 아니라 나라와 독자들이 보수화된 것"이라고 강조했다.

박노자는 이라크 파병을 보면서 "노무현이 대표하는 한국의 '중도 부르주아 자유주의자'들이 아직까지 제국주의를 충분히 이해하지 못하고 있으며, 제국주의가 한국 국민의 생명을 희생양으로 삼으려고 할 때 그 망동에 당당하게 맞설 준비는 전혀 안 돼 있다는 사실이다. 역사적으로 돌이켜보건대, 친미 성향은 노무현이 대표하는 한국의 중도 부르주아 자유주의가 지닌 일종의 '태생적인 특징'이었던 듯하다"고 했다. 그 경고는 우리 사회에서 대체로 무시되었다. 그리고 한미FTA를 통해 그의 해석은 더 극명하게 드러난 듯하다. 그는 또 이런 얘기를 했다.

"한국 현대사에서 국가 통치의 특징은 무엇인가? 그 하나가 이념적·정치적 타자를 폭력으로 분쇄하는 '완력 정치'라면, 또 하나는 매체, 군대 등 기제들을 동원해서 국가, 자본 독재에 대한 피지배자들의 '합의'를 조작하는 등 사회적 헤게모니 장악을 위한 공작을 벌이는 것이다. 보통 지속적인 성공을 거둔 이런 양면 전략은 한 가지 경우엔 실패했다. 한 민중이 자각하여 소중한 목숨을 내던지고 압제자들과 사투를 벌였을 때에는, '국민 총화'에 대한 기만의 연막이 순간 흩어져 국가 관료 자본주의 체제가 그 사회적인 헤게모니를 일시적으로 잃기도 했다. 전태일을 비롯한 열사들의 희생과 광주에서의 학살이 미국 제국의 진면목에 대한 각성을 가져다준 경우가 이에 해당한다. 열사들의 희생과 억압자들의 학살 장면을 보는 순간은 우리가 '진실을 보는 순간'이 아니던가?"

{ 노무현은 우리의 계급적 적대자

지승호(이하 **지**)　이번에 한미FTA 합의 과정을 보면서 어떤 생각이 드셨습니까?

박노자(이하 **박**)　노무현 정권이 한국 지배 계급의 주문을 훌륭하게 잘 수행해냈다는 생각이 듭니다. 한국 지배계급의 주문이라는 것은 미국 시장에 대한 접근성을 경쟁자인 중국에 비해 좀 높이자는 것도 있었을 거구요. 그것보다 미국식의 신자유주의를 보다 더 확고하게 한국적 토양에 심자는 것이 좀더 종합적 의미의 주문이었던 것이죠. 미국적인 제도라든가 시스템 등등을 할 수 있는 한 국내에 많이 이식하자는 것일 텐데요. 신자유주의라는 것이 영국에서 개발된 것이지만 대체로 거의 대부분의 경우 세계 지배 계급, 그러니까 세계의 대자본에 유리하기 때문에 결국에는 한국 대자본이 바라는

것이 거기에 있지 않나 싶은 겁니다. 한국의 보다 본격적인 신자유
주의화에 목적이 있지 않나 하는 거죠.

지 《레디앙》과의 인터뷰에서 노무현 대통령(이하 노무현)에 대해
"그런 자들이 장기적으로 한국 민중에 가장 위험하다. 카멜레온처
럼 기만책을 대단히 잘 구사한다. 일부 민중층을 포섭하는 언어적
수법에 능하다. 또 자수성가한 민중 출신이다. 그런 사람이 민중운
동을 파괴하는 데는 가장 쓸모가 있다"는 얘기를 하셨는데요.

박 그것은 비판할 소지의 문제도 아니죠. 노무현은 우리의 계급
적 적대자라는 것이 완전히 밝혀졌습니다. 적대자라고 해서 우리가
무슨 분노를 품고 폭력을 행사하고 하는 건 절대 아닙니다만, 객관
적으로 적대적 모순 관계에 있는 계급의 대표자인 만큼 우리가 그
렇게 알고 그 사람의 행동에 우리가 똑똑하게 대응해야 합니다.

정말 무서운 것은 적대계급의 대표자인데도 자신의 정치적인 동
기를 여러 가지 방법으로 숨기고 있잖아요. 포퓰리스트적인 면도
있고, 대중을 향한 레토릭이라든가 탈권위적인 스타일이라든가 그
런 방법으로 숨기고 있습니다. 실제로 노무현은 측근을 다루는 방
법이 상당히 자기중심적이고, 말 잘 듣지 않는 부하를 갈아치우기
도 하는데, 보이는 스타일이 탈권위적이다 보니까 젊은이들 마음을
움직이는 거죠. 우리한테 위험한 것은 이런 겁니다. 젊은이를 겨냥
하는 탈권위 과시라든가 또는 민중을 겨냥하는 양극화 극복에 대한
레토릭이라든가. 이건 물론 레토릭일 뿐이죠. FTA 하면서 양극화
를 극복할 수 없는데, 어쨌든 간에 사람이 기만에 넘어갈 수 있으니
까 문제라는 겁니다.

그리고 또 위험한 것이 북한과의 관계를 결국에는 자신의 명분으로 삼는 부분이 있다는 거죠. 북한 지배계급의 포섭전략을 계속 수행해 나가면서 그것을 통일 관련 레토릭으로 포장을 하고, 결국에는 그렇게 해서 민족주의 지향적인 일부 지식인들을 포섭하는 겁니다. 대표적으로 그 포섭에 넘어간 거물 지식인이 백낙청 같은 분들이죠. 그분이 노무현의 북한 지배층에 대한 접근을 진정한 의미의 통일로 오해하셔서 민족주의적인 자신의 열망을 노무현이 챙겨 준다는 착각을 일으키시는데, 안타까운 일입니다. 그런데 원래부터 백낙청 선생이 계급의식이 좀 없는 분이라 그럴 수도 있을 것 같아요. 별로 놀라운 일이 아니죠.

지 이번에 최장집 교수로부터 시동이 걸려서 노무현이 촉발한 진보 논쟁에 대해서는 어떻게 생각하십니까? 노무현이 왜 '유연한 진보' 이야기를 꺼냈다고 생각하세요?

박 그거 보면서 인간이 악업을 많이 지으면 어떻게 될까 걱정이 되는 부분이 있었는데요.(웃음) 저로서는 분노를 자제하고 다스리고 이런 것들을 좋아하는데, 그래도 분노를 느낄 수밖에 없었던 것이 자신의 치적을 정리하는 글 하나를 대통령이 냈잖아요. 거기서 "복지비용을 늘렸다"는 사실하고는 거리가 먼 얘기를 했는데요. 실제로는 복지비용을 늘린 것이 아니고, 국민연금 금액이 늘어나니까 그렇게 보이는 것뿐입니다. 지금 한국에서는 국민총생산에 대비해서 계상하는 복지비용이 줄어들었어요. 국민총생산에 대비하면 지금 6퍼센트도 안 됩니다. 4년 전만 해도 6퍼센트가 넘었거든요. 어쨌든 노무현이 복지를 늘리고 이런 건 별로 없어요. 지금도 여기에서 가장 가난하다는 생활보호 대상자 같은 경우 한 달에 받는 돈 다 합쳐도, 공짜로 주는 쌀을 빼면 30만 원 정도밖에 안 됩니다. 그걸 가지고 노무현 대통령 본인이 한번 살아봤으면 합니다.

그건 그렇고 노무현이 치적을 정리하는 그 글에서 아예 언급하지 않은 것이 이라크 파병입니다. 이라크 파병으로 인해 죽은 사람인 김선일 씨 이야기를 안 했거든요. 노무현 씨 손에 피가 묻어있는데, 본인이 그런 것을 외면하고 자신의 치적을 자화자찬합니다. 이런 악업을 짓다가 어떻게 되려나 싶습니다. 지배계급을 위해서 복무하는 사람들을 보면 이런 생각들을 많이 안 하는 것 같아요. 자기가 이렇게 살다가 어떻게 되려나 하는 생각을 하지 않는 것 같습니다.

대한민국은 친일관료를 이용해 미국이 만든 나라

지 파병과 관련해서 "친미 성향이라는 것은 노무현이 대표하는 한국의 중도 부르주아 자유주의의 일종의 '태생적인 특징'이었던 듯하다"고 하셨는데, 한미FTA를 통해 그것이 더 극명하게 드러난 것 같습니다.

박 우리가 현실이라고 알아야 하는 부분이 그것입니다. 이 나라를 만든 것이 미국이에요. 헌법에서는 상해임시정부 법통이다 뭐다 하는데 이건 전부 거짓말이에요. 상해임시정부는 말기에 강령을 발표해서 대기업의 국유화라든가 기업 이득을 노동자와 자본가가 비슷비슷하게 나누는 균점이라든가 이런 얘기를 하고 있습니다. 말기에는 우파인 김구 선생과 좌파인 조소앙 선생이 손잡고 같이 했던 형태다 보니까 나름대로 진보적인 성향을 갖고 있었던 것인데, 대한민국이 건국되면서 이런 성향이 전혀 보이지 않았구요. 이런 성향을 그대로 간직한 진보당, 그러니까 조봉암 선생의 진보당 같은 경우 정권에 의해서 법살法殺을 당하고 탄압을 당했습니다.

대한민국은 근본적으로 식민지 시대의 한국인 관료를 이용해서 미국이 만든 겁니다. 이 나라 자체가 미국이 만든 건데, 이 나라를 다스리는 사람들이라면 여권은 하나라 하더라도 마음속이랄까, 의식 속에서는 이중 국적을 가지고 있다고 봐야죠. 그리고 지금은 아니지만 북한이 나름의 힘을 가지고 있었던 1980년대 말까지만 해도 미국이 그들의 생존의 보루였습니다. 지금 같은 경우에는 북한이 별 문제 안 되지만, 중국하고의 관계에서 대한민국의 위치를 보장하는 것이 미국이라고 하는 의식이 강하게 있구요. 사실은 가끔가다가 사대주의라고 표현하는데요. 전통시대 사대주의보다는 훨씬 진화된 형태죠. 세계지배계급의 보편주의라고 할까요.

그런데 유럽 쪽의 지배계급만 해도 미국과 전혀 다른 독자적인 이해관계가 있다고 자각을 하고, 미국과 전혀 다른 노선으로 갈 때도 있는데 대한민국의 경우에는 준주변국의 지배자들이다 보니까 그런 건 없는 것 같습니다. 노무현 집권 초기에 중국에다가 우호적인 제스처를 약간 취한 것 빼고는 다른 흐름이라곤 없었죠.

지 사대주의 얘기를 하셨는데요. 조선시대에는 나름대로 유교를 우리 것으로 만들어서 나중에 명나라가 망했을 때 우리 스스로를 소중화小中華라고 하고, 청나라를 마음속으로 멸시하는 부분이 있지 않았습니까? 주체의식을 나름대로 가지고 있었던 셈인데요. 그게 좋았다고 생각하지는 않지만 최소한 지금처럼 사대적이지는 않았다는 생각이 들어서요.

박 일종의 문화의식이었던 부분도 있구요. 실제로는 무역에 의존하지 않는 자급자족 경제다 보니까 군이 어떤 나라에 매달리는 것이 지정학적 부분 빼고는 없었죠. 조선이 독자적인 군대가 약하니까 명나라나 청나라에 의지한 부분이 있었는데요. 그것 빼고는 그렇게 강하지 않았습니다.

지금 같으면 강남특별시에 사는 한국의 실질적인 지배자들 중 상당수가 개인 생활에서, 예컨대 자녀 교육에 있어서는 자기와 미국을 분리하지 못하죠. 자녀를 거기 보내서 교육을 받게 하고, 자녀가 한국어보다 영어를 더 자유롭게 한다는 것을 자랑으로 삼고, 자녀가 완벽한 미국인이 되어주십사 하고 미국 하나님께 기도를 하잖아요. 우리가 그 현실을 직시해야 할 것 같아요.

지 차라리 이회창이 집권했으면 파병 때도 반대의 동력이 더 크지 않았을까 싶구요. 노무현 정권은 큰 틀에서 한나라당도 밀어붙이기 쉽지 않은 정책들을 밀어붙여서 관철해왔지 않습니까? 그러다보니까 정치적인 제스처를 제외하고는 굉장히 오른쪽의 두 세력이 경쟁하면서 그 나머지 계급의 이해관계를 대변할 수 있는 이념을 가진 모든 사람들을 소외시키는 꼴이 되어버린 것 같은데요.

노무현 대통령이 좌파 내지는 진보로 인식되거나 실제 그렇게 자처하기 때문에 그보다 더 왼쪽에 있는 사람들은 거의 현실감각이 없는 외계인 취급을 받고 있는 것 같습니다.

박 노무현이 진보를 포섭하는 데 있어서는 지배자들한테 대단히 쓸모 있는 사람이었죠. 노무현한테는 진보진영이 일정한 기대를 걸었고, 일부 중도시민사회세력들이 노무현과 자기 자신들을 동일시했기 때문에 이 세력들을 중립화하고 무력화하는 데 있어서는 대단히 큰 역할을 한 것입니다. 그런 면에서는 한국 지배 계급이 노무현을 지원해준 데 대해서는 말하자면 그만큼 득을 얻은 것이라고 볼 수 있죠.

이럴 때 진보 세력들이 어떻게 해야 하는가 하는 부분에서 우리한테 주어진 길은 하나밖에 없는 것 같아요. 노무현이 어떤 사람인지 그 실체에 대해서 우리 스스로 분명하게 못을 박아야 하는 거구요. 노무현 집권 4년은 결국에는 가장 가혹하고 가장 강경한 신자유주의 개악, 사회제도 개악의 시대라고 정의해야 할 것 같습니다. 그에게는 이렇다 할 만한 진보적 면모가 전혀 없다는 것을 각오하고, 결국에는 노무현이 일부분의 진보진영을 적대자 계급을 위해서 포섭했다는 사실을 직시해야 합니다. 그리고 다음부터 그런 일이 일어나지 않게 해야 할 것 같습니다. 우리는 뭐라고 해야 할까요, 민중에게 진정한 진보가 무엇인지 잘 알릴 수 있는 방법을 고민해야 합니다.

{ 노예를 기르고 약육강식을 강요하는 우리 교육

지 "부유세, 교육무상화, 의료무상화의 3대 조건이 충족된다면 한국은 그나마 민중들이 살 만한 사회가 될 텐데"라고 하셨는데, 지금 전혀 그 방향으로 가고 있지 않은데요.

박 문제는 심각합니다. 이런 사회 안에서는 못사는 사람들, 신음하는 사람들이 조직이 안 돼서 문제죠. 의식화가 안 되는 것도 문제구요. 무상의료가 없다는 것도 문제가 됩니다. 의료비용 중에서는 국민의료보험으로 커버되는 것이 절반 조금 넘습니다. 나머지는 자기 부담이구요. 그런데 돈이 없어서 병원 못가는 사람들이 많습니다. 제 주위에도 많아요. 이런 사람들이 무상의료라는 구호를 중심으로 해서 뭉치지 못하고, 조직화되지 못하고 있습니다. 자신이 피해자라는 뚜렷한 의식이 없다는 겁니다.

교육비 문제만 해도 잘 아시겠지만, 일부 대학교 등록금이 1000만 원이 넘고 있구요. 많은 학부모들에게 대단한 부담이 되고 있잖아요. 융자를 받아서 학비 내다가 나중에 취업도 못하고, 개인 파산 상태를 맞는 학생들도 있구요. 대학교는 고등학교 졸업한 사람의 80퍼센트 이상이 가잖아요. 그러니까 대학등록금 문제는 국민적 문제라고 볼 수 있는데, 문제는 학생들이 학교가 자신을 현금지급기로 취급해온 것을 더 이상 당연시하지 않아야 한다는 겁니다. 그런데 많은 학생들이 그것을 일종의 거래라고 생각하는 것 같아요. 우리 부모들 또는 내가 이 정도 돈을 내면 나중에 사회에 나가서 보다 많은 돈을 벌 수 있겠다 라고 말이죠. 그러니까 입신출세에 큰 기대를 걸고 또는 이 사회에서 큰 폭의 입신출세가 가능하다고 믿고 일단 그것을 하나의 투자로 생각하는 것 같습니다. 이 아이들의 경우 이 사회가 지금처럼 경화되어가는 구조로 봐서는 아마 중산 계급 출신 다수한테도 이렇다 할 만한 입신출세가 불가능하다는 것을 알아야 합니다.

명문대 다닌다는 아이들 중에서도 상당 부분이 비록 지식노동자지만, 불안한 비정규직 지식노동자가 될 운명에 놓여 있습니다. 지금은 우리가 지식노동자 중에서 가장 고급스러운 부류로 박사를 생각하는데요. 지금 대한민국에서는 정규직 교수 못지않게 박사급의 시간강사 또는 비정규직 교수들의 숫자가 많습니다. 지금 정규직 교수는 5만 6000명 정도가 될까 말까 하고, 시간 강사는 대체로 5만 명이 넘었다고 봅니다. 그 중에서 대다수가 박사 학위 소지자입니다. 제 얘기가 뭐냐 하면 열심히 돈 들여서 박사가 되더라도 이 나라에서는 겨우 생계를 유지하는 수준의 부류가 될 가능성이 높다는 것입니다. 이것이 더 이상 투자라기보다는 자본에 돈을 빼앗기는 것이라고 생각을 하거나, 무료로 공부를 한다는 것이 나의 천부인권이라는 의식을 가져야 되는데, 우리는 아직까지 자본하고 거래를 해서 뭘 얻을 수 있다고 착각하는 것 같습니다. 자본하고 거래를 해서 우리 같은 개미들이 뭘 얻을 수가 없죠.

지 언젠가 말씀하신 것처럼 예전의 민주화 시대에는 열사가 하나 나오면 지배계급의 가면이 벗겨지고, 민중이 각성하는 시점이 있었는데요. 지금은 그렇지도 못한 것 같습니다. 열사가 사라진 시대라고 할까요? 노조를 하다가 분신을 하기도 하고, FTA 반대를 외치다가 자살을 해도 대중들의 시선은 차갑기만 한 것 같습니다.

박 관심을 끌지 못하죠. 체제에 대해서 이렇게 강력하게 저항한다는 그 자체를 체제에 순치된 사람들이 괴상하게 여기는 부분이 분명히 있는 것입니다. 제가 보기에는 허세욱 열사의 자기희생을 대수롭지 않게 여기고 "이것은 나하고 관계가 없다, 그 사람이 과해서 그런 거다, 그 사람의 개인적인 문제다"라고 보는 것이 일종의 우민화 탓인데요. 허세욱 씨는 모두를 위해서 결단을 내린 것으로 저희는 생각하고 있거든요.

우민화의 원천이 여럿 있어요. 하나는 교육제도입니다. 우리 교육이 사실상 노예들을 기르는 거잖아요. 일제강점기 때도 노예를 길렀는데, 일제강점기에는 절반 정도가 학교를 못 다녔고 학교에 다녀도 일본 놈들이 가르치는 것이 좀 거짓일 거라는 의식이 있었거든요. 지금 같은 경우에는 다들 대학교까지 다니지 않습니까? 대학교까지 누가 무엇을 가르치느냐가 대단히 중요합니다.

지금은 보수주의자들이 전교조를 테러리스트처럼 악마화해버렸는데요. 전교조의 조직 가입률이 25퍼센트예요. 그러니까 대한민국의 교사 중에서 4분의 3은 가입되어 있지 않다는 겁니다. 나머지 대다수의 교사들이 아이들에게 가르치는 것은 약육강식의 법칙이에요. "강해져라, 공부 잘해라, 남을 제압해서 이겨라, 그래야지 출세할 수 있다"고 정글에서 살아남는 법을 교사 대부분이 가르치는데요. 그렇게 안 하는 전교조 교사들은 소수이구요. 그 소수를 향해서 보수 신문들이 별의 별 소리를 다 하지 않습니까?

전교조 교사들이 하는 말은 유럽 교사조합에 비하면 대단히 온건합니다. 유럽으로 치면 일반적인 노조일 뿐이지 급진노조라고는 볼 수 없거든요. 학교에서부터 이런 가르침을 아이들이 받는데다가 집에서는 밖에서 아이들이 싸우고 오면 "때리고 들어오면 되지만, 맞고 들어오지는 마라"고 하잖아요. 그러니까 약육강식의 법칙, 극단화된 이기주의, 이기주의와 체제에 대한 순응이 얽히고설킨 것이죠. 그러니까 순응적인 이기주의인 셈인데요. 그런 교육을 가정과 학교에서 받고, 대학교에 들어갑니다.

그런데 대학 교수들이 어떤 작자들입니까? 잘 아시겠지만, 여기에서는 대체로 교수 자격증이라는 것이 미국 박사학위증인데, 특히 사회과학이라든가 경제분야는 더욱 강력한 힘을 발휘하죠. 미국 유학까지 갔다 와서 대학에 들어올 만큼 네트워크 자본과 재정적인 자본을 갖고 있는 사람이라면 대한민국에서는 신자유주의로 혜택을 받는 계층에 속할 확률이 높거든요. 교수들 중에서는 빈민층은 물론이고, 중간층 출신자들도 가면 갈수록 드물어져요. 부유층이 여유롭게 미국에 갔다 와서 대학에 들어와 교수가 되는 것이고, 그들로서는 미국의 신자유주의적인 학풍과의 관계야말로 자신의 문화적인 자산이다 보니까 그것을 과시하는 데 여념이 없는 거죠. 그리고 학생들한테 그것이 마치 우주의 진리, 우주의 법칙처럼 가르치는 것이구요.

그러니까 대한민국에서 태어나고 자란 사람은 초등학교 때부터 대학 졸업할 때까지 남을 짓밟고 성공하는 것이 세상에서 유일한 생존 방법이라는 것을 눈으로 보고 배우고 있는 거니까 뭘 기대하겠습니까? 그런 정글에서는 정상적인 사람으로 큰다는 것이 더 이상한 거죠.

대중들이 지금처럼 우민화되고 체제에 순응되는 것은 체제가 그 정도로 치밀하다는 얘기도 됩니다. 체제가 일본만큼은 아니지만 나름대로는 좀 치밀합니다. 그리고 남성한테는 대체적인 양심이나 양식을 파괴하는 군대라는 곳이 또 있잖아요. 대학에서도 가끔 가다가 신입생들한테 얼차려를 시키잖아요. 군대든 대학이든 윗사람 명령대로 '대가리 박아, 앞으로 취침' 이런 것을 저항 없이 당해본 사람이라면 자존심 있는 인간으로 살 수가 없습니다. 자존심을 포기

대한민국 미국의 '자발적 식민지'가 된 내력 _ 박노자

033

하지 않고서는 이런 것을 당하고도 안 미칠 수 없겠죠. 대한민국에서는 자존심 갖고 산다는 것 자체가 이미 금지되어 있는 겁니다. 이 체제는 그런 의미에서 치밀한 체제고, 저항이라는 것을 진압할 필요도 없이 저항이 발생되지 않도록 여러 가지 장치들을 설치해놓은 겁니다. 우리는 그 현실을 직시하고 교육부터 바꿔야 하지 않나 싶습니다.

지 그것도 쉽지 않을 것 같은데요.

박 그러니까 제가 가장 많이 하는 일이 교사들에게 강연을 하는 건데요. 우리가 어떻게 하면 아이들에게 사람답게 사는 방법을 가르칠 것인가에 관한 것은 단순히 계급의식 문제를 넘어서 인간으로서의 기본적인 존재의식, 인간으로서의 기본적인 가치의식의 문제입니다. "남을 짓밟고 성공한다는 것이 결국 자기한테 돌아온다. 그것이 결코 자기를 이롭게 하는 것이 아니다" 라는 것을 가르쳐야죠. 사실은 기본적인 인간적 가치인데요. "남을 해롭게 하는 것이 자기를 해롭게 하는 것" 이라는 법칙을 배우면 인간으로서 그나마 남을 안 괴롭히고 괜찮게 살 수 있을 것 같아요. 그런데 그것마저도 못 가르치고 있습니다.

지 노무현 정권을 해석하기 대단히 어려운 것이 처음에는 시민혁명이라도 바라는 듯이 대중을 선동하지 않았습니까?
   기독교에서는 범죄인 줄 알고 저지르는 것을 더 나쁘게 보지만, 불교에서는 모르고 저지르는 범죄를 더 나쁘게 본다는 말이 있던데요. 무지로 인해 자신이 그 해악의 결과를 짐작하지 못하기 때문에 더 큰 해악을 끼칠 수 있다는 얘기 같습니다. 그게 노무현 정권에도 해당되는 얘기 같기도 하고요.

박　불교에서는 가장 나쁜 것을 탐진치貪瞋痴라고 합니다. 탐은 탐욕이고, 진은 화내는 것이고, 치는 어리석음인데요. 제가 보기에는 치는 탐과 진의 근본이에요. 어리석다는 것이 인간의 근본 무명無明, 보지 못하는 것의 직접적인 결과죠. 저는 인간이 어리석게 태어난다기보다는(물론 불교 업보설로 보면 태어날 때도 문제가 있다고 볼 수도 있지만) 너무나 많은 어리석은 어른들에 의해서 어리석게 커가고, 결국에는 그 어리석음이라는 업보를 남한테 강요하고, 남한테 해를 끼치면서 자신을 나쁜 사람으로 만들고, 그러다가 죽는 거라고 봅니다. 결국에는 우리가 업보의 악순환을 끊자면, 불교에서 하는 말로는 파사현정破邪現正이라고 하죠. 삿된 것을 파하고, 올바른 것을 드러낸다는 건데, 파사현정을 이루자면 교육이 중심이 되어야 하지 않나 싶은 겁니다.

　전교조가 지금보다 훨씬 더 강해져야 하는 부분도 있습니다. 전교조는 지금까지 참교육 이야기를 많이 하면서 실제로는 참교육을 어떻게 실천해가야 하는지 찾지를 못했던 것 같은데, 이것도 우리가 같이 고심해봐야 할 것 같습니다. 전교조는 교사 조합으로서 교사 이익을 옹호하는 게 당연한 일이구요. 나아가 참교육, 남을 해롭게 하지 않고, 남을 이롭게 함으로써 자기를 이롭게 하는 인간을 어떻게 키워야 하는지에 대해서도 같이 고민해봤으면 좋겠어요. 체제가 우리한테 주문하는 것이 경쟁적인 인간을 키우라는 것인데, 전교조가 이것을 근본적으로 벗어나야 하지 않을까 싶습니다.

035

{ 체제에 더욱 충성하는 자수성가형 노복들

지 대통령이 했던 좌파 신자유주의니 이런 표현이 사람들을 혼란스럽게 했던 것 같은데요. 유연한 진보연하면서 보수진영이 좋아할만한 정책들을 관철해온 것을 보면 결과적으로 보수진영에서 온 트로이의 목마가 아니냐는 비판도 가능할 것 같습니다. 개혁의지는 있었는데, 굴복한 것이 아니냐는 생각이 들 수도 있구요.

박 노무현 대통령은 좌파하고는 관계도 없다고 보는데요. 제가 보기에는 애당초부터 그 분이 체제에 잘 편입된, 말하자면 천민출신으로서는 자수성가해서 체제에 대해 상당한 충성심을 갖고 있는 사람 같습니다. 대체로는 천민 배경의 자수성가형 노복들이 결과적으로 체제에 대해서는 대단히 충성을 하죠. 체제 안에서 태어난 사람들보다 더 충성을 합니다. 박정희, 전두환, 정주영 같은 사람들을 보시면 알 수 있을 테구요.

원래 그런 사람이었는데 한때 87년, 88년의 민중의 혁명적 분위기에 약간 휩쓸려서 이 체제를 좀더 리버럴한 쪽으로 끌고 가는 데 있어서는 나름대로 진지했을지 모르지만, 어쨌든 결국에는 이 체제가 미국의 주문도 있고, 한국 지배계급의 주문도 있고 해서 보수화되어가는 상황에서 다시 한 번 본연의 자세로 돌아가 체제의 가장 충실한 노복으로서 자기 주인들의 주문을 그대로 받아 적고 실행하는 게 아닌가 하는 겁니다. 그런 면에서 '트로이의 목마'라고 할 수 있죠. 그가 한때는 조금 더 리버럴한 대안을 모색한 것이 진보한테는 호소력이 강했기 때문에 체제로서는 노무현을 이용한 것이 그만한 보람이 있는 거구요.

저는 그 사람에 대해서 별로 분노를 느끼지는 않아요. 그 사람이 결국 김선일을 죽게 한 것이고, 수많은 사람의 피를 손에 묻힌 거니까요. 나중에 그것이 업이 돼서 어떻게든 대가를 받으리라고 생각합니다.

지　"우리 좌파들은 중심부의 유럽 온건좌파를 준거 틀로 삼으면 안 된다. 아시아, 아프리카, 남미의 사람들과 경험을 나누고, 연대를 맺어야 한다"고 하셨는데요. 진중권 선생 같은 경우에는 우리가 남미보다는 좀더 복잡하거나 발전된 사회이기 때문에 유럽 모델을 참조할 수밖에 없을 것 같다는 말씀을 하시던데요.

박　꼭 그렇지만은 않아요. 예를 들어 남미 좌파의 경우 그들이 성공한 이유가 무엇이냐면 가장 소외된 사람, 말 그대로 조직화가 아주 약한 소외층을 조직화했기 때문이에요.

브라질에서는 토지 없는 농민의 운동이 있어요. 대단히 급진적이고 권력이 강한 운동인데, 처음에는 룰라(브라질 대통령)를 일정 부분 비판적으로 지지했다가 지금은 사실 반대하고 있는데요. 그 운동이 체제로부터 가장 소외당한 사람들, 영세 농민이라든가 실업자라든가 빈민굴에서 사는 그 사람들을 조직화하는 데 주력한 부분들이 있어요.

베네수엘라 차베스 대통령의 지지 기반을 보면 조직화된 노동자들도 있지만, 그것보다 말 그대로 빈민굴이나 베네수엘라형 달동네에서 거의 절망적으로 사는 사람들이 많습니다. 그들로서는 차베스가 예수 그리스도예요. 인간답게 살 마지막 희망을 주는 사람이죠. 차베스가 실패하면 이들은 영원히 비참한 그 상태에서 벗어날 수 없다는 이런 의식이 있는 겁니다. 차베스가 그들의 마음을 사로잡은 것은, 예컨대 무상의료혜택이라든가 그들에게 실질적으로 득이 되는 정책을 폈기 때문인데요. 지금은 대한민국에서도 알게 모르게 최하층 노동자층이 계속 늘어나고 있지 않습니까? 물론 그 비참성이야 남미보다는 덜하죠. 산업 기반이 좀 강하니까요.

하지만 예컨대 하청업체에서 채 100만 원도 안 되는 임금을 받고 일하는 노동자는 사실 남미 빈민굴이 아니라도 대한민국에서는 대단히 소외당하고 사는 것인데요. 이러한 소외 계층의 노동자, 하층의 노동자들을 조직화하고 '진보가 여러분들한테 구체적이고 현실적인 이득을 가져다줄 수 있다'는 의식을 전수해서 이들과 같이 투쟁할 수 있게끔 만드는 것이 좌파가 할 일이 아닌가 싶어요. 소외된 노동자들이 의외로 많거든요.

유럽 같은 경우에는 노동계의 조직화가 이미 잘돼 있기 때문에 좌파 정당들이 그것을 바탕으로 정책을 펴고 있어요. 그런데 우리는 근본적인 조직화가 되어 있지 않아요. 특히 영세산업체가 더욱 그렇죠. 이 부분은 가장 중점을 둬야 할 것 같구요. 그런 면에서 민노당 같은 정당이 영세산업체의 절망적인 투쟁을 전국적으로 여론화해서 총력적으로 지지했으면 좋겠습니다.

예를 들어서 지금 울산과학대학의 청소원 아주머니들의 투쟁이 있는데요. 잘못되면 고립될 수 있는 투쟁인데, 이런 것을 우리가 총력으로 밀어줘야 합니다. 그래야 이렇게 고립된 노동자들이 조직화를 빨리할 수 있지 않나 싶어요.

대한민국은 아직까지 극우들이 지배하는 나라

지 "요즘 국내 상황을 보노라면 '대중독재' 이론이 적용되지 않으면 설명할 수 없는 현상들이 많은 것 같다"고 하셨는데요. 아까도 말씀드렸지만, 인터넷의 리플을 보면 그 공격성이나 정치적인 보수성에 치가 떨릴 정도입니다.

박 한국의 소부르주아들은 유럽만큼이나 공격적이죠. 유럽 소부르주아 같은 경우 그 공격성이 끝으로 가면 파시즘의 형태로 나타나는데요. 말 그대로 민병대를 만들어서 외국인들을 때려죽인다거나 하는 거죠. 한국은 아직까지 기본적으로 극우들이 통치를 하는 나라니까 통치의 주체인 극우들보다 더 극우적인 사람들이 민병대를 조직해서 누군가를 때려죽일 충동까지는 안 느낄 겁니다. 그러나 만약에 대중운동이 조금 더 조직화되고, 조금 더 활성화되고, 조금 더 급진화되면 타격을 받을 소부르주아들이 얼마든지 행동으로 옮길 수도 있지 않나 싶어요. 한국의 소부르주아들이 대단히 공격적일 수 있습니다. 말로는 물론이고 행동으로도 그럴 수 있어요.

울산과학대학 사태에서 가장 과격하게 나선 사람들이 총학 간부들입니다. 아주머니들이 농성하는 천막에 와서 철수를 하지 않으면 힘으로 철수시키겠다고 어머니뻘 되는 분들에게 협박을 했습니다. 한국적인 감수성으로는 대단히 괴이한 일일 텐데, 나이도 두 배 이상 되는 여성한테 그럴 수는 없을 텐데, 현대그룹 앞에서 충성을 보이느라고 그럴 수가 있어요. 그 사람이 물론 경제사회적으로는 소부르주아라고 하지 못할 수 있겠지만 그 의식 자체는 대표적인 소부르주아라고 볼 수 있죠.

지   고대 학생들이 이건희 회장의 철학박사학위 수여에 항의하는 총학을 비난할 일과 비슷한 일이겠군요.

박   한국의 소부르주아들이 유럽하고 다른 점이 뭐냐 하면, 민주혁명을 거치지 않았다는 겁니다. 87년에 민주혁명이 터질 것 같았다가 만회되었어요. 민주주의 혁명을 거치지 않은 나라의 소부르주아들 같은 경우는 충실한 마름의식이 대단히 강합니다. 주인 앞에서는 떨면서 머리를 조아리고 있는 것이 그들한테는 자연스러운 자세니까, 그 주인님이신 이건희 회장한테 감히 대항할 수 있겠어요? 말 그대로 주인을 욕보였다고 해서 누군가를 때리고 싶은 노비 심리, 한국 소부르주아들한테 그게 강하죠. 그거는 깨우치기가 힘들어요. 그러려면 역사적 경험이 축적되어야 하는데 그게 없으니까요.

우리는 사실 우리 자신들을 이상화하면 안 되는 부분이 있어요. 친일파들이 일본군에 자진 입대해서 태평양 전쟁 때 일본 장교 이상으로 잔혹성을 보인 부분이 꽤 있었어요. 다카키 마사오(박정희의 일본식 이름) 같은 경우에는 일본인이 보기에도 아주 훌륭한 일본 군인으로 자랐죠. 주인 앞에서 과잉 충성을 과시하는 모습은 한국 소부르주아들한테 흔히 있는 일입니다.

지   그러면 노무현 대통령도 그런 소부르주아 계급의 한계를 드러낸 거란 말인가요?

박   한계라기보다는 그 분의 자연스러운 마음 상태죠. 개과천선했으면 본인한테 좋겠지만, 정 못한다면 할 수 없는 일이죠. (웃음)

지   '대중 독재'와 관련해서 사형제 폐지, 군대 개혁, 양심적 병역

거부자들의 대체 복무 문제, 국가보안법 폐지, 대마초 비범죄화 같이 대중들에게 지지를 받지 못하는 사안들이 개선될 여지가 전혀 없어 보입니다. 예전 같으면 관료들이나 정치권을 압박해서 논리적으로 설득할 수 있는 부분도 있었는데요.

대중 독재가 심화되면 그런 개선안들이 발표되는 순간 인터넷이나 담당 부서의 전화에 불이 나니까 국민정서를 거스르는 법안을 발의할 수조차 없을 텐데요. 그런 조짐이 이미 나타나고 있구요. 어떤 의견만 내도 초토화되는.

박　최근에만 하더라도 금융조합이 은행 창구업무를 한 시간 단축하겠다고 한 것도 아니고 사회를 상대로 또는 고용주를 상대로 제안을 해본 거잖아요. 논의해서 안 할 수도 있고 할 수도 있구요. 그건 사회에서 합리적으로 의논하면 될 사안인데, 기억하시겠지만 그 제안을 금융노조가 하자마자 홈페이지가 다운되었습니다.

한국 소부르주아들이 아직 민병대를 만들어서 누굴 때려죽이지는 않지만, 인터넷 공간에서는 거의 그에 상응하는 행동들을 꽤 많이 합니다. 뭐라고 해야 합니까? 사실 금융노동자들이 인간다운 근무 환경을 쟁취하게 되면 전체 노동자에게 이득이 될 수도 있고 파급효과가 있을 수도 있잖아요. 은행의 창구 업무 시간이 줄어들면 나중에는 기업들의 업무시간 단축에도 도움이 될 수 있구요. 3시 반에 은행 문을 닫는다고 그렇게 불편한가요?

지　황우석 사태 때도 비슷한 모습들을 보지 않았습니까?

박　우리가 파시즘으로부터는 자유롭다, 한국은 식민화를 경험한 나라이기 때문에 그것을 근거로 일부 학자들이 한국에서는 파시즘이 유럽이나 일본 극우파 같은 형태로 발생할 수 없다고 보시는 분들이 계신데요. 제가 보기에는 아니라고 봅니다. 식민화를 경험했지만, 미국의 충실한 노복이 되어서 베트남 침략의 공범으로 나선 부분도 있구요. 지금도 미국의 세계적 침략에 공범으로 열심히 활동하고 있습니다.

국내에서 예컨대 외국인 노동자에 대한 살인적 착취 같은 것은 수많은 중소기업들의 이윤의 원천이 되는 것이기도 하구요. 이것은 식민화에 준하는 부분입니다. 우리가 방글라데시나 파키스탄을 정복할 일은 없지만, 그들 노동자들에 대한 착취 정도로 보면 우리가 그 노동력을 식민화했다고 볼 수 있어요. 고전적인 의미에서의 파시즘, 일본 극우파하고 같은 모양의 파시즘이 자연스럽게 이루어질 수도 있구요. 그건 뭐, 우리가 식민화를 경험했다고 해서 완전히 면역성이 생긴 것이 아니라고 봅니다.

황우석 사태의 경우는 황우석이라는 일개 사기꾼의 문제가 아닙니다. 문제는 "황우석이 대한민국의 상징이다. 대한민국의 최고 과학자가 대한민국을 위해서 특허를 따냈다. 대한민국의 국위를 선양했다"는 국가주의적인 슬로건 밑에서 그 정도의 폭력적인 에너지가 발산이 될 수 있다면, 나중에는 미국과 같은 초강대국이 아닌 약한 국가와 한국의 이해관계가 충돌했을 때 국내 극우분자들이 어떻게 행동할지 아무도 모른다는 겁니다.

예를 들어서 월남이나 태국에 가서 사창가를 이용하고 별의 별 짓을 벌이면서 사실상 식민 모국의 국민처럼 군림을 하다가 만약에 그쪽에서 어떤 사건이 일어나서 한국인이 몇 사람 희생된다면 국내에서 베트남인이나 태국인들을 상대로 피의 보복이 일어날 수도 있

다는 겁니다. 이런 종류의 선택을 충분히 걱정할 수가 있어요. 지금
은 이 정도의 국가주의적인 바탕이 이미 다 준비되어 있는데요. 이
정도의 공격성, 이 정도의 자신감 등등이 황우석 사태에서 확인되
었듯이 누적이 된 것이 아닌가 싶습니다.

미국을 신앙하는 한국인의 노예 심리

지   김선일 씨가 죽었을 때 실제로 인터넷에서 "특공대를 보내서
이라크 놈들을 쓸어버리자"는 분위기가 좀 있지 않았습니까? 며칠
전에 일어났던 버지니아텍 공대의 총기살해사건에 대한 한국인들
의 반응도 좀 지나친 게 아닌가 싶기도 하구요. 물론 모든 죽음은
추도해야 마땅한 거지만 《워싱턴포스트》에 나온 "한국민 모두는
미국인에게 미안해하고 있다"는 기사도 그렇고, 우리가 어떻게 될
까봐 전전긍긍하는 모습도 비춰졌다고 할까요? 사실 초등학교 2학
년 때 미국에 갔던 개인이 미국의 시스템 안에서 벌인 사고를 한국
인들이 책임질 수는 없는 문제 아닙니까? 추도하는 것은 별개의 문
제지만요.

반면 여수의 외국인 노동자 수용소 사건으로 10명이나 죽고 일
부가 강제 출국된 사건에 대해서는 아무도 관심을 갖지 않습니다.
불법체류자라고는 하지만 그들이 그렇게 죽었던 데는 우리 사회 시
스템의 문제도 있었기 때문에 죄의식을 가진다면 그쪽에 더 가져야
할 것 같은데요. 슬픔의 잣대도 이중적인 것 같습니다.

박   여수 참사는 외국인 노동자 단속이라는 미명 아래 거의 사냥

을 하듯 감옥에 가둬놓고, 안전에 대해서는 어떤 고려도 하지 않았습니다. 결국 대형 참사가 발생해도 문을 열어주지 않았구요. 태워 죽이더라도 일단은 도망가지 못하게 하는 것을 더 중요하다고 여기는 데에서, 외국인 저임금 노동자의 생명을 얼마나 하찮게 생각하는지를 확인할 수 있는 것이죠. 극단적으로 말하면 한국의 하급관료 입장에서는 이 사람들이 도망가게 만들어서 징계를 받는 것보다 이 사람이 죽는 것이 훨씬 더 선택하기 쉬운 일이라는 얘기도 되겠죠. 그만큼 그 사람들의 생명이 한국의 하급관료에게는 가치가 없다는 얘기가 될 수 있는데요. 이미 파시스트적인 의식이 준비되어 있는데 다만 그 의식이 구체적인 행동, 공격으로 가기에는 아마도 어떤 계기가 필요하지 않나 싶습니다. 하여간 우리 좌파 같은 경우에는, (노무현 씨 같은 사람이 아니고) 반파시스트 전선을 구축해야 되지 않나 싶습니다.

지 "대미 종속에 익숙해진 일본과 한국의 지배층들이 '독자 행동'이라는 생각 자체를 이단시한다는 것이다. 특히 한국의 정책 결정자들의 사고가 아직까지 미국적인 사고로부터 독립되지 않은 것은 정말 큰 소리로 곡할 만한 일"이라는 지적도 하셨구요. 그것을 극복하기 위해서는 "미제 상품의 불매 운동, 파병 찬성 의원의 낙선 운동, 침략 중인 한국군에의 입대 거부 운동 등 반침략 운동에 대대적인 민중적 참여가 있어야 노무현 등이 그들의 정치적인 생존을 위해서라도 미제 앞에서 굽실거리는 태도를 약간이라도 고칠 것이다"라고 하셨는데요. 지금 한국민 대다수의 정서 상태로 봐서는 어려운 일 아닙니까?

박 사실은 지금 대한민국도 오랫동안 미국의 침략 공범으로 나섰기 때문에 대한민국 상품도 불매운동을 해야 할지도 모르겠는데요.(웃음)

지금 가장 급한 것이 미국의 세계적인 행동을 볼 때(이라크 침략도 그런데, 나중에는 이라크로만 국한이 안 될 수도 있고), 지금 당장은 알 수 없지만, 침략이 계속 확대 될 확률이 높다는 겁니다. 전쟁을 중지하면 미국 경제가 파산할 수 있기 때문이죠. 전쟁 특수가 없어져서 군수 업체들이 위기를 겪다보면 일시에 위기를 맞을 수가 있지 않습니까? 어쨌든 어떤 형태로든 침략이 이루어질 것 같기도 한데요. 우리한테 중요한 것은 침략이라는 것이 피해자한테 어떤 것인지 그 참상를 알리는 일인 것 같습니다. 인간주의적이라고 할까, 인본주의적인 차원에서라도 미국이라는 군사 제국에 대해서 사람들의 의분을 불러일으키는 게 중요한 게 아닌가 싶어요. 미국의 실체가 무엇인가를 보여줘야 합니다.

그런데 한국 신문들은 그런 보도를 잘 안하죠. 이라크에서 무슨 사태가 일어나면 그제서야 피해 규모라든가 이런 것을 알리려고 할 뿐입니다. 실제 미군의 점령이라는 것이 어떤 건지, 남을 죽일 합법적이다 싶은 권리를 가지고 있는 무장한 군인이 민간인을 상대로 어떻게 대하게 되어 있는가는 얘기를 잘 안하죠.

이라크에서는 저항세력보다 민간인 희생이 훨씬 많은데요. 미군들이 저항세력을 죽이는 경우가 제가 보기에는 별로 없어요. 그런데 민간인들을 너무 죽여요. 마구 죽이니까 얼마나 비참한 것인지 알려야 할 의무가 있는 것 같습니다.

그리고 한 가지 역설적인 부분이 군사 기술이 세계적으로 잘 보급되어 있다는 겁니다. 100년 전에 한국 의병들이 일본하고 붙었을 때는 무장의 격차가 너무 심해서 일본으로서는 의병 진압이 별로 어렵지 않았는데요. 지금 같으면 누가 누구를 진압하는지 모르겠어요. 미군으로서는 이미 군사적으로 다 실패한 전쟁입니다. 군사혁명이라고 할까요. 이제 더 이상 복잡하고 성능이 좋은 무기를 한쪽이 독점할 수 없거든요. 실제 미군들이 이라크에 주둔하는 것을 보면, 미국 신문에서는 "이라크 반군을 사냥한다"는 표현을 쓰는데, 오히려 이라크 반군이 미군을 사냥하는 게 아닌가 싶습니다.

지 미군은 이라크 민간인을 사냥하구요?

박 대체로 부녀자나 죽이는 거죠.

지 지금 인터넷을 보면 "조승희의 범죄는 한국인들과 상관이 없다"는 미국인들의 지극히 당연한 태도에 감동해서 "역시 미국은 다르다"는 반응들이 많은데요.

박 노예 심리예요. 노예는 주인의 부드럽다 싶은 말 한마디에 다 녹아버립니다. 그러면서 자기보다 더 아래에 있는 사람, 자기보다 힘없는 사람을 평생 짓밟아도 반성을 하지 않죠. 외국인 노동자들이 떼죽음을 당해도 '사고가 날 수도 있지' 이렇게 생각하는 겁니다.

지 〈제국의 양심에는 한계가 있다〉는 글에서 "촘스키는 자신이 살고 있는 제국의 능력을 과장되게 생각하고 약자의 저항능력을 미미한 것으로 평가한 게 아닌가?"라는 의문을 제기하셨는데요. 아무리 미국의 양심과 미국의 팽창정책을 비판한다고 해도 그 내부에서 판단하는 것은 한계가 있을 수 있다는 말씀이신 것 같구요. 이라크 전쟁에 대한 분석을 잘못하는 것을 보고 그렇게 말씀하신 것 같은데요. 그만큼 어렵다는 것 아닙니까?

박　물론이죠. 한국 같은 경우 태어날 때부터 미국을 거의 하나님쯤으로 생각해왔지 않습니까? 신문이든 학계든 '선진국 미국, 동맹, 혈맹' 등의 단어가 나오고, 미국이야말로 세계 중심이라는 생각을 자연스럽게 갖게 되는 것인데요. 한국인의 가장 중요한 교육적 자산이라는 게 영어이고 또 대다수는 영어 빼고는 할 줄 아는 언어가 없잖아요. 한국인으로서 가장 배우기 쉬운 언어는 일본어나 중국어일 텐데 그걸 배우는 사람은 소수구요. 대부분의 사람들이 영어에 목을 매고 있고 그게 자기의 중요한 재산이 될 텐데 자기의 중요한 재산을 누가 평가절하하겠어요?

{ 한미FTA에 대한 미국의 속셈은 한일FTA

지　참여정부가 들어서면서 동북아 균형자론이니 하며 동북아 중심 국가를 선언했는데요. 선생님께서도 "통계로 봐서는 대미 무역이 아닌 대중국 무역이 우리를 먹여 살리고 있는 이 시대에 점차 '옛날 주인'이 되어가고 있는 미국에 대한 이와 같은 '기특한 충성심'은 문화 정치적 측면에서 웃고 지나갈 일이 아니다"라고 하셨는데요.

박　여기에는 나름대로 몇 가지 측면이 있어요. 하나는 아직 증시에 투자된 돈이라든가 이런 것이 중국 돈보다 미국 돈이 많아요. 주가지수를 계속 올리고자 하는 세력들은 미국 돈이 계속 들어오기를 바라기도 하구요. 그런 부분도 있고 예를 들어 산업차관을 받는 부분이라든가 돈 빌리는 것은 아무래도 미국이 강하니까 기업인들, 이 나라를 실질적으로 운영하는 사람들 입장에서는 상품 판매는 중국에서 해도 돈 빌리는 거라든가 기술이라든가 증권시장에 관련된 부분은 미국에서 하는 겁니다. 그렇기 때문에 거기에 대해서는 충성을 보여야 하는 부분이 있는 거죠.

게다가 한국 지배계급의 생활세계는 거의 미국하고 결부가 되어 있거든요. 서너살 때 부터 영어를 배우고, 웬만하면 조기 유학을 가죠. 군대 가기 싫으면 거기에 남아버리는 사람도 많구요. 생활세계는 미국하고 아주 가깝게 연결이 되어 있어서 제품을 아무리 중국에서 팔아도 미국에 대한 문화적인 일치감이라든가 동질성이라든가 이런 것은 쉽게 없어지지 않습니다. 대단히 강하죠. 대다수 한국인들은 미국에서 살아보지도 않았고, 외국으로 갈 것 같지도 않고, 갈 형편도 안 됩니다. 그렇지만 대한민국을 운영하는 측은 다수가 아니잖아요. 이런 거죠. 다수한테는 중국이 더 가까울 수 있습니다. 가서 맛있는 것을 먹고 돌아올 수도 있구요. 그런데 뭐 여기서 다수가 결정하나요?

지 　중국의 경제 발전이 박정희 식이라는 지적도 하셨죠.

박 　그럼요. 중국은 박정희 시대 한국보다 규모가 크니까 일단 아류 제국을 열심히 건설하고 있죠. 한국이라는 아류 제국주의보다는 중국이라는 아류 제국주의가 훨씬 능력이 좋아요. 중국 정부가 아프리카 정부들을 포섭하는 걸 보세요. 수단의 주인은 거의 중국이에요. 거의 조공국가가 된 느낌입니다. 중국 같은 경우에는 거의 독자적인 영향권을 구축한 것 같아요. 북한도 중국의 영향권에 거의 편입된 상태구요. 이런 부분이 있기 때문에 한국 지배계급이 한편으로는 중국 중심의 영향권하고는 트러블을 일으키지 않으려 하고, 또 한편으로는 그쪽하고 거래하면서 자기 몸값을 높여야 하니까 대미관계를 돈독하게 하려는 거죠.

지 한미FTA가 일본과 중국의 패권을 견제할 수 있는 묘수라는 분석도 있는데요.

박 그들의 입장에서는 자기 몸값을 높일 수 있는 부분이겠지만, 미국의 입장에서는 중국을 포위할 수 있는 묘수일 수도 있죠. 한국이 만만하니까 한국부터 시작해서 일본 지배자들의 경쟁 심리를 부추겨 일본과 FTA를 하고자 하는 겁니다. 미국의 목적은 사실 대일FTA예요. 그렇게 되면 해양권뿐 아니라 미국 중심의 영향권 전체가 FTA로 묶이기 때문에 중국을 포위할 수 있는 거죠. 그러니까 묘수긴 묘순데, 한국의 묘수는 아니에요.

지 진보개혁세력이라고 하는 사람들의 입에서도 북한의 저임금 노동력을 성장 동력으로 삼아야 한다는 의견이 많지 않습니까? 이런 상황에서는 남북관계가 개선되고, 교류가 많아져도 북한 주민들은 한반도의 최하층계급으로 전락하게 될 가능성이 있는데요. 그게 새로운 갈등요소가 될 수도 있구요.

박 물론이죠. 여기서 탈북자들 대하는 것을 보세요. 북한하고 어떤 방식으로 국가적인 통합을 하느냐에 대해서는 의견이 다를 수가 있는데요. 일단은 근본적으로 북한은 독자적인 자본이 성장하지 못한 상태고, 성장하더라도 관료자본일 거예요. 그래서 결국에는 통합이 되면 한국 자본이 어떤 형태로든 그쪽으로 가게 되어 있구요. 아마도 그쪽을 독자적인 관료집단이 관리하고 있을 텐데, 그 구조가 이루어지면 맨 위에는 한국 자본이 군림할 것이고 그 중간은 백성을 관리하는 북한 관료의 몫일 겁니다. 맨 밑에는 민족주의적인 선전 등등으로 의식이 마비된, 북한 간부들의 중간관리를 받아가면서 한국 자본에 최저임금노동력을 바쳐야 하는 북한 주민들로 이뤄지지 않을까 싶어요.

그리고 그 상품이 만들어지면 중국보다는 미국에 판매를 할 거구요. 판매를 맡을 월마트 같은 자본이 2, 3층 구조 위에 4층으로 군림할 겁니다. 지하에는 북한 백성이 있을 거구요. 북한 백성으로서는 기아사태를 벗어날 수 있는 방법인 만큼 최악은 아닐 수도 있는데, 그렇게 예속관계에 한번 들어가면 거기로부터 쉽게 벗어나지 못할 겁니다.

북한 백성은 김정일을 지금까지 참아왔는데요. 북한 백성으로서는 더 이상 잃을 것이 없습니다. 김정일이 결국에는 어디로 갈 수 있느냐 하면, 잘해봐야 남한하고 조금씩 합치는 쪽으로 갈 수 있는데요. 그렇다고 북한 백성의 사정이 크게 나아지지는 않을 겁니다. 잃을 게 없는 사람들이, 말 그대로 자기 족쇄 말고는 잃을 게 없는 사람들이 북한 백성들인데, 김정일과 관료 무리들을 지금까지 참고 견뎌줬다는 것이 참담한 일입니다. 민족주의적인, 국가주의적인 수사에 백성이 얼마나 쉽게 넘어갈 수 있는가를 보여주는 부분이죠.

지 북핵 문제와 관련한 북한 정권의 태도는 어떻게 보세요? 북한을 대하는 한국민들 또는 정부의 태도에 북한이 불만을 가진다면 미국에 대한 의존적인 태도를 더 갖지 않겠습니까? 북한의 친미 가능성도 지적하셨는데요. 지금도 '남한하고 얘기해서는 얻어낼 게 별로 없다. 미국을 건드려서 미국과의 직거래를 통해 뭔가를 얻어내겠다'는 벼랑 끝 외교가 일정한 성과를 거뒀다는 평도 있지 않습니까?

박 남한보다는 중국을 상대로 하는 일이에요. 그러니까 지금 북한은 중국에 가장 많은 영향을 받는데, 미국하고 직거래하겠다는 게 뭔가 하면 중국을 상대로 자기 몸값을 높이겠다는 거죠. 어떤 얘기까지 나오느냐 하면 일정한 조건에서는 미군의 주둔까지도 허용하지 않겠느냐는 겁니다. 제가 보기에는 실제로 그렇게 될 확률이 높지는 않은데, 그렇게 해서 중국의 경쟁심리를 적당히 자극하는 게 아닌가 싶어요. 북한이 소련과 중국 사이에서 오랫동안 줄타기를 해왔잖아요.

그런데 소련이 없어지니까 더 이상 재미를 못보고 있어요. 중국의 북한시장, 자원 장악이 많이 강화됐습니다. 그러니까 소련 대신 미국을 이용하는게 아닌가 싶어요. 북한은 줄타기를 잘해요. 다른 건 제대로 하는 게 없는데 외교적 줄타기 기술은 대단합니다. 남한을 상대로 하는 건 아니고. 기본적으로 북한은 남한을 미국의 조공 국가로 파악하고 있는 것 같구요. 진짜로 이들한테 유의미한 상대는 중국이죠.

대한민국의 이중의 '저항적 식민지'라는 내래 _ 박노자

{ 배고픈 노예보다 더 비참한 건 배부른 노예

지 요즘 젊은 사람들은 민주노동당이나 진보에는 관심이 없는 것 같은데요. 그런 분들에게 당부의 말씀을 좀 해주십시오.

박 그런 생각을 해볼 수 있지 않나 싶어요. 우리가 역사책에서 많이 읽은 이야기는 배고픈 노예들에 대한 얘기입니다. 조선시대 노비들은 굶어죽을 위험성은 없는 사람들이었어요. 양반으로서는 자기 노비를 먹여주지 못하면 체면이 깎이니까 파산하지 않는 한 노비를 먹여 살렸거든요. 때문에 노비는 절대적 기아에 빠지지 않았어요. 어쨌든 간에 우리는 배고픈 노예를 알고 있는데, 배부른 노예는 배고픈 노예보다 더 비참한 지경일 수도 있다는 생각을 해보는 건 어떨까 싶어요. 예컨대 학교를 졸업하고 성인이 되면 젊은이들을 기다리는 것이 배부른 노예, 이런 상황이 아닌가 싶습니다.

노예라는 게 뭘 의미하느냐 하면, 불안정한 노동이 일반화되다 보니까 직장에 들어가도 늘 눈칫밥 먹고 사는 것이 주된 일과가 될 수도 있다는 것을 말합니다. 노동자 개인의 직장에 대한 교섭력은 훨씬 작아질 것이고, 직장의 규율은 적극적으로 강화될 겁니다. 주인한테는 거스르지 말아야 하는 부분이 있는 거죠. 노조가 약하면 일개 노동자는 직장 주인에 대한 교섭력을 거의 잃게 되어 있어요. 그리고 이제는 비정규직으로 들어갈 확률이 높습니다. 비정규직으로서 유일한 저항수단은 이직인데, 이직해봐야 똑같은 비정규직으로 들어갈 수밖에 없습니다. 결국에는 그 저항수단에도 영영 의존할 수 없어서 대단히 무력한 상태에 빠지는 거죠.

자본가와의 관계에서는 그런데요. 물론 그렇다고 해도 이것이 배고픔을 의미하지는 않아요. 비정규직이라 해도 여기서 받는 월급에서 20~30만 원만 내면 베트남 여성들을 성적으로 착취할 수가 있는 거죠. 남한의 비정규직 노동자에 비해 베트남의 농촌 출신 여성이 훨씬 비참하니까요. 그러니까 배부른 노예라고 할 수 있는 거죠. 비정규직의 월급 일부만 가지고도 베트남 여자에 대한 성적 착취가 가능합니다. 또 얼마든지 여기에서 술 먹고 고기 먹을 수도 있죠. 아주 잘하면 정규직이 되어서 말 그대로 자기 밑에 있는 사람한테 거드름을 피울 수도 있구요.

하여튼 이런 것인데, 결국 지불하는 대가가 뭐냐 하면 자아상실이에요. 자본가 앞에서는 벙어리가 되어야 하는 부분, 자존심이라는 것은 애초에 포기해야 하는 부분, 자기보다 힘센 자 앞에서는 고개를 숙여도 밑에 있는 사람에게는 잘리지 않기 위해서 무조건 밟아야 하는 부분이 있는 거죠. 남한의 신자유화가 더 진행되면 이렇게 사는 것이 대다수의 몫일 거예요.

울산과학대학 사태의 예를 또 한 번 들면 지하 휴게실에 있는 아주머니들을 알몸 상태로 끌고 나온 사람들은 자본가가 아니고, 그 학교의 직원들이었어요. 그것도 조합화 되어 있는 정규직 직원들이었죠. 그러니까 주인의 눈에 거슬리지 않기 위해서 자기보다 상황이 더 안 좋은 비정규직 아주머니를 가혹하게 다룬 것이 그들이었다는 것이죠. 아마도 정규직으로 남아 있으려면, 계속 배부른 상태로 남아 있기 위해서는 다른 선택이 없었겠죠. 어쨌든 배부른 노예의 대표적인 케이스라고 볼 수 있습니다. 주인한테 점수를 따려고 자기 밑에 있는 사람을 열심히 짓밟는 거죠.

남한에서는 출세하는 것이 대체로 그런 사람이 된다는 것을 의미하는 것인데, 과연 이런 나라에서 출세를 한다는 것이 무슨 의미인지, 차라리 이 나라의 운영규칙을 바꿔야 되는 것이 아닌지 이런 것을 생각해봤으면 좋겠어요. 어떻게 보면 배고픈 노예보다 배부른 노예가 더 나쁜 직업일 수도 있을 것 같습니다.(웃음)

{ '하얀 가면'에 갇혀 사는 한국인

지 《하얀 가면의 제국》에 보면 서구의 인식 틀로 한국 사회를 바라보면서 서구를 맹목적으로 추종하는 한국 사회 구성원의 행태를 '하얀 가면'에 비유하셨는데요. 그런 인식이 파병 문제 등으로 연결되었던 것 아닙니까? 지금의 젊은 세대들은 그런 것으로부터 탈피하고자 노력하고 있고, 그것을 기득권들은 반미라고 매도하고 있는데요. 우리가 '하얀 가면'을 벗기 위해서는 어떤 노력들을 해야 한다고 보십니까?

박 유럽/미국 중심주의적 사고에 익숙해진 사람이라면 이라크 침략을 '당연지사'로 보기 쉽습니다. "문명적인 미국인/백인"들이 "야만적인 아랍인"들의 "완고하고 부패한 정치"를 "바로잡는" 일인데, 전쟁이란 원칙적으로 다소 나쁘더라도 이라크의 미래를 위해서는 미국의 개입이 바로 선이라는 사고방식 말입니다. 이와 같은 서구 중심주의적 사고방식에 사로잡힌 사람이라면 "파병"을 적극적으로 좋아하진 않아도 적극적으로 반대하지도 않을 것입니다. 서구/미국이 "궁극적으로 선"이라는 데에 반대할 만한 세계관 차원의 기반이 약하다는 것이지요.

그래서 "하얀 가면을 벗는 일"이란 어디까지나 미국의 세계 지배가 역사의 필연성도, 선도, 문명도 아니라는 사실의 자각으로부터 시작될 겁니다. 오늘날 신자유주의적 성향의 미국 지배 아래 있는 세계는 대다수 민중—특히 제3세계 민중—의 생계를 지속적으로 파괴해가고 있습니다. 그러면서 곧바로 궁극적인 "환경적 자살", 즉 대규모의 환경 파괴와 치명적인 기후 이변으로 인한 재앙이 확산되고 있죠. "하얀 가면"이 벗겨지지 않는다면 이 "인류의 자살"을 막기는 어려울 것입니다.

지 《하얀 가면의 제국》을 읽고 나서 '역시 박노자'라는 생각이 들었고, 우리에게 너무나 소중한 지식인이라는 생각이 들었습니다. 하지만 "박노자 선생의 글을 읽고 나면 한국에서 살기가 싫어진다"고 말하는 분도 있습니다. 너무 세계에 대한 비관적인 전망으로 가득 차 있다고 얘기하는 사람들에게 해주실 말씀은 없으십니까?

박 그렇게 생각한다면 불교의 교의와 같은—1700년 전부터 한국 문화의 하나의 중심이 된—논리도 극단적인 '비관'이 아닙니까? "인생이 고통의 바다며, 고통을 벗어나는 일이 바로 생사를 초월하여 열반의 경지에 오르는 것이다" 서구 종교학자들이 바로 이와 같은 세계관을 '속세 부정적'이라고 명명하지 않습니까? 마찬가지로 낙타가 바늘구멍에 들어가는 것보다 부자가 천당으로 가기가 더 힘들다는 성경의 말씀은 과연 '비관'이 아닙니까? 여기에서 '부자'는 꼭 돈이 많은 사람이 아니라 돈을 추구하는 사람, 즉 자본주의 세계의 '정상적인 소시민'이거든요. 세계를 바꾸기 위해서 이 세계를 바로 봐야 하는데, 이 '바로보기'는 늘 지배적 담론의 입장에서 '비관'이나 '비현실적인 이야기'로만 보입니다. 그러나 그렇다고 해서 우리가 지배적 담론에 복속될 필요는 없지 않습니까?

자본주의가 존재하는 한 한국에서든 어디에서든 온전한 인간다운 삶이란 불가능하겠지만 기초적 복지망조차 없는, 생존 경쟁의 억제 장치가 거의 전무한 한국의 경우에는 자본주의의 야만이 상대적으로 더 심할 뿐입니다. 그런데 이 야만의 점차적 척결을 위해서 일하면 되지 않습니까?

지 알라딘의 '바람구두'님 서평을 보면 "박노자의 책에 새로운 논리나 주장은 없을지 모른다. 그러나 새로운 감상과 깨달음은 늘 있게 마련이다. 그것이 박노자의 힘"이라고 나오는데요. 그 힘을 본인은 무엇이라고 생각하십니까? 러시아, 한국, 북유럽 등 다양한 체제의 경험과 많은 독서량에서 나온다고 보십니까? 그것만 가지고는 설명하기 힘든 것 같은데요.

박 한 스페인 철학가는 "자신의 본고장을 거꾸로 본 사람이야말로 바로 본 것"이라고 말했는데요. 통념 깨기 없이 상대적으로 진보된 세계관은 불가능하다는 말입니다. 제 글쓰기에 목적이 있다면 그것은 바로 기존의 모든 의식들에 대한 커다란 물음표를 찍는 겁니다. 이 물음이 독자 각자의 화두가 될 수 있으며, 그 화두의 참구법과 깨치는 법이 각자의 개성대로 다를 수 있습니다. 이러한 의식 이외에는 제게 무슨 "힘"이란 없을 겁니다.

지 〈용미론 위험천만한 허구〉라는 글에서 "파산 직전인 강도 조직의 행동대원이 되어 살인 현장에 뛰어 드는 일은 그 조직을 '이용'하는 것이 아니다. 오히려 이용을 '당한' 뒤에 별다른 보상도 못 받고 그 조폭으로부터 괴롭힘을 당한 이웃에게 신용을 잃어 난처한 상황에 직면할 수밖에 없을 것"이라는 극단적인 비유를 하셨는데요. 그게 딜레마 같습니다. 그런 결과를 예상하더라도 막상 그 강도 조직의 눈앞에 보이는 횡포에 굴복할 수밖에 없고, 또 그것이 당연하다고 생각하는 사람들이 너무 많은데요. 이것을 슬기롭게 극복할 수 있는 방법은 무엇일까요?

박 혹시 학교에 다니셨을 때 폭력 서클 아이들을 대해보셨습니까? 제가 소련의 어린 시절 때 그러한 아이들을 충분히 대해봐서 알게 된 한 가지 "폭력배 상대 비결"은, 그들에게 약하고 겁이 나는 모습을 보이면 절대 안 된다는 것입니다. 당당해 보이면 그들이 "건드리면 안 된다"고 판단하지만 반대로 얼굴만이라도 창백해진다면 이미 용돈은 다 털렸다고 봐야지요. 미국이라는 세계적 조폭을 대할 때는 우리의 모든 카드, 그리고 반대쪽의 모든 약점을 최대한 이용해서 절대로 꿀리면 안 됩니다.

사실 중국과 점차 정치·안보 관계상 가까워지는 한국 그리고 중국·한국·북한의 "동아시아 공동체" 쪽으로 기울어져 가는 일본은 바로 미국의 악몽 시나리오거든요. 당장 그렇게 할 수 없어도 적어도 이와 같은 방향으로의 가시적인 움직임을 보여야 미국의 입장도 흔들리지요. 그리고 무엇보다 먼저 "조폭으로부터 벗어나겠다"는 우리의 내부적인 탈미, 등거리 외교 자세가 당당해야 합니다. 숭미론은 여론의 장 변두리로 내몰려야 해요.

지 선생님께서는 이승만·박정희 시절과 이후의 파쇼적 구조의 담론적인 기원을 구한말의 개화사상으로 보고 계신데요. 하원호 교수 등은 "박정희의 '국민' 기원은 일제 파쇼체제 아래서 만들어진 '국민'이며, 한국인의 세계관 형성에서 식민지 시대의 역할을 과소평가했다"고 평했습니다. 개화사상이 파쇼적 구조로 형성될 수 있었던 배경을 좀 설명해주시겠습니까?

박 이게 제대로 이야기하려면 아주 장황한 이야기가 되겠지만 간단히 말씀드리자면 개화사상의 본질이란 "우리도 세계에서 대접 받는 문명국이 되자"(독립신문)는 것입니다. '문명국'이란 자본주의적 산업 국가를 말합니다. 그런데 후발 국가의 '중심부 따라 잡기 식' 자본주의 발전은 임금 착취(저임금 구조 고질화), 군대, 경찰 등의 억압 기구 비대화, 민중 탄압을 의미합니다. 사실 개화파의 모델이었던 메이지 일본의 '발전'은 바로 그렇게 이루어졌는데 개화파 자신들도 징병제와 군사적 애국심을 찬양하고 '식산흥업'의 이야기에서 농민, 노동자(직공)를 전혀 언급하지 않는 등 메이지 일본의 길로 가고자 했습니다.

일제 시기의 우파적 '물산장려운동'에서도 노동자에 대한 관심이란 전혀 없었어요. 이승만이란 사람은 원래 개화파(독립협회) 출신이고, 박정희는 식민지 때 그러한 지적 분위기에서 자랐기 때문에 일본 군대에서 사무라이화한 파시즘을 체득한 사람인데, 그들이 만든 국가가 군대를 일제의 천황처럼 신성한 것으로 만들고 노동자를 노예로 만든 게 무엇이 놀랍습니까? 노동자의 자녀들이 지금도 학교에서 노동자·농민의 권익에 완전히 무관심했던 1900년대의 계몽운동을 '애국계몽운동'으로 배우는 게 비극이지요…….

위험하지 않은 학문은 이미 죽은 학문

지 《한겨레21》의 독자투고란을 보면 이런 재미있는 평이 많거든요. "가장 먼저 찾게 되는 글이 박노자 글인데, 이번에는 실망이 컸다"는 평인데, 진보적이라고 하는 사람들의 불관용적인 태도라고 할까, 자신과 다른 어떤 의견에 대한 불편한 심정을 느낄 수 있었다고 할까요. 박노자 글 정도는 읽어야 하는데, 내가 불편할 수 있는 어떤 주제가 아닌 경우는 읽을 만하지만, 내가 불편한 주제에 관한 글은 실망스럽다는 얘기 같거든요. 평소에는 이런 정도는 수용해야 한다고 생각하다가 불편한 글이 나오면 독자투고를 하는 형태로 나타나는 것 같습니다.

박 글은 제가 보기에는 불편해야 돼요. 그리고 사람이 글을 잘 쓰자면 위험해야 돼요. 위험하지 않은 학문은 이미 죽은 학문입니다. 학문이 위험해야 재미가 있죠. 독자들이 실망했다고 표현할 수도 있고 말입니다. 그건 각자 판단의 문제인데 위험하지도 않고 불편하지도 않은 글은 안 쓰는 게 더 낫죠. 자기 연구나 하는 게 낫습니다.

지 점점 더 래디컬해지는 것 같습니다.

박 제가 래디컬해지는 게 아니라 저는 똑같은데 나라가 더 보수화된 거고, 독자들이 보수화된 거죠. 노무현 씨 같은 사람의 실체가 더 분명하게 드러난 부분도 있구요. 저는 똑같습니다. 7년 전에 하던 얘기와 지금 하는 얘기가 똑같습니다. 아류 제국주의 얘기도 그렇고, 월드컵 때도 그것이 파시스트적이다 싶은 광기를 발산한다는 얘기도 그렇구요. 심각하게 알아들은 사람들이 없었으니까 문제죠.

지금도 한국에서는 파시즘의 위험이 꽤 많다는 얘기를 그대로 하는 겁니다. 전 바뀐 게 별로 없어요. 나라가 하도 보수화되어서 제가 바뀐 것처럼 보이는 거죠.

지   특별한 계획이나 마지막으로 해주실 말씀은 없으십니까?

박   여기는 지금 자료 수집 차 있는 거구요. 아직 이야기하기는 이르지만, 제 학술연구 주제가 사회진화론이에요. 한국에서 약육강식이라는 법칙이 어떻게 해서 중심적인 담론이 되었나 하는 것을 학술적으로 연구하고 있는데요. 그거 가지고 실천적인 차원까지를 고려해서 예컨대 전남대 김상봉 교수님 같은 분들과 학술회의 조직을 추진하려고 생각 중입니다.

우리가 학술연구는 해도 실제생활하고 떨어져 있으니까 문제인데요. 사실 사회진화론 연구는 대단히 실질적이에요. 한국은 지금 약육강식의 완벽한 공간이 되어가고 있고, 세계 약육강식의 중심이 되어가고 있기 때문에 이 연구를 실천적인 차원에서 고려해야 하지 않을까 싶습니다. 그리고 대중 매체 글쓰기는 솔직하게는 절필해야 하지 않을까 싶어요. 써봐야 별로 알아듣지도 않고, 심각하게 듣는 사람도 없다면 쓸 필요가 있나 싶습니다. 모르겠습니다. 아직은 절필 선언을 할 필요는 없을 것 같지만 학술적인 이야기 외에는 하지 말까 싶기도 합니다.

(2006년 4월 22일, 성균관대학교 벤치에서)

대한민국, '공화국'의 가치를 버린 나라

홍
세
화

● 1947년 서울에서 태어났다. 서울대 외교학과를 졸업했으며, 1979년 남민전 사건에 연루되어 프랑스로 망명
했다가 2002년 귀국했다. 망명시절의 얘기를 쓴 《나는 파리의 택시운전사》는 공전의 히트를 쳐서 홍세화의 존
재를 한국 사회에 알리는 계기가 됐다. 주요 저서로 《쎄느강은 좌우로 흐르고 한강은 남북으로 흐른다》《악역을
맡은 자의 슬픔》《빨간 신호등》 등이 있다. 《한겨레》 시민편집위원, 《아웃사이더》 편집위원을 거쳤으며, 한국 사
회에 똘레랑스와 연대의 개념을 널리 알려준 사람이기도 하다.

진보개혁세력이라는 표현 자체가 잘못된 것이라고 보구요. 그 다음에
지금 한국사회에서 보수에 대한 규정이라든지 이런 것이 제대로 되어
있지 못하다는 것이죠. 왜냐하면 계속 강조해왔듯이 보수는 보수해야
할 가치가 전제되는 것이고, 거기에서 가장 중요한 것이 당연히 민족인
데요. 그런데 한국의 보수에게는 그게 없다는 거죠. 보수해야 할 가치
라는 것이 그야말로 지금까지 누려왔던 기득권밖에는 없는 겁니다. 공
화주의적 가치를 지키려고 한다든지 사회 공공성을 공유하려고 한다든
지 민족개념을 품고 있는 이러한 보수가 아니고, 철저하게 집단적 · 사
적 이익을 계속 유지 · 강화하려는 게《조선일보》를 비롯한 이른바 자칭
보수세력들의 모습이구요. 이런 모습이 사학법 개정에 대해서 반대하
는 목소리로 그대로 드러난다고 생각합니다.

홍세화

● 홍세화는 늘 스스로가 지식인으로서의 눈길에는 별 관심이 없다고 말한다. 많은 사람들이 한국 사회의 개선과 진보라는 이름의 손님을 태운 택시운전사의 눈을 갖기 바라면서 자신은 늘 수염 풀풀 날리는 사병, 척탄병으로 남아 있기를 원한다. 그리고 그런 삶을 평생 실천해왔다.

그러나 《한겨레》 고명섭 기자는 "아무래도 그를 수식하는 가장 간명한 명사는 '지식인'일 것이다. 이 지식인이란 명찰은 '드레퓌스 사건' 때 거짓을 선동하던 국가주의와 인종주의에 맞서 '정의'를 요구하던 사람들이 가슴에 달았던 그 명찰이며, 사르트르가 '자기와 상관없는 일에 참견하는 사람'이라고 이름 붙였던 그 지식인이다. 그러므로 지식인은 존재속성상 진보적 지식인일 수밖에 없고 참여적 지식인일 수밖에 없다"고 얘기한다.

동시에 그는 너무나도 겸손하고 온화한 사람이다. 모든 사람들이 자신의 견해를 앞세우고 자신을 드러내고자 하는 이 시대에 자신이 필요한 장소, 필요한 역할 이외에는 자신을 내세우거나 드러내지 않는 사람이다. 똑똑한 사람은 많아졌지만 존경할 만한 사람은 점점 없어지는 이런 세상에서 그는 너무나 귀한 존재다. 많은 이들이 그의 글을 읽고 나면 마음이 따뜻해진다고 한다. 하지만 그를 만나고 나면 그의 조용하고 겸손함에 마음이 푸근해지고, 절로 고개가 숙여진다. 또한 한국 사회의 현안에 대한 탁월한 견해에 다시 한 번 놀라게 된다.

그는 일관되게 똘레랑스와 연대의 개념을 이야기해왔지만, 요즘의 한국 사회를 보면 홍세화의 진단대로 어떤 긍정적인 방향으로의 변화가 아니라 반동적인 기세가 곳곳에서 자리 잡고 있다. 쏠리다리떼, 즉 연대(Solidarite)는 solitary와 스펠링 하나 차이다. 한국인들은 고독해서 패거리를 만든다. 그 고독 때문에 연대를 해야 할 텐데, 패거리를 만들어 고립을 자초하고 있다. 소설가 김훈은 외롭다는 이유로 추저분하게 몰려다니는 것을 비판할 줄은 알지만 연대의 소중한 가치는 알지 못한다. 그러나 홍세화는 고독하기 때문에 연대할 줄 아는 그런 사람이다. 그가 오래도록 건강하게 단단한 모습으로 남아 좋은 얘기를 많이 해줬으면 좋겠다.

{ 가치의 함몰 상태에서 좌표를 잃다

지승호(이하 **지**)　근래에도 바쁘게 지내신다고 들었는데요. 요즘 어떻게 지내셨습니까?

홍세화(이하 **홍**)　그냥 그래요. 작년 말로 《한겨레》에서 정년퇴임을 한 다음에 금년부터 연봉계약직으로 다니고 있구요. 지금은 한겨레출판사하고 책 계약을 맺어서 그동안에 쓴 것 등을 정리하고 있는데, 그게 잘 안 되네요. 그래서 계속 미루고 있는 상황입니다. 마무리 작업을 하는 한편으로 사람들을 만나고 하다 보니 여유가 없어요.

지　김규항 선생하고 대담집을 준비하신다고 들었습니다.

홍　'우리 청소년들이 사회를 어떻게 바라봐야 할까' 하는 비판적 안목이라고 할까, 그런 것에 대해 김규항 씨하고 같이 얘기를 나누려고 하는데요. 작업은 시작했는데, 그게 어떤 그림이 될지 분명치는 않습니다. 하지만 우선은 청소년들에게 사회를 보는 눈이랄까 이런 것을 갖게 해야 한다는 문제의식을 공유하고 있기 때문에 어떤 그림이든 나오겠죠.

지 그동안 선생님이 쭉 얘기해 오신 것의 핵심이 똘레랑스와 연대 이런 개념들 아닙니까? 그런 얘기들이 한국 사회에서 그동안 잘 받아들여지는 듯하다가 요즘 들어 오히려 잘 안 받아들여지는 경향이 있는 것 같습니다. 보수의 공세라고 할까요? 그런 게 먹혀들고 있다는 생각이 드는데요.

홍 저는 노무현 정부의 탄생에 나름대로 기대를 걸었습니다. 실제 기대를 걸 만했구요. 그런 기대 속에서 《한겨레》를 포함해서 시민사회 단체나 진보적 지식인들이 변화의 가능성을 놓고 준비를 해왔습니다. 그런데 그 기대가 초장에 역방향으로 오게 되는 상황에서 상당히 당혹스럽게 진행됐죠. 결국 탄핵 여파로 2004년 4.15 총선에서 이른바 개혁을 표방한 세력들이 과반수를 차지했음에도 말입니다.

국가보안법 폐지가 2004년 말에 무산되면서 그것이 신호가 아니었나, 어떤 변곡점이 아니었나 이런 생각을 하게 되는데요. 2005년부터 수구세력들이 더욱 더 강력하게 응집되고 집요해지면서 뉴라이트니 선진화니 이런 모토들을 내걸었잖아요. 거기에 대학들도 휩쓸려 들어가면서 반격이라고 할까, 그 공세에 걷잡을 수 없이 빠져드는 상황이 되지 않았나 합니다.

거의 누더기 상태라고 하더라도 사학법 개정은 의미가 있었는데요. 어쨌든 개방형 이사를 집어넣을 수 있게끔 한 것이 그동안 밀실에서 이루어지던 것에 약간의 투명성을 부여했다고 볼 수 있는데, 그것조차 재개정해야 할 정도로 반격을 당하고 있는 상황 아닙니까? 최근에 3불 얘기도 나오고 있습니다만, 그만큼 어떤 긍정적인 방향으로의 변화가 아니라 반동적인 기세가 곳곳에서 자리를 잡고 있구요. 특히 한미FTA를 밀어붙이면서 이쪽은 더욱 더 분열되고, 차기 대권이 한나라당으로 넘어갈 거라는 얘기가 결합되면서 결국 아까 말한 똘레랑스라든지 연대, 이런 가치에 대한 목소리가 작아졌죠. 이미 사회 구성원들이 그야말로 "만인에 대한 만인의 경쟁" 인 이런 상황으로 가고 있어요. 어떤 가치의 함몰 상태라고 할까요. 이런 생각이 듭니다.

지 한나라당이나 기득권들이야 그럴 수밖에 없다 쳐도, 참여정부나 노무현 대통령 같은 경우 큰 부분에 대해서는 신자유주의라는 틀을 벗어나지 못하면서 스스로를 진보라고 생각하는 부분이 더 혼란스러운 상황을 만든 것 같기도 합니다.

홍 그렇죠. 어떤 규정, '어떤 사람이 어떻다' 하는 규정의 싸움에서도 밀려버린 상황이라고 봅니다. 예컨대 손학규 씨의 주장 같은 경우 한편으로는 맞죠. 그러나 수구 냉전적인 한나라당으로부터 스스로 벗어났다고 해서 노무현 정부를 무능한 진보로 규정한다는 것 자체도 황당한 상황이라고 봅니다. 결국은 이른바 진보개혁세력이라는 표현 자체가 잘못된 것이라고 보구요. 그 다음에 지금 한국사회에서 보수에 대한 규정이라든지 이런 것이 제대로 되어 있지 못하다는 것이죠. 왜냐하면 계속 강조해왔듯이 보수는 보수해야 할 가치가 전제되는 것이고, 거기에서 가장 중요한 것이 당연히 민족인데요. 그런데 한국의 보수에게는 그게 없다는 거죠. 보수해야 할 가치라는 것이 그야말로 지금까지 누려왔던 기득권밖에는 없는 겁니다. 공화주의적 가치를 지키려고 한다든지 사회 공공성을 공유하려고 한다든지 민족 개념을 품고 있는 이러한 보수가 아니고, 철저하게 집단적·사적 이익을 계속 유지 강화하려는 게 《조선일보》를 비롯한 이른바 자칭 보수세력들의 모습이구요. 이런 모습이 사학법 개정에 대해서 반대하는 목소리로 그대로 드러난다고 생각합니다.

보수에 대한 규정을 제대로 할 때, 거기에 대한 대항 전선으로서의 진보라든지 이런 것이 정확하게 드러날 수 있을 터인데, 보수가 워낙 참칭한 보수일 뿐 내용 없는 보수 아닙니까? 그러다보니까 흔히 말하는 개혁이라고 알려진 것이 거기에 대한 반사물로 보일 수 있고, 이 개혁 자체에 담겨 있는 보수성, 흔히 말하는 보수성도 거기에 담길 수밖에 없는 것이죠. 그런데 거기에 유럽사회에서 말하는 보수, 진보의 대결구도라고 하는 것이 결합되면서 기묘한 상황이 되었습니다. 이를테면 노무현 정부는 개혁적 보수라든지 자유주의 보수라든지 이렇게 규정해야 하는데요. 기존의 보수, 진보 이런 나눔, 그런 것에 매몰되면서 잘못된 현상이 나타난 거죠. 그래서 결국은 진보의 가치가 퇴색해 버리는, 동반해서 퇴락해 버리는 이런 현실을 낳았던 것이 아닌가 생각하구요.

저는 참여정부가 그나마 조금이라도 역사적인 책무에 있어서 기여한 바가 있다면 과거사 문제라고 생각하는데요. 그 부분에 좀더 기여했더라면 그야말로 보수, 한국에서 보수를 참칭해온 세력이 도대체 어떤 세력이었는지를 제대로 보여줄 수 있지 않았을까 생각합니다. '그들이 진정한 보수가 아니라는 것을 더 잘 부각시켜 줄 수 있지 않았겠느냐' 하는 안타까움 섞인 생각을 하게 되죠.

지 예전에 쓰셨던 칼럼에서 부르디외의 말을 인용하셨지 않습니까? "신자유주의는 보수주의 혁명으로, 과거를 복고시키면서 진보인 양 드러내는, 퇴보를 진보로 둔갑시킨 기이한 혁명"이라고 하셨고, "슈뢰더, 블레어, 조스팽은 '신자유주의를 적용시키기 위해 사회주의를 끌어들인' 가짜 좌파들"이라는 지적도 하셨는데요. 그게 일정하게 김대중 정부와 노무현 정부에 대해서도 적용된다고 생각하십니까?

홍 기본적인 출발점의 차이인데요. 슈뢰더라든지, 조스팽이라든지 이런 사람들의 경우와는 좀 다르다고 봅니다. 지금 현재 프랑스 같은 사회는 나름대로 노사관계의 균형이라든지 세력 관계의 균형, 사회안전망, 이런 것들이 이루어져 있거든요.

위에서 지적한 말은 그 다음에 나오는 얘기죠. 그런데 우리는 그러한 것들이 전혀 이루어지지 않은 상황 아닙니까? 노사간의 균형이 이루어져 있나, 사회안전망이 제대로 잡혀 있나, 그것도 아닌 상황에서 신자유주의가 강화되는 이러한 차이를 분명히 봐야 하는 거죠. 국민의 정부나 참여 정부의 노선을 마치 슈뢰더나 블레어와 같은 선상에 놓으려고 하는 것은 조·중·동 같은 데서 노리고 있는 것이구요. 그 얘기에 넘어가는 것은 현 정부를 친북좌파정권이라 하고, 실세인 386들이 친북좌파라고 하는 선동에 놀아나는 그런 결과에 지나지 않는다고 생각합니다. 특히 사회공공성 문제인데요. 제가 강조하고 싶은 것은 공공적 가치라는 측면이 한국에 제대로 적립되어 본적이 없잖아요. 아까도 얘기했지만 보수가 참칭하는 세력이었기 때문이죠. 민주공화국의 기본적 가치를 진보든 보수든 같이 공유한 상태에서 토론해야 하는데, 애당초 인류의 역사 과정 속에서 형성한 민주공화국의 기본적 가치 자체가 증발해버리고 실종되어버린 상황에서 블레어니 이런 얘기를 한다는 것은 말도 안 되는 거라고 보는 겁니다.

진정한 진보라면 타자에겐 유연하고 자신에겐 엄격해야

지　이번에 최장집 교수로부터 시동이 걸려서 노무현 대통령이 촉발한 진보 논쟁에 대해서는 어떻게 생각하십니까? 노무현 대통령은 예전에 '좌파 신자유주의'라는 말을 꺼내기도 했고 '유연한 진보'라는 표현도 썼는데요.

홍　제가 볼 때는 노무현 대통령 자신의 정치 철학의 빈곤을 드러낸 것이고, 또 어떤 면에서는 무지를 드러낸 것이라고 생각합니다. 그러다보니까 고종석 씨가 얘기했듯이 정치공학적인 측면에서도 실패하고 있다고 봅니다. 좌파 신자유주의라고 보면 '저 사람이 틀림없이 좌파긴 좌파인가 보다'라고 해서 워낙 보수적인 성향이 강한 우리 사회가 지지할 리가 없고, 이른바 진보적이라고 하는 사람들은 '저 사람이 신자유주의라고 드러내놓고 얘기하는구나'라고 생각해서 지지하지 않죠. 결국 양쪽에서 다 지지를 잃어버릴 수밖에 없잖아요. 그 다음은 같은 맥락인데요. 유연한 진보라고 하는데 우선 자신을 진보라고 규정한다는 자체가 우습고 저로서는 동의할 수 없는 얘기죠. 그것은 최고권력자로서 어떤 정책을 입안하고, 어떤 정책을 추진해나가느냐는 점에서 볼 때, 어떤 것이 과연 진보적인 것인가, 어떤 진보적인 정책을 펴내고 있는가 라는 점에서 이해하기 힘든 주장입니다. 사회 양극화는 더욱 더 심화되고 있고 국가보안법 하나도 제대로 해결하지 못하고 있는 이런 자신을 진보라고 말한다는 것 자체는 그야말로 잘못이라고 보구요.

그 다음에 유연하다고 얘기했는데, 저는 칼럼에서도 지적했지만 진보가 유연해야 되는 건 당연하죠. 문제는 타자에 대한, 현실에 대한, 현실을 바꾸기 위해서 현실과 긴장한다는 의미에서의 유연성이 되어야 한다는 겁니다. 즉 타자에 대한, 다른 생각을 갖고 있는 국민들, 민중들에 대한 유연한 자세이지 자신에게 유연해서는 안 되는 것이죠. 그런데 노무현 대통령의 유연한 진보는(진보로 규정한 것 자체도 잘못이지만) 자신에게 유연한, 그야말로 외유내강이 아니라 외강내유인 진보예요. 이것은 진보하고는 전혀 인연이 없는 거라고 얘기해야 되겠죠. 진보라면 자기 자신에게는 엄격해야 되는 것이고, 그러면서 이웃에게는 유연성을 보일 필요가 있는 것입니다.

지　고종석 선생만 하더라도 참여정부 초기에 상당한 기대를 갖고 있었던 것 같은데요. 어떤 칼럼에서 "결과적으로 보수세력의 트로이의 목마가 된 거 아닌가" 라며 안타까워 했습니다. 그 견해에 동의하십니까?

홍　저도 그건 동의하죠. 결국은 진보의 역량을 그러모아서 당선이 됐는데 거기에는 민중의 희망, 기대, 크게 얘기해서 개혁과 변화를 요청하는 사람들, 진보적인 감수성을 갖고 있는 사람들도 다 같이 함께 했죠. 실제로 권영길 후보를 찍으려고 했던 사람들이 정몽준 후보가 지지철회 성명을 발표했을 때 절반 정도는 넘어갔죠. 그런 상황도 우리가 되돌아볼 수 있겠습니다만, 전체적으로 볼 때 반수구냉전세력이라고 할 수 있는 그런 사람들의 온 역량을 다 모아서 선출된 것 아닙니까?

그런데 겉으로는 조·중·동이나 한나라당과 티격태격하는 것 같지만, 실제로 들여다보면 노무현 대통령이 말한 대연정의 현실, FTA든, 비정규직 문제든 이런 모든 문제에서 차별성이 없다는 겁니다. 결국은 고종석 씨의 그런 해석에 충분히 동의할 수 있다고 생각합니다. 그러다보니까 당황했다고 할까요. 전열을 일단 노무현 대통령에게 집중시켰는데, 꼭지각 자체가 와해되면서 전열 자체가 흐트러져버렸습니다.

그 다음에 또 하나의 요소는 기존의 시민사회단체에서 나름대로 중요한 역할을 담당해왔던 사람들 중에서 개별적으로 정책 진영에 참여하는 이런 사람들이 생겼는데요. 제 역할을 제대로 하지 못하고 거기에 흡수돼버린 이런 양상이 전열 자체를 흐트러지게 만든 그런 요인이라고 볼 수 있죠. 노무현 대통령이 아니라 예컨대 한나라당이 집권을 했다면 시민사회단체의 전선은 그대로 유지될 수 있었던 것에 비해 노무현 대통령이 개별적으로 사람들을 참여시킨 것에 의해 정책으로는 그것이 반영되지 않으면서 전열은 흐트러지게 된 그런 부분도 우리가 짚어봐야 하지 않을까 싶습니다.

지　　지금 국민들한테는 진보라는 단어에 대해 실망하고 식상해하는 분위기가 있는 것 같습니다. 이럴 때 진보진영이 어떻게 대처해야 한다고 보십니까?

홍　　분단의 질곡이 굉장히 긴 것이라는 인식을 다시 한 번 할 필요가 있지 않겠냐는 생각이 듭니다. 왜 그런 얘기를 하는가 하면, 사실 민주 대 반민주 구도에서는 그야말로 개혁과 진보가 손에 손을 잡을 수 있지 않습니까? 민주화 운동이랄까, 정치적 민주화라는 것으로 손을 잡을 수도 있구요. 국민의 정부나 참여정부는 정치적 민주주의의 열망, 이런 것이 이뤄낸 성과라고 볼 수 있을 겁니다.

그러나 결국 정치적 민주주의가 바탕이 되어서 사회경제적 민주주의로 나아가기 위해서는 그야말로 진정한 진보 세력이 성장하지 않으면 안 된다는 것을 이번을 통해 교훈으로 삼아야 한다는 것이죠. 진보 세력도 알아야 하지 않겠느냐는 겁니다. 아주 간단한 질문이죠. 양극화라고 하면서 또 한편 민주주의를 누구도 부정하고 있지 않은 이런 상황이 그 자체로 모순이거든요. 그러니까 그 부분에 대한 천착이 부족했다는 겁니다. 20:80의 사회 아닙니까? "그렇다면 그 80이 당연히 정치 지배력을 가지고 사회 경제적 민주주의로 갈 수 있는 정책과 법안을 마련해야 하는데, 왜 그렇지 못한가" 하고 묻는 것은 너무나 당연한 정치원론적인 질문인데요. 우리 진보 세력이 결국 그 부분에서의 천착이 부족했다는 겁니다.

남미는 차베스 같은 사람들이 나오고 있는데요. 물론 신자유주의 아래 20:80이 극악한 정도로 나아간 부분도 있지만, 그 사회는 분단되지 않았다는 겁니다. 분단의 질곡에서 오는 기존 체제에 의한 교육이나 매체를 통한 의식 세뇌, 이것이 엄청나다는 것을 인식해야 하고 이 문제를 심각하게 공유해서 어떻게 존재를 배반하는 의식에서 벗어날 것인가를 고민해야 한다는 거죠.

하나의 예를 든다면 우리가 흔히 "노동자들이 노동자 의식이 없다"고 얘기하잖아요. 그게 잘못되었다는 겁니다. 노동자 의식이 없는 게 아니라 반노동자 의식을 갖고 있다는 거죠. 그래서 저는 의식화와 탈의식화 중에서 탈의식이라는 것을 강조하는 건데요. 자기를 부정하는, 자기를 배반하는 의식을 벗겨내는 것이 대단히 중요합니다. 민주화 운동 과정에서는 민주주의에 대해 누구나 쉽게 동의할 수 있었지만 계급적 문제에 대해서는 워낙 그것을 가로막아왔던 것이 많았던 거죠. 예컨대 수구세력이 국가보안법을 중요시하는 것과도 맞닿아 있는데, 진보세력이 문제의식이 없었다는 것은 아니지만 수구세력이 해왔던 체제 속에서 의식화해왔던 이런 부분에 비해서는 부족하지 않았느냐 하는 겁니다. 예를 들어서 전교조 교사들이 어떤 계기 수업을 한다고 할 때 수구세력들이 아우성을 치지 않습니까? 철모르는 아이들을 데리고 의식화 수업을 한다고 하는데요. 그게 황당한 것이, 그 세력들이 반 세기 이상 얼마나 철저하고 일방적인 의식화를 해왔는지에 대한 인식은 못하고, 그들이 지금까지 학생들을 중립적으로 대해 온 것인 양 호도하는 것에 대한 문제의식이 부족하다는 거죠. 그런 부분들에 대해서 진보세력이 천착하고 민중들에게 다가가고 이래야 하는 것이 아닐까 생각합니다.

지 그런 부분에 대해서 진보세력이 대중들에게 많은 설득을 해왔다고 봤는데요. 요즘 보면 여전히 부족했던 것은 아닌가 하는 생각이 듭니다. 《한겨레》 역시 마찬가지인 것 같은데요.

홍　물론이죠. 저도 시민편집인을 하면서 작년 1년 동안 목소리를 냈는데요. 《한겨레》 구성원으로서 쉽지 않은 얘기긴 하지만 제가 보는 관점에서는 부족했습니다. 부족한 것에는 두 가지 이유가 있을 수 있겠죠. 《한겨레》가 민주화 운동 과정에서의 민중의 희원, 열망, 민중의 힘으로 탄생했지만 결국 지금까지 20년 가까이 오면서 거의 재벌기업의 광고에 의존해야 하는 상황이 되었습니다. 이러한 상황에 의해서 존재 이유가 잠식된 부분이 있지 않겠는가 하는 것입니다. 그래서 제가 구성원들에게 "이런 부분에서 계속 긴장해야 한다"는 얘기를 해왔던 것이구요. 설령 생존이 그들의 힘에 의해서, 광고에 의해서 유지된다 하더라도 계속 긴장을 유지해야 하는 것이고, 존재 이유를 끊임없이 반추해야 하는 것이고, 그 일상 속에서 자발적 복종을 해서는 안 되는 것이 아니냐는 얘기였는데요. 그런 면에서 《한겨레》의 부족한 면도 물론 있죠.

　　그러나 한편으로 아까 유연한 진보 얘기가 나왔는데요. 한국 시민사회의 진보 감수성이라든지 진보적 의식을 갖고 있는 사람들이 《한겨레》를 바라볼 때의 유연하지 못한 부분도 같이 지적해야 하지 않겠느냐 이런 생각이에요. 그래도 《한겨레》를 비판하기 전에 '과연 시민사회가 어떤 노력을 했고 어느 정도 기여를 했던가?'라는 점을 생각해 봤으면 좋겠어요. 물론 《한겨레》가 제 길을 안 가서 그랬다는 얘기도 가능하겠지만 서로가 같이 고민해야 할 문제라고 생각합니다.

《한겨레》의 건강성이 한국사회 건강성의 지표

지 그래서 선생님께서는 보수세력으로부터도 비판을 받지만, 진보진영으로부터도 '왜 거기서 모욕을 당하고 계시냐?'는 비판을 받고 있지 않습니까?

최덕효 《한국인권뉴스》 대표 기자가 "홍세화와 《한겨레》의 불협화음은 어제오늘의 이야기가 아니다. 어쩌면 한국의 진보진영과 《한겨레》 사이의 불편함과 궤를 같이한다고 볼 수 있다. 아이러니한 것은 홍세화가 어떤 이유에서인지 《한겨레》를 떠나지 못한다는 사실이다. 그는 오히려 제2창간운동본부니 독자 배가운동이니 하면서 이 땅의 민중들에게 사회동력에 소홀하고 당파성도 부재한 《한겨레》의 세일즈맨이 되어 가장 앞장서 일하고 있다"는 글을 썼는데요. 《한겨레》가 홍세화를 붙잡고 있음으로서 진보의 끈을 유지하고 있다는 제스처를 취하는 게 아니냐는 비판도 있는데, 선생님께서는 여전히 《한겨레》를 통해 뭔가를 해야 한다고 믿고 계신 건가요?

홍 《한겨레》를 비판하는, 그러니까 '《한겨레》가 기대에 미치지 못한다, 아직 부족하다'는 부분으로 비판하는 것에 대해서는 아까도 말했지만 공감하는 부분이 많습니다. 그런데 그럼에도 불구하고 한국 사회 구성원들의 의식 지형과 관련해서 지지해야 할 부분이 있다는 거죠. 제가 항상 얘기하는 거지만, 지지는 맹목적인 지지가 아닌 비판적인 지지여야 하구요. 그 다음에 애당초 '하나에서부터 열까지 여성, 환경, 교육 이런 모든 문제에 동일한, 일치된 그런 것을 만들 수 있는가? 우리가 일간지를 만들면서 한국 사회에서 일치

되는 사람들을 모으는 게 과연 가능하긴 한 건가?'를 짚어볼 필요
도 있는 것 같습니다.

그 다음에 제 개인적인 부분에 대한 얘기가 있는데, 저는 우선
《한겨레》가 나름대로 갖고 있는 한국 사회 전체에서의 위치에 주목
을 하고 있어요. 제 자신의 이념적 지향이나 이런 것에 비해서는 미
흡한 부분이 분명히 있지만, 한국 사회 전체에서 볼 때《한겨레》가
갖고 있는 중요성을 인식한다는 그런 얘기를 꼭 하고 싶습니다. 거
듭 얘기한 거지만,《한겨레》에 불만을 갖고 있는 시민사회가 있고
《한겨레》 내부에 나름대로 긴장을 하자고 하는 이런 구성원들이 있
으니까 그들 사이의 접점을 마련해가는 것이 중요한 것이지, 지금
그렇다고 해서《한겨레》를 배제한다든가 이럴 수는 없는 게 아닌가
하는 거죠. 마르크스가 얘기한 것이긴 하지만 "자유로운 언론의 일
차적인 조건은 기업이 아니어야 한다, 산업이 아니어야 한다"는 것
입니다. 그런데 지금 잘 아시다시피 모든 미디어가 산업이라는 것
을 너무 당연하게 얘기하고 있지 않습니까? 사르트르가 얘기했듯
이 "생존 수단이 존재 이유를 훼손해서는 안 된다"는 것인데, 지금
우리 신문의 경우 생존 수단이 존재 이유를 훼손할 수밖에 없는 구
조 속에 있다는 거죠.

《한겨레》가 처해 있는 구조적인 모순이 있어요. 신문제작원가가
1만 8000원인데 월 1만 2000원의 구독료를 받는 엄청난 구조의 문
제, 조 · 중 · 동이 파놓은 함정과도 같은 구조적인 문제가 그것입니
다. 신문을 팔아도 신문으로서는 이익을 볼 수 없어요. 신문을 생산
하는데 신문을 통해서 이익이 나는 것이 아니라 광고를 통해 생존
해야 하는 이런 상황입니다. 광고는 주로 재벌기업이 지배하는 산

업 구조가 문제가 되지 않습니까? 이런 내용을 안다면, 긴장해야 하는 지점을 안다면 그렇게 나하고 일치하지 않는 부분이 있다고 해서 《한겨레》를 쉽게 내칠 수는 없는 것이라고 생각합니다. 그게 유연한 진보라고 할 때의 유연성이 아닌가 하는 그런 생각을 하죠.

지 《한겨레》에 대한 기대치가 커서 그럴 텐데요. 선생님께서도 얘기하셨듯이 생존이 첫 번째 원칙이 되어서는 안 되지만, 일단 생존을 해야 뭘 할 수 있을 테니까 그 둘의 균형을 잡는 게 중요할 텐데요. 《한겨레》 내부에서도 그런 얘기가 많은 걸로 알고 있습니다. 《한겨레》에서 재벌들의 나눠주기 광고가 큰 비중을 차지하는데요. 논조가 그들의 입맛에 맞게 가거나, 조심스럽게 비판한다고 해서 《한겨레》의 독자가 늘어나는 건 아니지 않습니까? 오히려 좀더 진보적인 얘기들을 할 때 독자들이 다시 돌아온다거나 하지 않겠습니까? 《한겨레》가 이른바 개혁적인 의제에만 매달리는 게 아닌가 하는 우려를 선생님께서도 하시는 것 같은데요.

홍 그렇죠. 그것은 사실이구요. 그래서 그 얘기를 해왔던 겁니다. 구성원 자체도 일상적인 구도에 매몰돼서 여러 해를 보내다보면 결국 거기에서 빠져나오기 힘들 수 있죠. 제가 "《한겨레》의 건강성이 한국 사회 건강성의 정확한 지표"라는 얘기를 하는 게 바로 그런 의미입니다. 건강성이라는 것은 경영적 측면, 논조 이런 걸 다 포함해서 생존 수단과 존재 이유의 갈등구조 얘기를 하는 거죠. 그 문제에서 시민사회가 《한겨레》의 미흡한 부분을 비판하는 것은 좋은데요. '《한겨레》가 생존수단과 존재 이유 사이의 갈등구조에 대한 인식을 제대로 하고 하느냐' 하는 문제와 '생존 수단 때문에 존재 이유가 굉장히 위협받을 수밖에 없는 이 구조에 대한 인식을 제대로 하는가? 그렇다면 그렇게 비판하는 사람들이 《한겨레》의 생존수단에 얼마만큼 기여할 수 있겠는가?' 하는 이런 고민이 같이 이루어질 때 그 비판이 올바른 것이라고 생각합니다.

{ 승자 독식체제에 대한 문제 제기가 절박하다

지 선생님께서 계속 《한겨레》 안에서 《한겨레》에 대한 비판을 지면을 통해서 하고 계신데요. 그런 것들은 일정하게 희망을 갖고 있기 때문인가요?

홍 물론 그렇습니다. 물신주의 사회에서 시민단체 활동가들이 그야말로 박봉으로 활동을 해나가고 있는데 《한겨레》는 거기보다 나은 편이라고 할 수 있겠지만, 흔히 말하는 다른 대기업이나 다른 언론사에 비해 절반에도 못 미치는 급여를 받고 있습니다. 물론 배우자가 같이 버는 부분이 있기 때문에 버틸 수 있기도 하구요. 그래도 《한겨레》 내부에서 계속 견제하려고 하는 구성원이 있다는 것하고 아닌 것의 차이는 있을 겁니다. 거듭 얘기하는 거지만 부족하고, 미흡하고, 자꾸 일상의 타협이라고 할까, 양보라고 할까, 이런 쪽으로 가는 것에 대한 긴장을 늦출 수 없다는 얘기를 하고 있습니다. 하지만 이 신문이 앞으로는 더, 아까 얘기한 진보의 역할과 관련해서 더 천착해야 된다는 것, 교육 문제라든지 여러 가지 현안들에 대해서 민중들에게 파고들 수 있는 그런 역량이 충분히 있다고 생각합니다.

지　《한겨레》가 어려운 상황인데요. 선생님께서는《한겨레》가 "그래도 상식적인 신문"이라는 표현을 하신 적이 있잖습니까? 예전에 군사독재 시절에는 국가가 국가주의적인 의식 같은 것을 심어줬는데, 지금 자본권력은 사람들이 아무 생각을 하지 않게끔 사람들의 의식을 빼앗는 방식으로 지배하는 것 같습니다. 이미 그런 의식이 주어진 사람들이 의식화된 것을 탈의식화시켜야 하는데, 그 과정 없이 자본권력과 미디어들이 사람들을 그 상태로 머물게 만드는 것이 아닌가 싶습니다.

　　예전에 〈폐쇄회로〉라는 글에서 "중층적이고 복잡해진 현대사회에서 사물과 현상을 꿰뚫어본다는 것은 쉬운 일이 아니다. 대중문화는 그 어려움을 '스스로 무지하다고 믿지 않는' '유식한 무지'를 양산함으로써 단칼에 해결한 요술방망이다"라는 말씀을 하시지 않았습니까? 사회구성원들간의 연대나 이런 것에 대한 고민은 전혀 없으면서도 '나는 모든 것을 알고 있다'고 생각하게끔 만들고 있는 것 같은데, 이런 상황을 극복하기는 어려울 것 같습니다.

홍　그게《한겨레》혼자의 힘으로는 물론 힘들겠죠. 그래서 교육 과정에 우리가 좀더 참여하고, 교육 내용에 대해서도 비판적 분석을 하려고 합니다. 그게 하루아침에 이루어지는 것이 아니라 정말 장기적인 방향성을 가지고 가야 하는 부분이라고 생각하죠. 실제로 노무현 정부가 들어섰을 때, 저도 '학벌 없는 사회' 공동대표 일도 하고 있습니다만, 교육 문제에 대해서는 나름대로 기대를 가졌습니다. 그것이 완전히 물거품으로 가는 상황이긴 합니다만. 모든 걸 다 《한겨레》가 할 수 있다는 것은 당연히 아닙니다. 그렇지만 어떤 방향성이나 이런 것을 제대로 짚어줄 수 있는 역할은 할 수 있지 않겠는가 하는 거죠. 지금까지 미흡했다는 것은 두말할 필요가 없는 거지만요. 비유적으로 하나 얘기해봅시다. "똑똑한 한 놈이 아흔아홉 놈을 먹여 살린다" 이게 한국의 경쟁력이라고 얘기하는 건데요. 경쟁력이 왜 필요하고, 대학자율화가 왜 필요한지 그리고 3불 정책에서 대학에 왜 자율권을 줘야 하는지 등등이 다 그것과 관련이 있는 것입니다. 그 이데올로기가 재벌기업에 특혜를 주는 것에 아무런 문제의식을 갖지 못하게 하는 거 아닙니까? 우선 사회구성원들이 그런 얘기에 '그렇구나' 하고 아무 생각 없이 받아들이기 때문에 그런 이데올로기에 쉽게 젖어드는 건데요. 그게 바로 심각한 문제라는 거죠. 두 가지 단계로 우리가 얘기할 수 있습니다.

첫째로 사회구성원이라면 당연히 제기해야 되는 것이 '똑똑한 한 놈이 아흔아홉 놈을 먹여 살리기는 하나' 하는 의문, 즉 승자 독식 체제에 대한 문제 제기를 할 줄 알아야 하고, 거기에 따라 분배 정책이나 재분배 정책에 대해서 천착할 줄 알아야 합니다. 이런 사회경제적 측면에서의 너무나 당연한 질문들이 재기되어야 하는 것이구요.

두 번째로 정치철학적인 것인데 '설령 똑똑한 한 놈이 아흔아홉 놈을 먹여 살린다고 할지라도 우리가 바라는 사회가 그런 사회여야 하느냐'는 질문이 제기되어야 합니다. 두 번째는 두말할 필요도 없고 첫 번째 질문조차 제대로 하지 못할 만큼 의식화가 되어 있다는 거죠. 그런 논리에 젖어들어 있고, 그렇게 훈육되어 왔고, 세뇌되어 온 데다 아까 말씀하신 것처럼 근래 와서는 물신주의 가치관을 통하여 아무 생각이 없이 만드는 이런 상황이 아닌가 하는 생각이 듭니다. 지금 대학이 보수화된다고 하는데, 이념적인 보수성에 의해서라기보다는 생각 없음이 그렇게 표현되는 것 같습니다. 그런 부분들에 대해서 《한겨레》가 조금 더 치고 나갈 수 있는, 의제화할 수 있는 여지는 충분히 있었고, 그럴 역량도 있었다고 보는데 그럼에도 불구하고 부족한 부분이 있었다는 것에 대해서는 동의하죠.

‘공화국’으로서의 가치가 실종된 현실

지 예전에 스페인 여행을 갔다가 치료받고 온 아이의 얘기를 쓰신 적이 있는데요. 공짜로 치료받았는데도 너무나 친절하게 대해줘서 놀랐다는 얘기를 하면서 교육과 의료에서 돈이 배제되어야 인간 대 인간으로 만날 수 있고, 훨씬 더 건강한 관계가 될 수 있다는 지적도 하셨습니다. 프랑스의 예를 들면서 "돈이 오가지 않기 때문에 선생과 학생 사이에 인격적인 관계가 형성된다"는 말씀도 하셨구요. 그런데 그런 얘기를 한다는 것이 한국 사회에서는 과격한 주장으로 비치지 않습니까? 그리고 그런 혜택을 받아야 하는 계층들이 무상의료, 무상교육 얘기를 불온한 것으로 생각하는 이유는 뭘까요? 제가 보기에는 진보진영이 이런 부분을 잘 설득해내지 못한 부분이 있는 것 같습니다. 이런 얘기를 강하게 하면 '빨갱이로 보지 않을까?'하는 공포심 같은 것 때문에 조심스럽거나, 관념적으로 표현한 부분도 있지 않나 싶거든요.

홍 민주노동당이 2002년 대선, 4.15 총선 때까지도 무상교육, 무상의료라든지 "서민에게는 복지를, 부자에게는 세금을"이라는 캐치프레이즈를 내걸었습니다. 그리고 4.15 총선에서 10명이 국회에 들어가면서 '기자실을 확대한다든지 민주노동당을 홍보하면 된다'고 생각하면서 지금 말씀하신 것처럼 치고 나갈 수 있는 이런 것에서 미흡했던 것이 아닌가 이런 생각을 하죠.

실제로 무상교육, 무상의료라든지 이런 주장이 슬그머니 빠져나가는 그런 기운이 있었거든요. 요즘 다시 그런 얘기가 진작이 되리라고 보는데요. 사실 그 문제는 몇 가지 측면에서 볼 필요가 있습니다. 유럽 사회의 경우 우선 그것은 진보적 가치 이전에 공화주의적 가치가치였거든요. 국가공동체가 기본적인 공동운명체라는 것에서 비롯한 것인데, 우리 사회에서는 그런 것이 없다는 거죠. 그게 아까도 얘기한 것처럼 "보수적 가치가 없다. 민족이 없다"는 것과 다 연결되는 부분입니다. 가령 표명렬 장군이 "대한민국 군대에는 민족이 없다"고 했지 않습니까? 마찬가지로 대한민국 엘리트에게도 민족이 없습니다. 이 문제죠. 결국 한미FTA가 이렇게 흘러가는 것도 그런 것과 연관이 되는데요. 이런 공동체적인 가치가 서 있지 않습니다. 다른 사회에서는 진보, 보수세력이 나름대로 공화주의적 가치, 공동체적 가치의 공통분모를 가지고 진보적 가치를 얘기하는데, 우리의 경우에는 이것 없이 진보적 가치를 얘기하고 있는 거죠. 그러다보니까 워낙 색깔론으로 무장되어 있는 사회 속에서 비어 있는 공화주의적 가치를 내세우는 것조차 굉장히 두려워하는 이런 상황이 아닌가 생각합니다.

거기에는 양면적인 것이 있다고 생각합니다. 하나는 진보 쪽의 잘못된 경향인데 그런 주장이 본디 공화주의적 가치라고 얘기하면 '이것은 좀 우파적인 요구가 아니냐'고 생각해서 제외해 버린다는 겁니다. 이해의 부족, 무지라고까지 할 수 있는 거죠. 이를테면 스페인 얘기를 했습니다만 무상교육이나 무상의료는 좌파적이나 진보주의적 가치의 요구가 아니라 그 이전에 공화주의적 가치의 요구거든요. 그러니까 공동체적인 데에서 오는 겁니다. 리퍼블릭이라는 말 자체가 바로 공공성에서 온 얘기 아닙니까? 문자 그대로 퍼블릭에서 온 거니까 이렇게 얘기를 하는데 그것에 대한 천착이 부족하지 않은가 하는 겁니다.

'민주공화국이라고 하는데, 공화국으로서의 가치에 대해서 진보 세력들이 왜 더 집요하게 얘기하지 못하는가' 하는 부분에 대한 아쉬움이 있죠. 그런 한편으로는 참 우습게 된 것이 있습니다. 공화국의 의미 자체가 실종되어 있는 한국의 우파 편향은 무상교육이나 무상의료와 같은 얘기를 꺼내면 그것이 좌파적 요구인양, 빨갱이식 요구인 양 왜곡해 버리는 그런 선 위에 있지 않나 하는 생각을 합니다.

지 어떻게 보면 매체의 탓도 있지만, 인터넷이나 이런 것을 통해서 사람들을 설득할 수 있는 수단이 많아졌지 않습니까? 시스템에 대한 얘기도 중요하지만, 실제 이런 학생의 사례 같은 것이 훨씬 더 쉽게 와닿을 수 있지 않습니까? 민주노동당을 지지하는 유명인들이 많은데요. 이 분들이 매스컴에서 이런 얘기들을 자주 해주면 사람들에게 설득력이 굉장히 클 거라고 생각하는데, 그런 걸 만들어가는 노력이 부족하지 않나 싶습니다.

홍 그렇죠. 그러니까 '진보적인 사회, 좀더 나은 사회에 대해서 얼마만큼 치열하게 고민하고 있느냐, 민중의 삶에 얼마만큼 천착하고 있느냐' 하는 부분에서 아직 미흡하다는 거죠. 아직 우리의 진보 정치운동의 역사가 짧습니다. 그야말로 분단 상황 이후로 볼 때 지리멸렬했고, 분단의 질곡이라는 게 엄청났잖아요. 그런 점에서 쉬운 일은 아니라고 생각하죠.

인터넷 공간을 말씀하셨는데 과연 인터넷이 토론하면서 설득하고 설득되는 공간인가, 저는 그렇게 안 보거든요. 인터넷은 기존의 생각을 확인하는 공간일 뿐입니다. '과연 인터넷을 하면서 사람의 생각이 바뀌는가' 라는 것에 회의적이에요. 인터넷 토론 공간이라는 것이 대부분의 참여자에게는 배설 공간일 뿐이고, 일부 진정한 토론이 이루어진다고 보는 사람들의 경우에도 기존의 생각을 확인하거나, 조금 정교해지거나 풍요롭게 할 수 있는 공간일 뿐이죠. 기존에 갖고 있는 생각을 바꾸는 그런 공간이 될 수 있다고 생각하지 않아요. 그만큼 사회구성원들은 일단 형성한 의식을 고집합니다.

스피노자 얘기를 자주 합니다만, 우리는 한번 형성한 것을 고집하는 경향을 갖고 있기 때문에 우리 현대사에서 탈의식을 가능하게 했던 것은 인터넷이 아니라 선배였습니다. 왜 그러냐 하면 인터넷은 인격적 관계가 아니거든요. 선배는 인격적인 관계인 데다가 특수한 관계입니다. 함부로 무시할 수도 없고, 선배가 나를 잘못 오도하는 그런 사람도 아니라는 믿음도 있구요. 지금까지 탈의식은 대학이나 일터에서 선배를 통하거나 전교조 교사들을 통해 이루어졌는데, 대부분의 경우 대학에서 선배들을 만나면서 그 선배와 같이 책을 읽고 토론하는 과정을 통해 가능했던 거거든요. 그런 것에 비해 과연 인터넷이 선배 역할을 해줄 수 있느냐는 점에서는 회의적이라는 말을 덧붙이고 싶어요.

지 　인터넷뿐이 아니라 매체를 활용하는, 진보정치에 좀더 대중적으로 다가갈 수 있는 여러 가지 방법에 관한 말씀을 드린 건데요.

홍　물론 그건 당연한 일이죠. 《한겨레》도 그렇고 《진보정치》든 《프레시안》이든 《레디앙》이든 이런 매체들을 찾아오는 사람들부터가 이미 어느 정도 비슷한 생각을 갖고 있지 않으면 찾지 않는 것이구요. 찾아온다고 하더라도 기존의 생각을 바꾸는, 반대하는 생각들을 배설하는 것이 절대 다수입니다. 저는 그 부분에 대한 얘기를 하는 거죠. 변화는 진정한 의미의 토론과 설득이 이루어지는 인격적 관계에 의해서 가능합니다. 특히 한국에서는 선후배 간의 관계가 그런 것이었구요. 제가 우려하는 것은 대학에서 그런 공간들이 사라지고 있다는 거죠. 선배 자체가 없어져 버리는 상황이 우려스러운 겁니다.

지　김규항 선생이 "니가 우리를 존경한다고 했지만, 참고 자료로 생각했지만, 결국 다른 선택을 하지 않았느냐, 그것은 우리 생각이 틀렸다고 말하는 것과 같다"는 얘기를 해서 "꼭 그렇게 생각할 일은 아닌 것 같다"는 말씀을 드렸는데요.(웃음)

예전에 어떤 분은 '지승호는 진보와 개혁 간의 화해와 이해를 돕고자 노력을 하는 것 같다'고 좋게 해석을 해주셨는데, 지금 생각해보면 그게 굉장히 부질없는 짓이었다는 자괴감이 들기도 합니다. 그런데 간혹 어떤 좌파들에게서는 선민의식 같은 것을 느끼기도 하는데요. 제가 인터뷰한 분들 중에서 존경할 만한 좌파가 많다보니까 "니가 뭔데, 그런 분들의 인터뷰를 하느냐"는 비아냥을 받기도 하거든요.

홍　그게 유연하지 않은 거죠.(웃음)

공공적 가치에 대한 공통분모가 없는 사회

지 그런 부분이 저 같은 사람들을 그쪽에 가기 꺼려하게 만드는 점이기도 한 것 같습니다. '그래, 더러워서 안 간다. 장소가 어디든 나는 나대로 내가 하고 싶은 일을 하면 되는 거지'라고 생각하게 되는데요. 제가 좌파라고 얘기하기엔 부끄러운 점이 많지만, 요즘 들어서 '아무리 생각해도 난 좌파인 것 같아'라는 생각이 들 때가 많거든요.(웃음) 말씀하신 그런 유연하지 못한 부분이 《한겨레》에도 있는 것 같구요. 그런 게 개혁진영하고 충돌한 것 같기도 합니다.

프랑스 경우를 보더라도 극우세력에 대항하기 위해서는 연대하기도 하고, 선거 때 연합을 하기도 하지 않습니까? 그런데 우리는 진보와 개혁 진영의 골이 깊어진 것 같습니다. 선생님 말씀처럼 토론은 치열하게 하되, 연대할 때는 연대해야 하는데요. 제대로 된 토론은 없으면서 싸움만 굉장히 치열하게 하는 것 같다는 생각이 듭니다.

홍 우리 사회에 아까 얘기한 공공적 가치라는 공통분모가 없다는 것 자체가 결국 우리를 그렇게 만들어버린 게 아닌가 싶습니다. 분단상황이라든가 극악한 2분법적 상황이 영향을 미쳤다고 볼 수밖에 없죠. 그야말로 도 아니면 모 식으로 중간이 없는 상황이 되다 보니까 그런 결과가 왔다고 봅니다.

그리고 아까도 언급한 공공성 얘기인데, 그 부분에 대한 공유점이 없다는 것을 참 치명적으로 절감하게 되죠. 비유적으로 얘기하면 유럽에서의 이른바 합리적 보수주의라고 얘기하는 그런 보수에 비해 한국에서 흔히 말하는 진보는 정말 위태위태하다는 느낌입니

대한민국, '강화구'의 가치를 묻다 _ 아체환

다. 유럽의 합리적 보수가 탄탄한 역사성이라든지 그런 것을 갖고 있는 것에 비해서 한국에서의 진보는 마치 아주 어린아이처럼 위태위태해 보인다는 겁니다. 진보성을 표방하지만 실제로 그것이 어떤 알맹이를 갖고 있느냐, 그 사람이 권력을 잡는다고 했을 때 어떤 정책을 펼 것이냐, 이런 데에서 위태위태한 느낌을 많이 갖는데요. 공공적 가치에 대한 확고한 바탕이 있지 않고는 부족하다는 생각이 듭니다.

그 다음에 정책연합이라고 할까, 반수구 전선에서 앞으로 대선과 관련해 여러 가지 얘기들이 나오는데 신자유주의, 승자독식 체제, 경쟁을 앞세우는 문화, 이런 정치 이데올로기에 반대하는 공통분모를 가진 세력들의 어떤 연합, 이것은 어떤 전제를 놓고 분명하게 할 수도 있지 않겠느냐 하는 생각을 저도 하고 있어요. 구체적으로 여기에 민주노동당이 어떻게 대처하느냐 하는 문제가 있는데요. 민주노동당이 진보정당으로 성장할 수 있는 큰 기로에 서 있지 않나 하는 생각입니다. 문제가 뭐냐 하면 우리에게 그런 것이 참 없다는 거죠. 그게 보수정당과 진보정당의 차이이기도 한데, 보수정당은 워낙 당적 견제라는 것이 없거든요. 당적 견제라는 것이 나름대로 관철되는 것이 진보정당인데, 보수정당의 경우에는 선거 공약을 내걸었다가 집권하고 나서 그걸 내팽개쳐도 당내에서 견제할 수 있는 방법이 없다는 겁니다. 이런 한계를 과연 어떻게 조정할 수 있느냐에 따라서 이를테면 연합정권으로의 단계라고 할까, 그런 것도 한번 겨냥해봐야 되지 않느냐 하는 생각이 들고요. 신자유주의에 대한 긴장을 공통분모로 놓고 반한나라당, 반수구 전선을 승리로 이끌기 위해서 연합정권의 형태를 취해 부처 중에서 어느 분야는 민주노동당에게 준다든가 그런 것도 그려볼 수 있지 않느냐 하는 생각도 하는데요. 아직 이른 것 같기도 합니다.

지　상황이 좋을 때 열린우리당과 민주노동당이 힘을 합쳐서 국가보안법을 폐지했어야 했는데요. 그러지 못했습니다.

"민주노동당이나 시민사회단체 등에서 여태껏 부족하지만 나름의 대안을 제시했다고 보는데 그것이 참여정부와의 관계 속에서 배척됐다"고도 하셨는데요. 참여정부가 왜 그랬다고 보십니까? 제가 보기에는 참여정부는 진보진영에 상당한 서운함을 느끼고 있는 것 같습니다. "우리가 어려울 때 도와주지 않고, 알 만한 사람들이 비판을 한다"는 생각을 가진 것 같기도 하구요. 어쩌면 그것이 정치적 목적을 가지고 한 행동일 수도 있지만, 양쪽 모두 한나라당보다 서로를 더 미워하는 면도 있는 것 같습니다.

홍　기대를 했다가 그것이 무너지는 데서 오는 갈등이 아니겠어요? 예를 들면 노사 간의 균형 문제에 대해서 노무현 대통령 스스로 얘기했거든요. 자기 임기 내에 "노사 간의 균형을 이루도록 하겠다"고 했는데, 그 얘기는 노사 간의 균형이 사측으로 기울어져 있다는 것을 스스로 인식하고 있었다는 겁니다. 그런데 취임 후 석 달 만에 완전히 뒤집기 시작했죠. 발전 파업이 있은 다음 레미콘 노동자들, 특수고용노동자들이 파업을 하면서 완전히 돌아서 버렸잖아요. 그런 상황에서 과연 어떻게 어디까지 할 수 있겠느냐 하는 거죠. 아까도 얘기가 나왔지만, 국가보안법 같은 것도 왔다갔다 해버렸고, 교육 문제에 대해서도 새로운 것을 보여주지 않았거든요. 알맹이가 없다는 거죠. 오히려 노무현 대통령은 민주노동당에 일정 정도의 빚이 있단 말입니다. 빚을 조금이라도 갚는 자세를 보여줘야 하는데, 노무현 정부 스스로가 권력자인데, 권력자가 손을 내민 것이 하나도 없는데, 무슨 힘을 어떻게 실어주라는 겁니까?

그리고 2004년도 말에 국가보안법을 폐지하려고 할 때 얼마나 많이 힘을 실어줬습니까? 1000명 넘게 단식농성을 벌였는데 그 중에 열린우리당 지지자가 얼마나 됐고, 민주노동당 지지자가 얼마나 됐습니까? 비율이 어땠겠어요? 그랬을 때 제대로 방향만 잡았다면 정말 그쪽으로 힘을 실어줬을 겁니다.

지 어떻게 보면 지지자들이 더 실망해야 할 부분인데, 노무현 대통령이 더 섭섭해하거나 화를 내는 경우도 많았던 것 같은데요.

홍 노무현 대통령의 성격이 독선적이지 않나 생각을 하죠. 지금까지는 이른바 올인해서 성공해오지 않았습니까? 부산에서 국회의원 선거에 낙선한 적이 있긴 했지만, 대통령이 되기까지 자기 선택에 대한 자신감이 성격과 결합되면서 그렇게 나타나지 않았나 하는 생각이 들고요.

우리나라 같은 사회에서는 당적 견제라는 것이 대단히 중요한데요. 정당 정치를 최장집 교수가 강조하는 것에는 그런 배경도 있다고 봅니다. 공약해 놓고 지키지 않아도 정당의 견제가 없을 때, 정당 정치가 이루어지지 않을 때 어떻게 되었는지는 봐오지 않았습니까? 지금 참여정부의 모습이 그런 거거든요. 그런 면에서 자기 성찰, 권력의 비민중성에 대한 성찰이 부족했을 때 권력의 일상이 모든 것을 이기게 되는 거죠.

한국의 관료주의에 대한 긴장도, 구체적인 현실 정치에 대한 철저한 준비도 부족했다고 생각합니다. 결국 관료들에게 포섭되었죠. 한미FTA만 보더라도 그런 양상으로 가버렸으니까. 재벌 기업에 대한 규제 문제도 결국 관료들에 의해 포섭이 되면서 그쪽으로 기울어가고, 그게 권력의 일상과 맞물리면서 그런 방향으로 자리를 잡아버린 게 아닌가 생각합니다.

그런가 하면 386이나 운동권, 시민단체, 사회단체에서 뽑혀간 사람들, 혹은 자발적으로 들어간 사람들은 거의 개별화되었고, 자신의 신상에 관한 변화 말고는 별다른 것이 없어져버린 것이라고 봐야죠. 이정우 교수나 정태인 씨를 비롯해서 나름대로 대안을 모색했던 사람들도 있지만 관료들의 벽을 느끼지 않을 수 없었을 것이고, 나름대로 어려움을 갖지 않았을까 생각합니다. 실제로 그런 사람들의 예가 있기도 하지만 노무현 대통령의 독선적인 면이 큰 벽이었을 거라는 생각을 합니다.

지　예전에 대통령이 한나라당과의 대연정 제안을 거부당하고 나서 민주노동당과의 소연정 얘기를 한 적이 있지 않습니까? 어떤 분들은 그때 민주노동당이 연정을 받았어야 하는 게 아닌가 하는 얘기도 하던데요.

홍　과정 자체가 황당하잖아요.(웃음) 뭘 목적으로 연정을 하겠다는 건지. 당시만 해도 열린우리당이 국회에서 과반수였는데, 뭘 위해서 연정을 하겠다고 하는 건지 잘 이해가 안 되었죠. 좀 돌출적이라고 할까요. '민주노동당과의 소연정이라는 것이 진정성이 과연 있었는가' 하는 그런 의문 때문이었을 겁니다. 진정성이 담겼다면 왜 민주노동당에서 마다했겠습니까? 그런 의문 때문이었겠죠. 한나라당과 대연정을 얘기했다가 그것이 안 되니까 하는 얘기를 진정성이 있다고 받아들이기는 힘들잖아요.

{자기 생각과 주장에 따른 논거의 천박과 빈약의 문제

지 좀 수그러들긴 했지만, 10년 만에 한국사회에 논쟁이 돌아왔다고 할 만큼 진보와 관련된 논쟁이 한참인데요. 위기가 기회가 될 수도 있지 않습니까?

홍 물론이에요. 말이 좀 이상하긴 합니다만 진보 논쟁은 계속 좀 됐으면 좋겠다는 생각을 갖고 있고요. 여성 문제, 환경 문제, 문화의 다양성 문제 등 이런 여러 부문에 걸친 새로운 사회상, 가치관 이런 것에까지 좀 확대되었으면 좋겠습니다. 교육 문제에 있어서도 3불 문제 같은 것에만 머물 것이 아니라 교육 3주체들이 가지고 있는 문제들에 대한 대안도 같이 모색해 봤으면 좋겠구요. 다양한 부분으로 넓어지고 깊어졌으면 하는 바람을 갖고 있습니다. 그런 것을 《한겨레》가 선도적으로 의제화하고, 민주노동당도 당연히 연동되었으면 좋겠다는 생각을 가지고 있죠.

지 인터넷을 보면 선생님이나 고종석 선생에 대해서 "프랑스를 너무 이상사회로 보고, 한국 사회를 폄하한다"고 비판을 하는데요. 어떤 댓글을 보니까 르펜 같은 경우 "이주 노동자들을 추방하자"는 구호를 내세우고도 20퍼센트 가까운 지지를 얻었는데, 만약 한국 사회라면 "그런 발언을 하는 정치인이 생존할 수 있었겠느냐"라고 하던데요. 표면적으로는 옳은 논리로 보이거든요.

홍   다른 방향에서 답변을 하고 싶은데요. 가령 이런 생각을 해봅시다. 예컨대 유럽에서 똘레랑스가 문제가 된 것은 16세기 신구교 간의 종교분쟁과 연관되어 있는데요. 그런 면에서 한국은 종교에서 다양성이 용인되고 있지 않느냐 하는 생각을 합니다. 불교, 기독교, 가톨릭, 원불교, 유교 이런 것이 다 혼합되어 있는 사회잖아요. 바로 그 문제죠.

'과연 우리 사회에 이념과 지역, 다시 말해 빨갱이로 규정할 수 있고 지역으로 구분할 수 있는 그런 차별 구조가 없었다면 종교가 계속 지금과 같이 똘레랑스가 있는 것처럼 보일 수 있었을까'라는 질문을 할 필요가 있다는 거죠. 그 얘기는 뭐냐 하면 지배 이데올로기, 지배 이념을 관철시키는 데 있어서 항상 차이를 이용하게 되는데, 거기에 이념적 차이와 지역적 차이를 이용함으로써, 충분히 소수자들에 의한 지배가 가능했다는 겁니다. 이랬을 때 굳이 종교적 차이를 동원할 필요가 없었다는 거죠.

이런 면에서 유럽의 경우를 봐야 하죠. 그들은 극우파들이 동원할 차이가 다른 게 없는 거예요. 다른 게 없으니까 끝내 이주 노동자 문제, 외국인 문제를 제기하는 거죠. 그것을 통해서 자기 차별성과 정치적 영향력을 강화하는 거예요. 그것밖에 없기 때문이라고 봐야 한다는 겁니다. 그것을 제기하는 것 자체가 그 사회에서는 이념적인 측면이라든지 지역 문제라든지 다른 종교 문제 같은 것으로는 그 차이를 통해서 지배를 합리화하려는 것이 불가능하다는 것을 의미하죠. 정치적 영향력을 가질 수 없다는 겁니다. 이런 면에서 한국을 바라볼 줄 알아야 합니다. 그 면만 놓고 볼 때는 그런 얘기를 할 수가 있죠. 그런 것은 좀 제대로 알고 전체적인 윤곽을 파악한 후 얘기했으면 좋겠습니다. 저나 고종석 씨 같이 프랑스 사회를 봤던 사람들이 얘기하는 것인데, 오히려 그런 것이 단편적인 단순 비교가 얼마나 위험한지를 이해할 수 있게 해주는 역할을 하고 있다고 생각해주면 좋겠습니다.

지   인터넷을 보면 '나는 이렇게 생각하지만, 다른 생각이 있을 수도 있지 않을까?' 하는 것이 아니라 '난 이렇게 생각해. 이게 절대적으로 옳아' 이런 분위기가 있는 것 같거든요.

홍   사람들은 누구나 다 자기 생각과 주장을 고집하는데요. 제가 누리꾼들에게 당부하고 싶은 것은 어떤 주장을 펼 때 그 생각과 주장을 어떻게 갖게 되었는지를 한번쯤 되돌아봤으면 좋겠다는 겁니다. 폭넓은 책읽기라든지 열린 자세로 토론을 했다든지 직접 여행이나 경험을 통해서 확인했다든지 이런 것인가에 대해 한번쯤 짚어보기를 바라죠. 참 재밌잖아요. 자기가 가진 생각을 고집하는데, 그 생각을 어떻게 갖게 되었는지를 묻지 않는다면 모순이 아닌가 하는 거죠.

지   "댓글 문화를 보면 정말 절망적이다. 좋은지, 싫은지에 대한 의견밖에 없고 또 싫으면 감정적인 배격을 한다. 사회문화적 소양이 얼마나 낮은 단계인지 볼 수 있다"고 하셨는데요. 예전에는 댓글이 전체의 의견이라고 볼 수 없기 때문에 대수롭게 보지 않는다는 취지의 말씀을 하셨는데 그게 더 심해졌다고 보시는 건가요?

홍　아까도 얘기했지만, 제가 인터넷 토론 공간이라는 것을 한국 외에는 잠깐 프랑스 쪽을 본 것밖에 없지만, 우리 것은 참 표피적이고, 배설 행위에 지나지 않고, 이렇게까지 자기 성찰을 하지 않을까 하는 생각이 들더라구요. 절망적이라는 생각을 하는데요. 한편으로는 그런 생각을 합니다. 긍정하는 사람들은 고개만 끄덕이지 반응을 보이는 게 아니거든요. 반대할 때는 항상 반대 목소리가 나오는 법이죠. 그런 면에서 볼 때 그것을 또 전체 의견으로 볼 필요도 없겠구나 라는 생각을 합니다. 그러면서 제 자신을 다독거리는 부분도 있습니다. 그럼에도 불구하고 댓글을 보면 한심해요. 그건 사실인 걸 어떻게 해…….(웃음)

{ 사회복지 시스템은 투쟁으로 쟁취한 역사적 성과물

지　유럽도 미국의 신자유주의 흐름을 일정하게 따라가는 경향이 있지 않습니까? 스웨덴도 '지속가능한 복지'를 모토로 우파가 정권을 잡았는데요. 복지를 줄이면서 여유가 생긴 부분이 상류층의 혜택으로 돌아갔다고 하는 분석도 있던데요.

홍　전혀 그렇게 생각하지 않습니다. 주의 깊게 봐야 하는데요. 물론 그런 경향이 있기는 합니다. 유럽연합이 통합되면서 이미 좌파들은 그런 우려를 오래전부터 했습니다. 사회정치통합이 되어야 하는데, 경제통합이 앞서면서 유럽연합이 바로 신자유주의의 관철을 위한 도구가 될 것이라는 우려가 벌써 오래 전부터 나왔던 것이구요. 그럼에도 불구하고 나름대로 그 사회가 갖고 있는 공공적 가치라는 부분과 사민주의적 전통이라고 할까, 그런 것이 그렇게 쉽게 흔들려버린다고는 생각하기 어렵습니다. 또한 우리가 직접 누리고 있지 못한 것이기 때문에 현실적으로 느끼지 못하는 건데요. 그들이 정말 누리고 있는 부분들, 생존권이라는 측면에서 사회안전망을 통해 누리고 있는 부분들을 우리가 안다면 그것에 비해 변화되는 부분, 신자유주의가 침투하면서 변화되는 부분이라는 것이 상대적으로 작은 부분에 지나지 않는다는 것을 느끼게 될 것입니다.

하나의 구체적 예를 들어봅시다. 국민부담률인데요. 스웨덴 같은 나라는 거의 50퍼센트 정도 되죠. 국민부담률이란 소득 중에서 세금과 사회보장 기여금으로 내는 비율을 뜻하는데요. 소득의 절반을 사회 몫으로 내놓는다는 겁니다. 사회 공공성을 위해서 국가에 세금을 내는 것이고, 사회 공공성을 위해서 연대기금을 내는 거죠. 사회보장이라는 게 일종의 사회연대기금이나 마찬가지니까요. 그런데 우리의 경우에는 25퍼센트입니다. 그것도 김대중 정부 이후에 급격히 올라간 숫자예요. 이른바 미국 모델이거든요. 미국은 가진 자들의 기부 문화가 크게 발달되어 있지 않습니까? 우리는 그렇지도 못한 상황이고요. 우리의 25퍼센트와 사민주의 나라의 50퍼센트의 차이는 구체적으로 어떤 것이냐 하면, 사민주의 나라의 50퍼센트는 무상교육, 무상의료, 주택보조, 양육 이런 것들이 다 관련되어 있는 것이고요. 우리의 25퍼센트는 거의 국방비라든지, 국가의 지배를 위한 부분에 치우쳐 있다고 보면 되죠. 그러니까 국방, 경찰, 사법, 이런 지배 물리력을 위한 것에만 치중되어 있고 사회 복지 이런 쪽은 아주 취약하다는 겁니다. 제가 강조하는 것은 그것이 단순히 절반은 아니라는 겁니다.

세금 자체도 25퍼센트에는 간접세 비율이 대단히 높습니다. 직접세가 약한 상황인데, 그런데도 종부세와 관련해서 수구기득권 세력은 세금폭탄이라고 아우성 치고 있지 않습니까? 프랑스만 해도 45퍼센트 정도인데요. 가령 그 사회에 신자유주의가 침투한다고 했을 때 그것이 국민부담률에 미치는 영향은 기껏해야 2퍼센트예요. 또 좌파, 우파가 왔다갔다 하면서 집권할 때 좌파가 집권하면 국민부담률을 조금 더 높일 것이고, 우파가 집권하면 법인세를 줄인다든지 소득세를 줄인다든지 해서 국민부담률을 줄이려 하지 않겠습니까? 그 부분을 본다면 기껏해야 1퍼센트 정도 왔다갔다한다는 겁니다. 그렇다면 그곳의 민중들이 누리고 있는 구체적인 현실을 보고 얘기해야 하지 않겠습니까? 단순히 그들 나라나 우리나라나 마찬가지로 신자유주의가 지배한다고 해서 똑같은 처지에 있는 양 얘기하는 것은 결과적으로 수구세력에 부화뇌동하는 겁니다.

지 옛날에 서양에서 한국의 시위 장면을 보여주면서 "한국이 혼란스럽다"고 하는 것처럼, 가끔 있는 유럽의 시위를 보여주면서 "저 나라들도 혼란스럽긴 마찬가지"라는 식의 선전을 보수 언론이 하고 있다는 생각이 드는데요.

프랑스에서는 '설마 르펜(프랑스 극우 정치인)이 될까?' 했다가 위기 상황이 되니까 표가 몰려 나왔잖습니까? 그 사회는 그 정도까지 갔던 사회이기 때문에 그런 시도를 한다고 해도 그것을 막을 수 있는 민중들의 역량이 있다는 말씀인가요?

홍 그렇죠. 그거야 시민사회의 역량이고, 기본적으로 그들은 역사 과정에 있어서 투쟁을 통해 획득한 역사적 성과물을 공유하고 있는 것입니다. 그것은 교육과정을 통하여 교육과정 속에서 중요한 부분들을, 기본적인 부분들을 공유함으로써 가능한 것이죠.

최초 고용계약법 같은 것도 작년 3월, 4월 이때에 하원과 상원을 다 통과한 것을 거리시위로 무산시켰는데요. 하원, 상원을 모두 통과하고 대통령이 공포만 하면 되었던 법을 거리시위로 무산시킬 수 있었던 배경은 뭘까 하는 거죠. 그들은 비정규직이라는 것이 자본주의 사회에서 어떤 역사성을 갖고 있느냐 하는 것에 대해서 기본적인 인식을 갖고 있습니다. 거기에 비해서 우리는 비정규직에 대해 교육과정에서 배운 적이 있나요? 역사 과정에서 배운 적이 있나요? 우리가 8시간 노동을 당연히 하고 있는 것에 대해 역사 과정에 대해서 배운 적이 있나요? 이런 아주 근본적인 차이가 있는 거죠.

지 《한겨레21》 진보 관련 특집 글에서 남미의 예를 드셨는데요. 20 : 80 사회에서 그 80이 자기 존재에 상응하는 의식을 가짐으로서 좌파 정권이 들어섰다고 하셨지 않습니까? 한국의 주류 언론에서는 거의 다루지 않고 있는데요.

홍 당연히 다루고 싶지 않은 거죠. 다루고 싶지 않은 것이고, 관심도 안 가졌으면 하는 거죠. 베네수엘라의 차베스는 정말 우리가 연구해야 합니다. 이른바 21세기형 사회주의의 모색, 실험이라고 할 수 있는 건데, 우리가 한번 연구해봐야죠.《한겨레》에서도 다루기는 했습니다만, 좀더 깊이 있게 공부해야 할 내용이 아니겠는가 하는 생각을 하고 있습니다.

연대의식이 축소되어가는 우리 사회의 이중성

지 우리가 세계 흐름에 대해 너무 모르고 있다는 생각이 듭니다.

홍 실상 MBC나 KBS 뉴스를 봐도 그렇고, 세계화니 개방이니 떠드는데 세계 돌아가는 것에 대해서는 이렇게 무지할 수 있는가 하는 생각을 합니다. 물질에 대해서만 관심이 있을 뿐 세상 돌아가는 것에 대해서는 정말 우물 안 개구리처럼 개방이니 세계화니 떠들고만 있었다는 생각이 들죠.

지 남미의 변화 동력이라고 할까요, 그런 것에는 어떤 게 있을까요? 한국 사람들이 남미 하면 좀 무시하는 경향도 있는 것 같은데요.

홍 두 가지 요인을 봐야 합니다. 한국과 견줘볼 때 하나는 미국의 텃밭이라고 해야 하나, 뒷마당이라고 해야 하나, 결국은 그만큼 미국의 초국적 자본에 의한 초토화가 이루어졌고, 극빈층이 30퍼센트에 이를 지경이라는 겁니다. 그러다보니까 정말 20:80 이상의 불평등한 사회가 되어버렸다는 점이 있구요. 또 하나는 그들은 분단 상황을 겪지 않았기 때문에 나름대로 지배세력에 의한 의식화가 있었겠지만, 한국처럼 이렇게 철저하게 체계적으로 의식화 되지는 않았다는 겁니다. 그래서 당연히 존재가 요구하는 의식을 가질 수밖에 없다는 거죠. 우리는 존재를 배반하는 의식을 갖게끔 하는 집요한 의식화가 있었다는 그런 차이가 있다고 봅니다. 물론 남미 각 나라의 역사적인 배경에 대해서 공부를 하지 않고 얘기하는 것이 위험할 수 있지만, 우리나라의 진보정당이나 좌파정당의 앞날이나 전망을 볼 때 근본적인 차이가 그런 데 있지 않나 생각합니다.

지　여수에서 외국인 노동자가 10명이나 죽고, 일부가 강제 출국 되었다고 하던데요. 도대체 이런 일에 대해 한국인이 관심을 가지지 않는 이유가 뭐라고 보십니까? 만약 우리나라 사람들이 밖에 가서 그런 일을 당했다면 가만히 있지 않을 사람들인데요. 왜 그러는 걸까요?

홍　저는 사회 공기라는 표현을 씁니다. 사회 구성원은 결국 사회 공기를 마시면서 살아가는 건데요. 사회 공기 자체가 굉장히 팍팍해지다 보니까 핵가족 단위에서만 그야말로 서로 위하는 존재일 뿐 모든 구성원들이 경쟁하고 비교하는 이런 사회가 돼버렸습니다. 연대 의식의 확장돼야 이주노동자를 볼 수가 있는데, 연대의식이 확장되는 것이 아니라 축소되는 우리 사회의 현실로 볼 때, 이주노동자들의 처지에는 거의 무관심해지는 것이 아닌가 하는 생각이 듭니다.

또 하나는 한국 사회 구성원들이 갖는 외국인에 대한 이중성과 관련되는데요. 그야말로 백인들에게는 친절하죠. 제가 한국에서 만나는 프랑스 친구들에게 "빨리 한국을 떠나라"고 말합니다. 한국에 오래 있으면 사람 버린다는 거죠. 왜냐하면 사람들이 대단히 친절하게 대하거든요. 필요 이상으로요. 그런 반면에 동남아시아 쪽에서 오는 사람들에 대해서는 아주 비하하고, 주는 것 없이 경멸하죠. 백인들에게는 받는 것 없이 칙사 대접을 하고 말입니다. 이런 이중성이 과연 어디서 비롯되었는지에 대해서는 여러 가지 생각이 가능할 텐데요. 미국과의 관계에서는 미국이 그래도 우리의 우방이라는 사실에서 오는 친근감 그리고 잘 사는 나라에 대한 선망이 결합된 것이라 볼 수 있고 동남아시아에 있는 나라에 대해서는 이웃이라는 개념 자체가 없고 못사는 나라라는 경멸만 있기 때문이라 생각합니다. 여수 참사 사건은 연대의식의 확장, 인간성의 확장이라는 면에서 볼 때 우리 사회가 얼마나 메말랐는가를 확인할 수 있는 참담한 사건이 아니었나 생각합니다.

{ 미국에 대한 막연한 환상과 지독한 무지

지 잘 살고 힘센 사람들에게는 굴종하는 습성이 내면화된 것 같은데요. 미국 비자를 얻기 위해 대사관 앞에서 줄을 서서 기다리는 불편함을 감수하고, 강압적인 태도로 인터뷰를 하는 것에 대해서도 당연하다고 생각하지 않습니까? 그것이 역으로 나보다 힘이 없는 사람들에 대한 태도로 나타나는 것 같은데요.

홍 그래요. 이를테면 프랑스에서도 재미있는 현상이 있어요. 이주노동자들이 프랑스의 도청에서 연장을 받기 위해서 줄을 서고, 담당관하고 같이 서류를 냅니다. 재미있는 건 프랑스의 옛날 식민지 출신이 있잖아요. 식민지 출신이기 때문에 프랑스 국적을 가지고 있어서 공무원이 될 수 있죠. 그들이 프랑스 내국인보다 훨씬 더 위압적이라는 겁니다. 아주 관료주의적이고요. 그런 모습 속에서 그런 걸 좀 느끼죠.

프랑스에 대한 다른 얘기를 하나 더 하자면, 나야 20여 년 동안 프랑스에 살았기 때문에 브라질 얘기가 아닌 프랑스 얘기를 하는 건데요.(웃음) 프랑스를 잣대로 한국을 폄하하고 비판한다는 얘기를 들을 때 이해하는 한편 의문이 좀 드는 게 있어요. 그런 얘기를 왜 미국에 대해서는 못하고 있을까 하는 겁니다. TV 토론이나 이런 것을 보더라도 미국을 주로 다루고 있고 미국을 전범 삼아 얘기하는데, 거기에 대해서는 당연하다는 듯 넘어가고 왜 유럽 얘기에 대해서는 그런 반응이 나올까, 좀 연구를 하고 생각해봐야 할 문제인 것 같습니다.

지 우리 사회에 미국적인 사고를 가진 지배층이 많이 있는데, 그러다보니까 역으로 사람들 마음에 반미감정의 싹이 있지 않습니까? 미군 범죄에 대한 분노도 그렇고. 효순이 미선이 사건 때는 촛불을 들고 모이기도 했는데요. 지금은 그런 힘들이 어디로 갔는지 잘 안 보이는데요.

홍 그것이 미국이 한국에서 하고 있는 행위에 대한 일부 계층이 보일 수 있는 반감이고 너무나 당연한 감정인데 비해서, 분단 이후 60년 동안 미국 사회에 대한 제대로 된 비판은 거의 없었다는 겁니다. 오히려 미국이 참조해야 할 사회라는 인식 쪽으로는 엄청나게 내면화되어 있다는 거죠. 거기에 비해서 구체적으로 미국 사회가 어떤 사회인지에 대한 공부는 아주 부족하구요. 그것을 했어야 마땅한 사람들이 실은 한국의 이른바 엘리트층인데요. 이들이 미국에서 주로 보고자 하는 것만 보다보니까 그런 부분들에 대한 연구는 거의 없는 상태입니다. 최근에 한국 출신 학자로서 김동춘 교수 같은 분들의 작업이 이제 겨우 시작되었죠. 그 전에는 촘스키나 라이트 밀즈 이런 사람들을 통해서 미국 사회를 볼 뿐이었습니다. 제 경우에는 프랑스를 통해 봤기 때문에 좀 다를 수 있지만, 한국 내에서 구체적으로 '미국 사회가 어떤 사회냐'는 것을 알기에는 연구 작업이 아주 적었습니다. 거기에 비하면 '가난했던 시절 초콜릿이나 껌을 받아먹으면서 품었던 환상은 그 이후에 계속 온존되어 오지 않았을까' 하는 거죠. 초점은 미국 사회에 대해 무지하다는 겁니다. 그러니까 한국 사회의 구성원들이 미국을 바라볼 때 미국의 상층에 자기를 일치시키고 있다는 거죠. 의료보험에서부터 제외된 4천만 가까운 사람들하고 일치시키는 사람은 거의 없구요. 거의 없는 게 아니라 없죠.

지   그런 게 한국 사회에서도 일정하게 적용되는데요. 교육을 통해서 신분 상승을 할 수 있다고 생각한다든지.

홍   그러니까 3불 문제나 대학 서열화 문제가 그런데요. 여기에 대해서 서민일수록 SKY(서울대-고려대-연세대)에 자기 자식이 갈 가능성이 없는데 그런 기대 때문에 엄청난 사교육비를 부담하고 있죠. 그 구조를 온존시키도록 작용하는 것은 무지일 수도 있고, 비판력이 부족한 탓일 수도 있는데요. 어쩌면 그 마지막 안간힘 같은 그것마저 없다면, 내 자식이 SKY라도 가서 그것을 통해 계층 상승을 할 수 있는 계기가 없다면, 어떻게 살아가나 하는 생각을 갖고 있을 수도 있죠. 이런 것이 같이 붙어 있다고 생각하는 거죠. 가능성은 정말 없는 건데 말입니다. 로또 복권에 당첨될 확률과 비슷하다고 볼 수 있는 겁니다.

{ 몰상식한 사회, 뻔뻔해야 잘 살 수 있는 사회

지   혹시 〈하얀 거탑〉이라는 드라마를 보셨습니까? 주인공이 어떻게 보면 악역인데, 한국 사회가 불공평하다는 생각에서인지 주인공에게 연민을 갖는 시청자들이 많더라구요.

홍 드라마를 잘 안 봐서요.(웃음)

지 올바른 얘기를 하는 사람보다는 그런 사람들에게 동정심을 갖고, 자기를 동일시하게 되는 것이 사회를 점점 더 바꾸기 힘들게 만드는 것 같기도 한데요. 공중파 방송의 드라마 중독, 광고 등의 문제도 많이 지적하셨지 않습니까? 그 흐름을 바꾸기는 어렵지 않습니까?

홍 어렵죠. 이미 한국 TV는 너무 재미있는 것 같고요. 한국 사회의 구성원들이 집안에서 책을 읽겠어요? 뭐 하겠어요? 재미있으니까 TV를 보는 건데요. 점점 유치하게 재밌어지니까 문제죠. 표피적으로 변화하고 있고, 드라마 중독증에 걸려 있는 이런 상황이기 때문에…… 〈미디어 포커스〉, 〈PD수첩〉, 〈W〉 등 이런 걸 열심히 만들지만 안 봐도 될 사람만 본다는 겁니다. 정말 봐야할 사람들은 안 보고. 그게 참 심각해요. 어차피 방송도 생존 수단과 존재 이유의 갈등이 있을 텐데요. 이미 거의 다 타협을 완결해버린 게 아닌가 하는 생각이 듭니다. 공공성이라는 것은 떠나버린 가치가 아닐까 그런 생각이 들 정도죠. 일부 PD들이 노력하고 있지만 이미 구조적으로 힘든 상황이고 어떤 단계를 지나쳐버린 게 아닌가 하는 생각을 합니다. 되돌아 올 수 없는, 더 이상 어떻게 할 수 없는 상황이 되었다고 볼 수도 있을 것 같아요. 드라마에서 벗어날 수 있는 것도 아니고요.

그렇다고 한다면 제가 주목하고 싶은 것이 보도국입니다. 보도

국이 공공성이라는 바탕이 있다면 '상식과 몰상식 사이의 기계적 중립주의라는 게 얼마나 몰상식한가' 하는 것에 대한 인식이 있었으면 좋겠어요. 상식적인 언론과 몰상식한 언론이 있듯이 세력도 상식적인 세력과 몰상식한 세력이 있어요. 상식과 몰상식 사이의 기계적 중립 같은 것도 지극히 몰상식한 발상인데, 거기에 매몰되어 있다는 겁니다. '일상 속에 파묻혀서 그래왔으니까'라는 면에서 발상의 근본적인 전환이 요구되지 않나 싶어요. 그런데 이미 그 구성원들이 너무 고소득자예요. 그들의 계층적 위치가 민중성을 기대할 수 없는 수준입니다. 듣기로는 MBC 구성원의 평균 연봉이 8000만 원인가 그렇다는데, 워낙 높고 고소득층이 되어버려서 민중의 시선으로 세상을 본다는 것을 일상 자체가 허락하지 않는다는 거죠. 권력의 일상이 비민중적이듯이 이미 그런 정도의 소득이라면 민중의 삶의 현장하고는 유리된 것입니다.

지 사람들은 흔히들 언론 탓을 하지 않습니까? 그런데 나쁜 언론에 대해 욕만 했지, 좀더 좋은 언론에 대해서 칭찬은 하지 않는다는 점은 문제가 있는 것 같은데요. 예를 들어 〈PD수첩〉의 경우 '의견은 다르지만 언론인으로서 좋은 태도를 가졌다'고 인정할 수 있어야 할 것 같은데요. 한학수 PD 같은 경우 앞으로 민감한 방송은 만들지 못하는 상황이 된 것 같고, 이문옥 전 감사관 같은 경우도 내부 고발을 해서 고생을 했는데요. 내부 고발을 한 사람이 존중을 받아야 다른 사람도 그렇게 할 텐데, 그런 사람들이 힘들게 사니까 감히 그럴 용기를 낼 수 없게 되는 것 같습니다.

황우석 사태의 제보자도 직장에서 해고되고 자기 일을 못하게 된 그런 상황이 내부 고발을 힘들게 만드는 것 같구요. '해봐야 저 사람들처럼 될 텐데, 미쳤다고 고발을 해' 하게 되는 건데, 그런 사람들을 보호할 수 있는 장치를 마련해야 되지 않을까요?

홍 그러니까 몰상식한 사회잖아요.(웃음) 몰상식한 사회고, 뻔뻔해야 잘 살 수 있는 사회죠. 정말 수단과 방법을 가리지 않고 뻔뻔해야 됩니다. 그런데 그것이 저 밑바닥에서 뭘 얘기해주느냐 하면 자본주의가 원래 그런 성격을 가졌습니다. 한국 자본주의의 성격이 그런 것이죠. 결국 자본주의 사회에서 사회구성원들이 어떻게 생존을 하나요? 그 자본주의 체제 안에서 인격체가 아닌 비인격체, 즉 자본이 주인인 이 사회에서 그 자본의 요구에 따라 마름이든 머슴이든 되어서 생존을 영위하는 겁니다. 그 자본이 지금 현재 요구하고 있는 한국 자본주의의 현 단계가 그런 '상식적인' 수준의 마름이나 머슴을 요구하고 있지 않다는 거죠.

그러니까 한학수 PD 같은 경우에도 어떻게 나타나느냐 하면, 현상적으로는 '결국은 잘했다'는 얘기를 하지만 구조 속에서 한국 자본주의는 그런 인물을 요구하지 않거든요. 그런 속에서 한학수 PD가 만드는 것 그 자체도 제동이 걸리는 겁니다. 특히 광고라든지 이런 것이 따라오지 않게 되는 구조하고도 연결이 되죠. 그게 생존 수단의 가장 큰 부분인데 거기서 왜곡되고, 협애하게 제한되고, 규정되는 겁니다. 결국 한국 자본주의에 삼성의 무노조 원칙이 관철된다든지 재벌기업 위주의 이런 관계가 형성된다든지 하는 것은 우리 한국 자본주의의 현 단계가 그와 같은 사회적 양상을 갖게 만드는 것이라고 봐야 하지 않을까요?

'경제 동물'은 사회 정의나 공공성 요구에 무관심하다

지   사람들이 존재에 상응하는 의식을 갖게 하기 위해서는 어떻게 해야 한다고 생각하십니까? 그걸 개선할 수 있는 교육이나 언론이 여전히 제 역할을 못하고 있는 것 같은데요. 보수주의자들의 공세가 훨씬 더 설득력 있게 먹혀들고 있는 상황입니다.

  거기에 대해 선생님께서는 "세금 폭탄 얘기가 나올 때 진보진영은 더욱 적극적으로 대응했어야 했다. 투기소득이나 불로소득에 대해서는 세금 폭탄이 아니라 '세금 핵폭탄'도 필요하다는 논리로 맞서야 했다"고 하셨는데요. 그런 면에서 진보진영이 최근에 다소 수세적이었던 것 같다는 생각이 듭니다.

홍   물량 측면에서 워낙 그들이 강하고, 조직과 자금을 가지고 있죠. 우리로서는 정말 구체적인 삶의 질 문제 이런 부분들에 대한 홍보가 아니라 정말 문제에 근본적으로 천착하는 자세가 필요한 것 같습니다. 삶의 질 문제에서 우리가 어떤 삶을 지향해야 하는가에 대한 가치관에 근본적으로 접근해서 대화하고 소통하고 설득해야 합니다. 어떤 상황에서도 우리의 원래 원칙에서 벗어나서는 안 된다는 생각을 저는 하고 있구요.

  그 다음으로 저는 교육 문제에 가장 큰 관심을 두고 있는데요 아까 말한 선배의 역할을 대학에서 하지 못한다고 할 때 교육과정에서 누군가가 해야 한다고 봅니다. 그런 면에서 '교사들은 전교조에서 할 수 있는 일, 해야 할 일들이 있지 않느냐' 하는 점들을 강조해왔죠.

지　한나라당이 '반값 아파트'니 하면서 '민생'이라는 아젠다를 선점해버린 것 같습니다. 이에 어떻게 대항해야 한다고 보십니까?

　교육 문제만 하더라도 전교조에 대해 많은 국민들이 부정적인 시선을 갖고 있는 것 같습니다. 상황을 개선할 수 있는 점이 별로 보이지 않는 것 같고, 그러면서도 아이들은 훨씬 폭력적으로 되어가는 것 같은데요.

홍　아까 얘기한 물량공세 같은 것 때문에 그런데요. 물론 민주노동당이 부동산 문제와 관련해서 제대로 대응하지 못하고, 의제를 한나라당에 빼앗겼다는 점에 대해서는 반성을 해야죠. 전교조도 지금까지 해온 관성 문제, 9만이나 되는 조합원들로 방만해지면서 나타난 그런 문제를 극복하고 해결할 수 있는 여건이 마련되지 않은 상황에서 정부나 이런 쪽의 공세에 반응해야 하는 딜레마에 있습니다. 결국 일반 대중들에게 긍정적으로 비치기가 어려웠다는 한계가 있어요. 한편으로는 인간이 사회적 동물이라고 할 때, 과연 한국 사회의 구성원들이 어디까지 타락할 수 있을까 하는 점, 오히려 그런 부분에 한번 질문을 던져볼 필요가 있지 않을까 하는 생각도 가져요.

　또 인간이 정치적 동물이라고 할 때, 지금 한국 사회에서 밀어붙이고 있는 것이 경제적 동물로 축소하고 있는 거라고 본다면, 결국 사회구성원 각자가 어떤 한계를 스스로 느끼지 않겠는가 하는 겁니다. 사회적 동물이라면, 그런 부분들을 건드리면서 《한겨레》, 민주노동당, 전교조 같은 진보세력들이 접근한다면 반전의 가능성도 있지 않겠나 하는 생각도 해봅니다. 망가져도 어디까지 망가질 것인가 하는 것이죠. 더 이상 망가질 게 있는 건가 하는 생각도 들구요.

지　진정한 보수가 없으니 진보의 범위도 이상하다는 말씀을 하셨는데요. "참여정부의 시대적 소명은 정치적 민주주의를 공고히 하면서 사회경제적 민주주의로 가는 디딤돌을 놓는 것이었다"는 말씀을 하셨는데요. 지금은 별로 성과가 없어 보이는데요.

홍　그렇죠. 통계 숫자로도 나타나고 있잖아요. 상위 20퍼센트와 하위 20퍼센트의 배율이 더 높아지고 있어요. 우리 《한겨레》에도 몇 차례 나왔던 걸로 기억하는데요. 참여정부는 '의사들이나 변호사들은 왜 이렇게 많이 받고, 그렇지 않은 사람들은 왜 이렇게 적게 받아야 하는가'에 대한 근본적인 의문도 갖지 않았습니다. 그것을 재분배해서 수정할 수 있는 부분도 제대로 되어 있지 못했구요. 그런 정책이 대단히 부족했다고 보는 거죠. 시장주의에 매몰된 상황에서 재벌 중심의 정책을 펴나가는데서 생기는 너무나 당연한 결과죠.

지　민주화 시대만 하더라도 누가 죽었는지 막연하게 아는 것 하고, 실제로 누가 죽었다는 것을 아는 것은 차이가 있지 않았습니까? 그래서 박종철, 이한열이 죽었다는 소식을 들었을 때 사람들이 분노해서 일어났던 것일 텐데요.

　일전에 대법원장 얘기 나왔을 때 사람들은 탈세의 문제보다 그의 변호사 시절 수임료 액수에 더 분노했던 것 같습니다. 그렇게 많이 벌 수 있었던 것이 전관예우 이런 구조 때문 아닙니까? 그런데 사람들의 그런 분노가 '이런 시스템을 바꿔야겠다'로 표출되는 것이 아니라 '나도 저렇게 살고 싶다'는 쪽으로 나타나는 것 같습니다. 그게 내가 갖지 못한 것에 대한 분노로 멈추고 사회 구조를 바꿔야겠다는 의지로 나아가지 못하는 것 같은데, 이 문제에 대해서는 어떻게 생각하십니까?

홍   그게 흔히 얘기하듯이 경제동물의 전형적인 모습이죠. 사회 정의나 공공성 요구에 관해 경제 동물은 반응하지 않죠. 오로지 자기가 경제적으로 불평등을 당했거나 차별을 당했을 때 분노하는 거거든요. 그걸 못 견디는 거죠. 그게 경제 동물의 특성이 아니겠어요? 그러니까 결국 대학도 그렇고, 모든 곳에서 이른바 사회 정의의 개념이 실종되어 가고 있는 겁니다.

   5, 60년대의 학도호국단이 국가 권력의 강제적인 요구에 의해서 이루어졌다면 이제는 자발적인 학도호국단이 생기는 셈입니다. 그런 것이 일어날 만큼 경제 동물이 되었어요. 정치적으로 보수화되었다기보다는 경제 동물이 그렇게 이끌어가고 있는 것으로 볼 수 있겠죠. 그래서 인간이 사회적 동물이라면 어디까지 망가질 것이고 내려갈 것인가 하는 질문을 던져볼 필요가 있다는 겁니다.

지   진보, 보수라는 개념이 혼란스러워진 것 같습니다. 어떤 여론 조사에서는 대선 후보 중에서 이명박 전 시장이 가장 진보적이라는 얘기가 나오던데요.

홍   진보라면 뭔가 변화하는 것으로만 이해하기 때문에 그렇죠. 사회와 자신과의 문제, 자신의 사회경제적 정체성, 계급성과 진보가 어떻게 만나야 되느냐에 대한 공부가 없는 거죠. 그러니까 그런 반응들이 나오는 겁니다.

지   지금 시대의 진보를 어떻게 규정해야 한다고 보십니까?

홍   저는 그래요. 이 사회의 구조화된 시장주의라든지, 신자유주의라든지, 또는 수구적인 물적 토대들, 제도들, 법률, 온갖 몰상식하게 관행화된 것에 의해 고통받는 것을 제거해가는 과정이 진보라고 얘기하고 싶어요. 그걸 줄여나가고, 없애나가는 끊임없는 과정이 진보라는 생각을 하죠.

{ 우리 사회에 인문학이 더욱 절실히 요구되는 이유

지 얼마 전에 있었던 대통령 특별 사면·복권을 보면 '양심수의 양극화 현상'도 벌어지고 있는 것 같은데요.(웃음) 정치인, 경제인들은 잘 풀려나와도 노조나 사회운동가들은 거의 없었던 것 같은데요.

홍 그걸 양심수의 양극화라고 할 수는 없죠. 한쪽은 양심수가 아니니까. (웃음) 어제의 양심수들이 오늘은 권력 측에 있으면서 결국 오늘의 양심수를 낳고 있는 것은 바로 정치적 민주주의와 사회경제적 민주주의 사이의 단락이고 경계라고 할 수 있습니다. 크게 말해서 흔히 개혁을 자임하는 세력과 진보의 갈림길도 바로 거기에서 나오는 것이 아니겠습니까? 개혁과 진보의 차이를 어제의 양심수와 오늘의 양심수가 보여준다고 봅니다. 김성환 삼성 일반노조 위원장이 개혁과 진보의 차이를, 이른바 개혁 정권의 실체를 전형적으로 보여준다고 할 수 있을 겁니다.

지 이번 대선이 FTA를 찬성하는 세력과 반대하는 세력의 대결구도로 나가게 될 가능성이 있는데요. 어떻게 보십니까?

홍 아까 잠깐 얘기 하기도 했는데요. 우선 노무현 대통령이 하는 것으로 봐서는 세 가지 원칙을 내세우고 있지만, 어떤 부분들은 추후에 위원회를 만들어서 한다고 하면서 일단 체결하고 넘어가지 않겠느냐 하는 생각이 드는데요. 시민사회와 참여정부는 완전히 결별하게 되는 거죠. 그렇다고 할 때 김근태 씨나 천정배 씨는 문제를 제기하고, 이명박 씨나 박근혜 씨 이쪽은 거의 문제 제기를 하지 않는다면 한미FTA가 하나의 중요한 전선이 될 수 있겠다는 것은 분명해 보입니다. 그것을 좀더 확대한다면 신자유주의에 대한 것, 그 다음에 새로운 삶의 생존 전략, 대한민국의 생존 전략, 오늘 얘기가 안 나왔습니다만 북미간의 변화가 미치는 남북 관계의 변화 이런 것도 같이 대선 구도에 맞물리겠죠.

지 비판적 지지 논쟁이 이번에도 벌어질까요?

홍 이제는 그런 시기는 지나지 않았을까요? 더 이상은 안 나오리라고 보구요. 그것이 노무현 학습효과 중의 하나라고 볼 수 있지 않을까요? 정당 정치가 제대로 뿌리 내리지 못하고 있고, 당적 견제가 없는 이런데서 엄청난 물적 토대를 갖고 있는 권력에 의해 이끌릴 수밖에 없는 거죠.

물론 분단 체제에서 여전히 중도 얘기를 하기도 하는데, 중도의 실체가 뭔지, 구체적으로 한미FTA 문제, 신자유주의 문제, 노사관계 문제, 삶의 질 문제, 교육 문제와 관련해서 '도대체 중도가 뭐냐?'고 구체적으로 질문을 해야죠.

지 김대중 전 대통령이 인터뷰한 것을 보니까 한미FTA에 대해서 원칙적으로는 찬성을 하셨더라구요.

홍   신자유주의에 대해서 워낙 긍정적으로 보고 수행했던 김대중 대통령으로서야 그렇지 않겠어요?

지   '어려운 상황이라 어쩔 수 없었겠구나' 하는 동정심(?)을 가졌었는데, 그 얘기를 듣고 보니 '그게 소신이었구나' 하는 생각이 들던데요. 그런데 김대중 전 대통령의 정치적 영향력으로 볼 때 지역 구도에 영향을 미칠 수도 있지 않을까요?

홍   글쎄요. 그럴 수도 있겠죠. 일정 지역에 영향을 줄 수도 있겠죠. 하지만 이를테면 광주에서도 민주노동당 지지율이라는 게 애당초 높지 않았고, 오히려 영남의 지지율보다 못 미치는 상황이었잖아요. 그 발언을 통해 움직일 수 있는 것은 크지 않다고 봐요.

지   전라도 지역의 상대적인 진보성을 김대중 정부가 휘발시켰다고 봐야 하나요?

홍   결국은 아까 얘기한 정치적 민주주의, 개혁과 진보의 간극 이런 것에서의 진보성이고, 그 한계를 가지고 있는 진보성이라는 거죠. 그렇지만 그 진보성마저도 상식적인 것이기 때문에 그나마 다행스럽게 봐야 한다는 겁니다. 물론 부족하지만. 특히 광주항쟁을 거친 지역에서 진보적인 것이 지역주의에 완전히 포섭되어서 그 한계를 벗어나지 못하고 있다는 것은 안타까운 일입니다. 그것은 그당시 그 지역의 사회주도층이라고 할까요? 이분들의 계급적 한계를 그대로 드러내는 게 아닌가 생각합니다.

지   심상정 의원에게 축하 영상도 보내셨던데요. 이번에 심상정

의원을 지지하시기로 하셨나요?

홍 어쩌다가 그렇게 되었어요. 원래 제가 심상정 의원 후원회장이었는데요. 그렇게 인연을 맺었는데 심상정 의원이 경선에 나가니까 자연스럽게 그렇게 된 거죠. 저로서는 심상정 의원이든, 노회찬 의원이든, 권영길 의원이든 큰 차이를 두고 있지 않으니까. 심상정 의원은 여성이고, 나름대로 따뜻한 부분도 있는가 하면 아주 치열하고, 성실한 이런 장점도 가지고 있죠.

지 삼성 공화국에 대해 제대로 된 문제 제기를 하는 분이잖아요.

홍 삼성 '공화국'이라는 말 쓰지 마세요. 공화국의 개념을 그렇게 훼손시키는 것을 일상화하면 안 돼요. 《한겨레》 기자들한테도 칼럼을 써서 그렇게 얘기했는데요. 공공적 가치를 품고 있는 공화국에다가 삼성이니, 부패니, 도박이니, 부동산이니 하는 말을 붙인다는 것 자체가 가치모순입니다. 이런 상황은 인류의 역사 과정에서 가장 중요한 가치개념인 공공적 가치를 우리 사회가 헌법 제1조 1항에 가지고 있으면서도 완전히 잃어버렸다는 것을 그대로 반영하고 있는 거거든요. 참담한 일이에요. 부패 민주주의, 말이 안 되잖아요. 마찬가지로 삼성 민주주의, 이게 말이 됩니까?

지 잘못된 용어가 보편화되어 있는 셈인데요. 그들의 입장에서 말한다면 삼성 공화국에 있는 것을 행복해하는 사람들도 많지 않습니까? 돈을 좇는 사회가 된 것까지는 어쩔 수 없다고 치더라도, 그걸 최우선으로 삼지 않는 태도에 대해 위선이라고 보는 사회가 된 것 같습니다. 이걸 바꿔나가는 건 쉽지 않을 것 같은데요.

홍 그러니까 가치관이 문제라는 거죠. 결국 '삶의 가치관과 삶의 질을 어떻게 바라봐야 하느냐, 어느 지점에서 물질에 대한 끊임없는 욕구를 멈춰야 하느냐' 하는 겁니다. 물론 장래를 불안하게 만드는 것도 지배 이념, 도구 중의 하나라고 봅니다. 지배를 원활하게 할 수 있는 환경이라는 점에서 장래를 끊임없이 불안하게 만드는 것도 오늘의 자발적 복종을 이끌어내는 아주 강력한 도구 중 하나인 거죠. 거기에 매진하다 보면 불안한 장래 때문에 오늘을 저당잡히는 것이고, 오늘을 저당잡힌다는 것은 비판적 안목이나 사회 정의 같은 것들이 다 날아가 버린다는 말 아닙니까? 그래서 결국은 모든 사람들이 가진 것으로 비교하거나 경쟁하게 되고 인품이라든지 인격이 사라져버리는 건데요. 아까도 얘기했지만 이게 경제동물사회의 양상입니다. 그러니까 우리 사회에 인문학이 요구되는 것이구요.

이런 상황 자체가 인문학이 실종된 것의 반영이기 때문에 거꾸로 '인문학을 왜 요구해야 하는가?' 라는 질문을 제기할 수밖에 없습니다. 그 속에서 여성 문제나 환경생태 문제 같은 다양한 문제의식과 공유된 새로운 가치관, 새로운 문화에 대해 생각해내야 하고 그려내야 한다고 봅니다. 이른바 진보세력도 그런 면에서는 전통적으로 얘기하는 진보가 아닌, 경직된 것이 아닌, 새롭고 다양한 함축적인 것을 갖고 있는, 그러면서도 포괄적인 방향으로 나아가려고 하는 태도가 필요하지 않나 생각합니다. 가치관의 문제라는 생각이 듭니다.

지 황우석 사태 때 그것을 파시즘의 전조로 우려하는 시각이 많았는데요. 이에 대해 김어준 씨는 낡은 진보라고 일갈했잖습니까?

그 점에 대해서는 어떻게 생각하세요?

홍 저는 그걸 파시즘이라고 보지는 않습니다. 전후 맥락을 잘 몰라서 뭐라고 얘기하긴 좀 그러네요.

지 안티조선 운동은 어떻게 해야 한다고 보십니까?

홍 앞으로 계속해야죠.

지 좀 어려운 상황인 것 같은데요.

홍 앞으로 정권이 바뀌면 상황이 달라지지 않겠어요? 《조선일보》의 김대중 칼럼을 보면 북미관계의 변화에 대해서 그들이 얼마나 당혹스러워하는지를 알 수 있죠. 우리가 알아야 할 것은 북미 관계의 변화라는 게 한국 정부의 말발로 이루어진 것이 전혀 아니라는 겁니다. 미국이 왜 그런 변화를 모색하게 되었느냐 하면, 부시로서는 임기 말이 다가오는데 공화당의 정권 재창출을 위해 국제문제에서 뭔가 내세워야 할 게 있어야 하거든요. 그런데 이라크는 수렁에 빠져 있지, 아프가니스탄은 아무런 전망이 없지, 이란 역시 긍정적인 방향이 보이지 않잖아요. 비교적 쉽게 극동 지역의 문제를 해결했다고 할 수 있는 것, 비용을 많이 안 들이고 할 수 있는 것이 북한과의 관계개선입니다. 그렇기 때문에 생긴 태도의 변화라고 할 수 있죠. 한국 정부의 이라크 파병 같은 것으로 이루어진 게 아니라는 걸 우리가 분명하게 인식해야 됩니다.

전략적 유연성을 위한 주한미군의 평택 이전에 동의해서도 안 됩니다. 그들 마음대로 다 하는 거예요. 전시작전권 환수 문제도 그들이 요구하는 대로 되어가고 있는 것 아닙니까? 그런 미국의 이익,

자기 정권의 이익에 아주 충실한 변화일 뿐 한국 정부의 바람 같은 것은 그들의 고려 요소에 들어가지 않는다는 점을 우리가 분명히 알아야 합니다. 그런 면에서 이라크 파병을 다시 한 번 되돌아볼 필요가 있다는 겁니다. 아무튼 그런 것이 북미 간의 변화를 가져오게 되는데, 이것이 남북 관계에 주는 영향이 있겠죠.

안티조선 문제와 관련해서는 수구냉전의 핵심 세력인《조선일보》가 당혹스러워하고 있다는 점에 비추어 이제는 그들의 정체성을 드러낸 것이라고 보는데요. 안티조선은 해야 하지만 안티조선에 멈출 시기는 아니라는 겁니다. '신자유주의 아래에서, 재벌기업이 지배하고 있는 시장주의 체제 아래에서, 남북관계가 변화되는 이런 상황 속에서 조·중·동의 어떤 차별성을 기대할 수 있을까' 하는 점검을 할 필요가 있다고 봅니다. 안티 운동보다는 긍정적인 면도 같이 고민해봐야 할 것 같구요. 아까《한겨레》문제와 같이 얘기가 나왔던, 시민 사회가《한겨레》에 대해 기대하는 만큼《한겨레》를 어떻게 도와줄 것인가에 대한 고민도 필요하다고 봅니다.《한겨레》가 조·중·동이 주도하고 있는 왜곡된 시장 속에서 혼자로서는 극복하기 어려운 존재 이유와 생존 수단 사이의 갈등 구조, 모순 구조가 있다고 말씀드렸잖아요. '시민 사회가 얼마만큼 이 모순 구조를 극복하도록 도와 줄 수 있느냐, 같이 동참할 수 있겠느냐'를 고민하고 나서 비판을 하든지 그래야 되는 거 아니냐 하는 생각을 하고 있습니다. 그런 식의 긍정적인 방향으로의 운동도 생각해봐야 할 것 같습니다.

(2007년 3월 26일, 한겨레신문사에서)

대한민국, 자본 파시즘이 지배하는 나라

김
규
항

● 1962년 전북에서 태어났다. 출판사 야간비행을 운영하고 있으며, 《씨네 21》〈유토피아 디스토피아〉칼럼으로 글쓰기를 시작해 단숨에 좌파 스타 지식인이 되었다. 짧고 간결하면서 명료한 문장은 그에게 칼잡이에 비유한 글잡이라는 별명을 안겨주었지만, 늘 활동가에게 마음의 빚을 지는 지식인으로서 갈등하고 있다. 《아웃사이더》편집주간을 지냈으며, 어린이 교양 월간지 《고래가 그랬어》발행인이기도 하다. 저서로 《B급 좌파》《나는 왜 불온한가》가 있으며, 예수의 삶과 정신을 재조명하는 책을 준비 중이다.

굉장히 슬픈 일인데, 우리가 상상력을 잃어버렸다는 생각이 들어요. 더 나은 것이 가능하다는 생각, 믿음 같은 것이 적어요. 그래서 만날 '우리 현실에서 이것만 해도 어딘데'라는 생각이 지배해요. 개혁이라는 것이 진보의 기초적인 부분과 겹치기도 하지만, 개혁의 본질은 어디까지나 진보를 가로막기 위해 사회를 좀더 합리화하는 데 있죠. 상상력이 없으니 그 부분을 놓치게 되는 거죠. 개혁이 갖는 소박하고 진보적인 경향에 너무 감사하는 거예요. 이것만 해도 어딘데, 하면서. 그것은 어리석은 게 아니라 착한 거라고 봅니다. 그런데 그 착함 때문에 지금 된통 작살이 나는 거죠. 누가 어떤 놈이 밟았는지도 모르는 채 삶이 너무 고달파지는 거예요. 그래서 "에이, 이제 진보고 개혁이고 뭐고 싫고 무슨 사회, 이념도 다 싫다. 먹고사는 문제가 제일이야. 이명박이 제일이야" 하는 식으로 가는 거죠.

김규항

● 3월의 어느 날 김규항으로부터 "인터뷰 한번 할 때가 된 듯한데? ㅎㅎ" 라는 장난 섞인 이메일이 왔다. "언제든지 불러만 주세요"라고 답장을 했고, 바로 인터뷰 날짜가 잡혔다. 느닷없는 일이라서 '무슨 할 말이 있는가 보다' 하고 규항넷(gyuhang.net)으로 들어가봤다. 〈재개〉라는 제목의 글이 있었다.

"전엔 그래도 한국 사회가 비틀비틀하면서도 진보하고 있고 나는 내 역할을 하면 된다고 생각했는데 근래 들어선 완전히 망하는구나 싶다. 김대중, 노무현으로 이어져온 '가짜 진보' 정권들은 신자유주의화로 현실을 망가트렸고 진보라는 개념을 똥통에 빠뜨림으로써 미래를 망가뜨렸다. 시절은 그러한데 '잠행' '침묵' 따위 소리를 들으며 지내는 게 적이 심란스러웠다. '진보 논쟁'인가 하는 이름으로 진보와 개혁은 다르다는 이야기들을 하는데 이제사 이런 소리들을 하나 한심스럽기도 하고 이제라도 이런 소리를 하니 다행이다 싶기도 했다. 여튼 그런 상념의 끄트머리에서 제도 지면 글쓰기를 다시 생각하게 되었다. 이달 말부터 《한겨레21》에 칼럼을 쓰기로 했다. 4년 만의 '재개'다."

그동안 많은 진보적인 성향의 사람들이 개혁이 갖는 소박한 진보적인 경향에 너무 감사해왔다. 김규항은 "그것은 어리석은 게 아니라 착한 거라고 본다. 그런데 그 착함 때문에 지금 된통 작살이 나는 것"이라고 말했다. 그런데 나는 그것이 어리석은 것도 착한 것도 아니라고 본다. 그들은 너무나도 당연하게 신주류로서의 자기 계급의 이익을 대변하고 있다.

한미FTA가 타결되면서 많은 논란이 일고 있다. 그들은 별다른 근거를 제시하지 않으면서도 진보진영에서 우려하는 모든 문제에 '낡은 시각'이라거나 '거짓말'이라는 말로 호도하고 있다. 개방이 대세인 듯 밀어붙이면서 그들이 가진 생각 이외의 다른 생각은 모두 그른 것으로 매도하고 있다. 그러면서 그들에 대한 비판은 보수 우익을 도와주는 행위라는 말을 지겹게 해왔다.

제2의 주권포기라는 우려는 "진보들이 늘 그렇게 얘기했지만, 나라 망한 적 없다"는 한마디로 무시되어 버렸다. 그런데 나라 간판 내릴 일이 그렇게 흔하게 오는가? 구성원들의 삶이 아래쪽부터 차근차근 작살나는 모습을 보면서 그런 생각이 드는가 말이다.

그런 고민들에 대한 답을 김규항에게 들어보았다. 그는 "개혁과 진보가 드디어 균열을 일으키는 시점에서 그런 변화가 가속되도록 하는 데 기여하고 싶다"는 말을 했다.

대한민국, 자본 파시즘이 지배하는 나라

{ **자기에 대한 존중심을 바탕으로 한 비판의 예의**

지승호(이하 **지**)   요즘 《고래가 그랬어》(이하 '고래')가 상당히 안정
되어 가고 있다는 얘기를 들었는데요. 어떻습니까?

김규항(이하 **김**)   안정되어 가고 있어요. '고래'의 경영이 안정되고
있다기보다는 '고래'의 내용, 책 자체가 안정되어 가고 있다는 의미
로 받아들이면 될 것 같아요. 잡지라는 게 3년쯤 되면 짜임새가 나
아져야 하는데, 운영에 매달리다보니까 창간호보다 오히려 뒤떨어
진 면이 있어서 편집장하고 나하고 괴로웠어요. 그래서 작년 가을
부터 콘텐츠 정상화 작업을 하고 있고, 많이 나아졌습니다.

지   그동안 한국 사회에서는 애들 잡지나 애들 책이라는 것이 어
른들이 좋아할 만한 것들이었지 않습니까? 모 출판사 사장님도 "대

한민국 아이들 중에 저희 책 좋아하는 아이 한 명도 없어요. 다 부모님과 선생님들이 그래도 이런 책은 읽혀야 한다고 생각해서 사주는 것"이라는 말씀을 하셨다면서요.

'고래'가 4년째 접어들면서 애들이 뭘 원하는지도 많이 아셨을 것 같고, 그런 것이 책에도 많이 반영되고 있는 것 같은데요. 그럼에도 불구하고 어른들과 아이들 취향의 차이에 따른 괴리감이 없지 않을 것 같습니다. 이번에 최규석 씨 만화를 둘러싼 논란을 봐도 그렇구요.

김 이를테면 대부분의 콘텐츠가 만화로 이루어져 있다는 것부터가 어른들한테는 별로 좋게 보이지 않죠. 어린이 잡지의 경우 구매자는 어른이잖아요. 그런 면에서 불리하죠. 〈을식이〉같은 만화를 어른들이 누가 그렇게 좋아하겠어요. 자기들은 낄낄거리면서 보더라도 아이들한테는 보여주고 싶지 않아 하죠. 좀더 곱고 실사적인 그림을 좋아하고 그게 교육적이라고 생각하는 거죠.

이번에 최규석 씨 만화가 약간 더 불거졌지만, 구독자들한테 계속 그런 비판들이나 불만들이 있었어요. 애들이 가진 불만이나 아쉬움 같은 것들은 경청을 하는데, 걔들은 별 문제가 없다고 생각하는데 어른들이 애들을 걱정해서 말하는 것들에 대해 우리는 큰 문제가 아니라고 보거든요. 이번에는 그렇게 블로그에도 설명을 했는데, 듣는 둥 마는 둥 똑같은 소리를 하는 사람들이 많더군요. 내 의견에 동의하는가 안 하는가가 아니라 남의 의견을 경청하지 않고 자기 말만하는 건 좋은 태도가 아니죠. 지승호 씨한테는 미안한 얘기지만 인터넷 시대의 글쓰기라는 것이 가볍다는 생각이 다시 들어요.

지 인터넷 시대의 글쓰기가 사람들의 의식을 규정하는 면도 있는 것 같습니다. 옛날에는 댓글 같은 것도 이게 전체 의견이겠느냐하고 무시할 수 있었잖아요. 그런데 이제 댓글을 통해서 나타나는 현상이, 누가 죽은 것을 꼭 댓글 때문이라고만 할 수는 없겠지만, 하나의 원인으로 작용했다고 보는 것이 상당히 타당해보이기도 하거든요.

김 내가 알기로 이런 식으로 메뚜기처럼 몰려다니는, 집단적이고 감정적인 의견들을 배설하는 게 네티즌의 속성처럼 여겨지는 곳은 거의 없어요. 중국하고 우리나라 정도인데, 그것은 자기 의견을 내고, 상대 의견을 존중하고, 소통하고, 의견을 모으고 하는 데 대한 연습이 부족한 사회라서 그런 게 아닌가 하는 생각이 듭니다. 워낙 오랫동안 꽉 막혀 있다가 터지니까 더 그렇게 되는 건데, 점점 더 나아질 거라고 말하는 건 하나마나한 말인 것 같구요. 분명히 비판해야 하는데 다들 말을 잘 못하더라구요. 네티즌의 힘, 그 쪽수에 대해서 심기를 거스르고 싶지 않은 거죠. 그게 상업적 이해관계에 걸려 있으니까요.

네티즌한테 얼마나 호감을 받는가, 아니면 거스르는가는 처세의 중요한 고려 사항이 되었죠. 저는 인터넷의 예의가 따로 있다고는 생각하지 않아요. 인터넷이 됐든 오프라인이 됐든 자기가 누군지를 분명히 하고, 자기에 대한 존중심을 기반으로 상대방을 비판하는, 최소한의 예의와 소통의 양식을 가져야 한다고 봅니다. 그게 안 되면 말 그대로 뒷담화에 불과하고 뒷담화는 존중할 필요가 없죠. 지금 한국의 인터넷 글쓰기가 그렇죠.

지 사람 얼굴이 안 보이니까. (웃음)

김 악플을 다는 네티즌들도 오프라인에서 꼭 그렇지는 않거든요. 예의도 알고 멀쩡한 사람들이거든요. 인터넷은 사회적 의견이 결집되어서 열매를 맺어야 하는 곳이고, 여러 사람의 의견이 모이면 더 나은 의견이 되어야 하잖아요. 문제는 그것이 일정 수준에서 감정적으로 해소되어버리는 거죠. 진지하게 경청하고 신중하게 말하는 과정이 없으니까 누구나 쉽게 느낄 수 있는, 금방 동의할 수 있는 수준 이상의 의식으로 가기가 어려운 거죠. 설사 그런 의견이 나오더라도 욕만 잔뜩 먹고 묻혀버리는 겁니다. 그래서 마음껏 자유롭게 떠드는 고만고만한 사회의식에 머물게 돼요. 진보적인 의식으로의 발전을 지배세력이 아니라 대중들 스스로 차단하는 거죠. 함부로 말하고 악플 달고 하는 건 단지 겉으로 보이는 현상이고 그게 문제인 거죠. 지배세력이 은폐하고 싶어하는 현실의 본질을 대중들 스스로 덮어버린다는 것. 지배세력으로선 말 그대로 손 안 대고 코 푸는 셈이죠. '어리석고 하찮은 것들' 하고 내려다보며 와인잔 들고 건배하는 거예요.

존중을 기본으로 한 대화만이 유일한 방법

지 어른들을 통해서 세상을 바꾸기 힘드니까 '고래'를 통해서 아이들이라도 바꿔보자고 하신 거잖아요. 그런데 지난번 최규석 씨의 천사를 죽이는 만화에 대한 일부 부모들의 비판을 보더라도 그렇구요. 모든 면에서 어른들이 예전보다 아이들을 통제할 수 있는 수단이 많아졌지 않습니까? 옛날에는 다들 먹고살기 바쁘다보니까 애들이 뛰어놀게 놔두고, 결과적으로 아이들이 자기 시간을 많이 가질 수 있었는데요. 그런 것들이 안 좋은 부분도 있겠지만, 스스로 뛰어놀면서 혼자 생각하면서 느낄 수 있는 부분도 있었지 않습니까?

김 그렇죠.

지 지금은 부모들이 철저하게 24시간 애들을 통제할 수 있는 상황이 되어 버렸는데요. 그러다보니까 결국 부모들이 변해야 아이들도 변할 수 있다는 그런 현실적인 고민을 하게 되셨을 것 같습니다.

김 이런 일이 일어나는구나, 지승호 씨를 만난 후에 가장 훌륭한 질문이에요.(웃음)

지 가끔 좋은 질문들이 있었죠.(웃음)

김 인터뷰이가 너무 오만한가?(웃음) 그게 참 아이러니한 거예요. 모든 사회가 권위주의에서 벗어났고, 민주화되어 있고, 개인의 자유가 늘어났어요. 그런데 아이들만은 반대잖아요. 지금, 지승호 씨 말대로 훨씬 더 많이 통제되고 관리되고 있어요. 그게 경쟁 때문인데, 참 슬픈 일이죠. 부모들은 아이들 때의 인생이라는 것은 나중에 진짜 인생을 위한 준비기로서만 의미가 있다고 보는데, 인생은 매순간이 중요하고 매순간 세계와 나의 소통이 있는 것이죠.

옛날 군사독재 시절에도 아이들은 막 뛰어놀았어요. 지금은 애들이 감옥의 수인들처럼 생활하죠. 이건 굉장히 끔찍한 일입니다. 양식 있는 성인들은 이 문제에 대해서 고민해야 합니다. 왜 사회는 민주화되었는데, 아이들은 더욱 더 권위주의적인 체제에 살고 있는가 하고 말입니다.

이번에 최규석 씨 만화 〈불행한 소년〉을 갖고 말이 좀 나왔는데 어른들은 뭐랄까 여전히 검열자의 시각이 있어요. 내용이나 맥락은 아랑곳 않고 한 장면만 갖고 문제를 삼는 거죠. 아이들한테 그 작품 이야기를 하면 "뭐가 문제예요?" 하고 되물어요. 그러면 "아니 끝에 가서 천사를 막 죽이잖아" "그게 뭐요" 뭐 이런 식이에요.

지 그게 인지상정일 수는 있겠지만 '애들은 이쁘고 좋은 것만 봐야 한다'는 강박관념을 어른들이 갖고 있지 않습니까? 어릴 땐 나가서 개구리도 해부해보고 그래야 되는 거 아닌가요?(웃음)

김 해부는 과학적 목적이 있는 거고.(웃음) 어른은 아이들 시기가 진짜 인생을 위한 준비기라는 생각을 버려야 한다는 거죠. 우리도 어린 시절을 생각해보면 알겠지만 아이들도 인간으로서의 고유한 권리와 감정이 있어요. 어른은 아이를 보호하고 도와주는 사람들이지 사육하는 사람들이 아니란 말이에요. 그리고 생각을 해보라구요. 어른들은 담배 피고 술을 먹어요. 담배나 술은 해롭다고 하잖아요. 의학적으로는 그런데, 한편으로는 담배가 주는 이로움이 있죠. 사람은 참 복잡한 동물이거든요. 그래서 피우는 거잖아요. 아이들한테도 그런 게 있다는 말이죠. 아이들도 사람이니까요. '바람직한 것만 보여줘야 한다, 바람직하지 않은 것은 금지시켜야 한다'는 어른들의 생각이 잘못이라는 겁니다. 그렇죠?

어른들 스스로도 바람직하지 않은 것이 자기 삶에 포함이 되어 있다는 겁니다. 그런 게 삶에서 굉장히 중요해요. 감옥에 가면 그런 거 못하잖아요. 그래서 미치는 거라구.(웃음) 책을 본다거나 생산적인 일을 한다거나 기도를 한다거나 토론을 한다거나 이런 것을 금지시켜서 미치는 게 아니라구요. 바람직하지 않은 것을 못하게 할 때 미치는 거지. 그게 인간이고 인간의 삶인데, 아이들한테 무작정 금지한다는 건 끔찍한 파시즘이죠. 그리고 금지는 단지 어른들이 자기 마음을 위안하는 일일 뿐 아이들은 결국은 자기 삶에 필요한 걸 합니다. 게임 금지시켜봐요, 아이들이 부모 몰래 PC방에 가게 만드는 것 외에 아무 효과가 없어요. 존중을 기본으로 한 대화만이 유일한 방법이에요. 그걸 포기하면 어른은 아이를 억압하고 아이는 어른을 속이죠. 그건 파탄난 인간관계입니다.

지 아이들이 훨씬 유연하고 변화를 잘 받아들이는 것 같습니다. 일전에 '고래'를 본 아이들 반 전체가 어느 학부모님이 사온 맥도날드 햄버거를 거부했다는 얘기를 듣고 많은 생각을 하게 되던데요.

김 어떤 분들은 굉장히 비판적이었죠.

지 그 사람들 시각에서는 반미를 주입한 거니까. (웃음)

김 애들을 굉장히 우습게 보는 거예요. 그런 말 하는 분들은 애들을 존중하는 것처럼 말하는데, 사실은 굉장히 우습게 보는 겁니다. 그런 얘기를 한다고 해서 걔들이 주입이 되어서 행동할거라고 생각을 하는 건 말도 안 되는 거예요. 걔들은 그 글에 동의를 한 겁니다. '듣고보니 진짜 맞네' 하고. 당연히 아이들에게는 그런 능력과 권리가 있죠. 그 반에서는 맥도날드 먹는 게 무조건 즐거운 것이 아니라 약간 찝찝한 일이 된 거예요. 인상적인 상황이 벌어진 거죠. 그런데 아이들을 존중한다는 탈을 쓴 어른들은 어떻게 자꾸 비판을 하느냐 하면 '아이들에게 주입을 했다'고 합니다. '고래'가 마취 주사를 놓거나 칩이라도 심어놨나요? 절대 주입이 안 된다니까요.

지 아이들은 생각이 없다고 믿는 거겠죠.

김 그렇죠. 우리도 잡지를 읽을 때 처음부터 끝까지 모든 면을 정독하는 게 아니잖아요. 재미없는 건 지나가요. 아이들은 더 그래요. 구린 소리, 지당한 말씀, 가르치려 드는 소리, 그런 건 지나가요. 미쳤어? 걔들이 그걸 읽게. 안 그래도 만날 듣는 게 지시고 잔소린데. 주입은커녕 아예 읽지도 않아요. '고래'에 주입이 되어서 그런 행동을 한다는 건 정말 어리석은 얘기죠.

지 맥도날드의 본고장인 미국에서도 패스트푸드가 건강에 안 좋다고 해서 아이들한테 주는 급식을 채식 위주로 바꾸는 학교들이 늘고 있지 않습니까?

김 아이들은 그런 걸 알 권리가 있어요.

지 그런데 왜 우리는 그걸 변화시키기 어려울까요?

김 사실은 그게 우리나라의 파시즘 전통이 깔려 있어서 그래요. 아동 문학의 역사를 이오덕 선생이 바꿨잖아요. 그 역사를 바꾼 것의 핵심이 환상적인, 비현실적인 동화를 실제 삶에서 느낀 것 위주로 바꾼 겁니다. 환상적이지만 실제 현실에서는 없는 꿈, 구름 이런 것을 아이들한테 좋다고 들려주는 것 자체가 사실은 파시즘의 교육 정책이죠. 어른들은 생각이 있으니까 권위와 폭력으로 누르면서 아이들의 생각을 펼치지 못하게 하고, 아예 현실 문제에 관심 없는 인간들로 만들어내는 거죠. 우리나라 어른들처럼 아이들에게 분홍색,

무색 이런 것만 보여줘야 한다는 강박을 가진 나라는 세계 어디에도 없어요. 어른들은 그게 자기 생각이라고 알지만 실은 파시즘의 교육 정책이 어른들에게 주입되어 있는 거죠. 저는 이 문제를 아주 중요하게 생각하고 '고래'의 어떤 태도로 발전시켜나갈 생각입니다. 애들을 염려하고 보호한다는 미명 아래 애들을 관리하고 통제하려는 태도에 '고래'는 전적으로 반대합니다.

지 대부분 망가지는 이유가 어떤 난관들이 나타날 때 그것에 하나하나 타협하기 때문인데요. 타협하지 않는 것이 당장은 상당히 고통스럽지 않습니까? 경영상의 문제가 생긴다든지.

김 우리는 처음부터 목표가 경영이 아니라 운영이었어요. 운영이라는 것은 유지죠.(웃음) 정신을 지키며 혼자 힘으로 가는 것이 우리의 목표고, 그 이상은 사실 바라지도 않습니다. 그래서 그런 타협은 없습니다. 그것은 아이들에 대한 배신이에요. 이번에 최규석 만화의 한 장면 때문에 몇몇 부모들이 절독을 했는데, 사실 아이는 아무 충격도 받지 않았다면 그 부모는 경솔한 선택을 한 셈입니다. 아이의 능력과 권리를 좀더 생각해야 합니다.

지 아이들은 전태일 열사에 관한 만화인 《태일이》를 가장 좋아한다면서요.

김 의외로 《태일이》 같은 만화는 안 좋아할 것 같은데 좋아해요. 재밌어 하고. 연속극 같아서 그런가? 어른들한테 전태일 얘기를 하면 눈빛이 좀 비장해지면서 분신을 향해 달려가는 모습을 생각하는데, 아이들에게 태일이 얘기를 하면 전혀 그렇지 않아요. 좋아하는 여자가 등장했다느니 "40호에 나온 아무개 재수 없지 않냐?" 이런 식의 반응이죠.(웃음) 전태일의 일상, 냄새 이런 것에 아이들이 오히려 더 접근하고 있는 겁니다. 어른들에겐 상징화·우상화된 전태일 쪽이 더 가깝고, 아이들에겐 살아 숨 쉬는 전태일이 더 가깝게 다가가고 있죠. 전태일 선생이 하늘에서 본다면 아이들의 태도가 더 흐뭇하고 즐거울 거라 생각합니다.

지 기존의 위인전과는 다른 것 같습니다.

김 누가 위인인가 하는 건데, 위인전을 보면 그 사회를 알 수 있다고 생각을 해요. 우리 어릴 때 위인전이라는 것은 이순신 장군 같이 국가적 영웅들, 그때는 국가주의 파시즘 시절이었으니까 나라를 지킨 사람들이 위인이었죠. 지금 위인전을 보면 다 돈과 연관이 있는 사람들 뿐입니다. IT 산업만 해도 빌게이츠보다 더 위대한 인물들이 있죠. 인터넷 역사에도 보면 그렇구요. 이제는 돈으로 연결되지 않는 사람들은 어린이들한테 위인이 안 되는 겁니다. 이건 끔찍한 일이죠.

그래서 진짜 위인이 누구냐고 물었을 때 태일이를 생각한 겁니다. '전태일'이 아니라 '태일이'인 거죠, 전태일을 그릴 때 실제 전태일이라는 인간, 그가 어릴 때부터 다른 여느 아이들하고 전혀 다른 풍모를 가진, 뭔가 하는 짓이 범상치 않고 분신을 예비하는 행동들을 한 인물로 그린 것이 아니라 정말 평범하고, 장난스럽고, 마음도 여리고, 조금 안 좋은 것을 보면 속상해서 어쩔 줄 모르는 연민, 애끓는 마음, 따뜻함이 있었던 아이로 그린 거죠. 그게 실제 전태일의 모습이 맞구요. 그런 것이 자신을 불태우게 만든 것이지, 냉정한 이념적인 의식에 의해서 투쟁의 전술로 한 것은 아니거든요. 예전에 김지하 선생이 말씀하신 '죽음의 굿판을 거둬라' 이런 식은 아니었던 거죠. 너무 마음이 따뜻하고 여려서 그렇게 한 거거든요. 아이들은 그걸 느낍니다.

{ 개혁의 목적은 진보를 가로막는 것

지 고민하고 계신 이런 여러 가지 문제들 때문에……

김 많이 고민은 안해요. 나로선 그게 편한 선택이니까.(웃음)

지 아이들을 변하게 해야 하겠지만, 현실 사회에서 어른들이 만드는 세상의 이런 흐름에 브레이크를 걸지 못하면 아이들은 그렇게 키워질 뿐 아니라, 아이들이 나중에 세상을 바꾸자는 생각을 해도 도저히 바꿀 수 없는 그런 세상이 되어 있을 것 같다는 문제의식 때문에 다시 칼럼을 재개하시기로 한 것 같은데요.

김 좋게 말해줘서 고마운데 아까 처음에 그런 얘기를 했잖아요. '고래' 얘기를 꺼내면서 '어른들을 상대로 얘기하는 것은 별 소용이 없다, 그래서 바뀔 수 있는 사람들을 대상으로 뭘 해보자'는 생각을 했던 겁니다. 하지만 '어른들을 대상으로 하는 그런 활동은 전적으로 의미가 없고, 허망하고, 아이들에 대한 것만 의미가 있다'는 것은 아니었습니다. 일단 아이들을 바꾸자는 생각을 했기 때문에 그 일에 집중했을 뿐이죠. 그리고 어른들을 대상으로 발언을 안 하거나, 의미가 없다고 생각한 적은 없구요. 다만 여력이 없었다고 할까, 이 일에 집중했다고 할까요. 주로 그 전의 활동이라는 게 그렇잖아요. 제도 지면이라면 일정한 대중적인 영향을 가진 지면에서 활동을 한 건데 그것에 대한 마음의 불편도 많이 있었구요. 여러 가지가 복합되어 있어요.

그런데 최근에 생각이 바뀌었어요. 그 계기가 된 것이, 제가 블로그에도 간단하게 썼는데, 예전에는 자유주의자들도 활동하고 좌파들도 활동하고 하면서 사회가 계속 진보하고 있다고 생각했는데요. 근래 들어서는 '이거 완전히 망하는구나' 그런 생각이 들더라구요. 이러고 있어도 되나 하는 생각이 들었고 그러다가 진보 논쟁인가 뭔가 하는 것을 봤어요. 그걸 보니까 마음이 답답해졌어요. 제가 직접 본 것이 아니라 방송사에 있는 사람이 그걸 보내줬어요. 개혁과 진보는 다르다는 식의 논란 같은 것이었는데, 제가 4년 전 제도 지면에서 갈등을 일으킨 요지가 '개혁은 진보가 아니다'는 것이었잖아요. 김지하나 이현주 선생하고의 갈등, 주류 페미니즘과의 갈등이 모두 그 내용이거든요. 사실 이념적인 갈등이라구요.

지　계속 해오셨던 얘기잖아요.

김　제도 지면에 글을 안 쓰면서도 3~4년 동안 했던 얘기는 하나잖아요. 계속 되풀이해서 말한 것이 '개혁은 진보가 아니다'였는데, 지승호 씨한테도 그 부분은 좀더 분명히 하는 게 어떠냐는 개인적인 충고도 많이 했구요. 그래서 저는 이제 와서 그런 논쟁이 벌어지니까 좀 한심하다 싶은 생각도 들고, 이제라도 나오니 다행이다 싶은 생각도 들어요. 두 가지 생각이 충돌한 거죠. 하나는 '완전히 망해가는구나' 하는 것과 하나는 '이제 뭔가 좀 얘기가 되는구나' 하는 것. 그래서 재개를 한 겁니다.

　홍세화 선생한테 그 얘기를 했더니 아주 좋은 생각이라고 하더라구요.(웃음) 한쪽에선 "파리로 돌아가라, 빨갱이야" 그러고 다른 쪽에선 "왜《한겨레》를 부인하지 못하느냐" 그러니 힘드셨겠지요. 그 즈음에《한겨레21》에서 제안이 왔어요. 선선히 "그렇게 합시다" 했더니 기자가 약간 당황한 것 같더라구요.(웃음)

지　세 번쯤 요청할 각오를 했었나 보죠.(웃음)

김　몰라.(웃음) 그래서 웃으면서 "거절할 거라고 생각했어요?" 하니까 "그럴 가능성이 높다고 생각했다"고 하더라구요. "사실은 아주 최근에 그런 생각을 하던 차였다"고 했더니 "참 잘됐다"고 하더군요.

지　《한겨레》하고 인연이 있는 건가요?(웃음)

김　칼럼 제안은 여기저기서 간간히 있었죠. 그런데 계속 고사했고, 시작하자마자 그만둔 적도 있어요. 만약 두 달 전에 똑같은 제안이 왔다면 고사했을 것 같아요. 최근에 '해보자, 바로는 아니더라도'라고 생각이 바뀐 건데 마침 연락이 온 거죠.

지　언제부터 나가는 건가요?

김　다음 주부터 넘기니까 다다음 주에는 나가겠죠. 그런데 막상 그렇게 하기로 하니까 마음이 불편해요. 안 하고 있는 게 마음은 제일 편한데 말입니다. 뭘 어떤 분위기로, 얼마나 오래 해야 하는지 이런 것은 정해진 바가 없으니까 잘 모르겠어요. 옛날보다는 좀 낫

게 써야 하지 않겠어요? 나이도 들고 그랬으니까.(웃음)

지   어떤 방향으로 쓰시려구요?
김   상처받는 사람을 최소화하고 싶어요. 내 얘기가 옳은가, 그른가 하는 문제도 중요하지만 이런 얘기를 이렇게 했을 때 오해를 하든 이해를 하든 상처를 받는 사람들을 한 명이라도 줄여야 한다는 문제는 별개로 고민해야겠다는 생각을 해요. 잘 될지는 모르겠어요.

지   어떻게 보면 좀 갑갑하다는 생각이 드는데요. 예전에 김규항, 고종석 선생이 했던 얘기를 좀더 진지하게 들었더라면 어땠을까 하는 생각이 듭니다. 앞이 안 보이는 상황이라.
김   굉장히 슬픈 일인데, 우리가 상상력을 잃어버렸다는 생각이 들어요. 더 나은 것이 가능하다는 생각, 믿음 같은 것이 적어요. 그래서 만날 '우리 현실에서 이것만 해도 어딘데'라는 생각이 지배해요. 개혁이라는 것이 진보의 기초적인 부분과 겹치기도 하지만, 개혁의 본질은 어디까지나 진보를 가로막기 위해 사회를 좀더 합리화하는 데 있죠. 상상력이 없으니 그 부분을 놓치게 되는 거죠. 개혁이 갖는 소박하고 진보적인 경향에 너무 감사하는 거예요. '이것만 해도 어딘데' 하면서. 그것은 어리석은 게 아니라 착한 거라고 봅니다. 그런데 그 착함 때문에 지금 된통 작살이 나는 거죠. 누가 어떤 놈이 밟았는지도 모르는 채 삶이 너무 고달파지는 거예요. 그래서 "에이, 이제 진보고 개혁이고 뭐고 싫고 무슨 사회, 이념도 다 싫다. 먹고사는 문제가 제일이야. 이명박이 제일이야" 하는 식으로 가는 거죠. 이명박은 디지털 시대를 토목 건설로 해결하려는 몽상가인데 어떻게 된 게 이 사람이 가장 현실주의자가 되어버렸죠. 이것은 대단한 역사적 반동인데, 정말 슬픈 일입니다.

개혁이 실패했다고들 하는데 사실은 그야말로 대성공을 한 셈이죠. 개혁의 목적은 진보를 가로막는 것이니까요. 그런데 이번 선거에도 벌써 정대화 같은 분들이 모여서 "그래도 수구세력의 집권을 막아야 한다"고 하더군요. 개혁 세력이 민주노동당의 후보를 지지하는 건 아니잖아요. 이제는 진보개혁세력이라는 말도 버려야죠. 그 말 때문에 망했는데요. 《한겨레》나 《경향신문》 같은 데서 여전히 그 말 쓰는 걸 보면 정말 한심하죠.

{군사 파시즘이 물러난 자리를 차지한 '자본 파시즘'

지   한나라당이 집권하면 언론이 좀더 언론 본연의 자세에 가까워질 수 있겠죠.(웃음) 말씀하신 대로 요즘 그런 생각을 많이 하는데, 이제는 더 이상 진보개혁세력이라고 뭉뚱그려서 얘기하면 안 되겠다는 생각이 듭니다. 자기 계급이나 세력의 가치관에 대해 더 많이 얘기를 해야 할 것 같습니다. 말씀하신 것처럼 착해서 그런 건데, 문익환 목사님 말처럼 사람이 착하기는 쉬운데 올바르기는 어렵지 않습니까?

김   요즘은 착하기도 어렵죠.(웃음) 올바르기는 더더욱 어렵구요. 거의 불가능하죠. 그래서 제가 지승호 씨하고 전에 인터뷰하면서도 얘기했고 같이 교감도 많이 했지만, 가장 큰 문제는 우리 사회의 민주화가 실제 내용면에서 신자유주의화였고, 극단적인 자본화가 진

대한민국, 자본파시즘이 지배하는 나라_ 김규항

135

행되었다는 겁니다. 우리는 군사 파시즘만 물러나면 점진적으로 진보한다고 봤어요. 그런데 그렇지 않았죠. 군사 파시즘이 물러가고, 자본의 파시즘이 시작됐어요. 요즘 부모들이 아이들을 죄수처럼 관리하는 이유도 자본의 파시즘 때문이잖아요. 다들 스스로는 굉장히 자유롭다고 생각하지만 파시즘에 걸려서 꼼짝도 못하며 살고 있습니다. 초고속 인터넷과 최신형 핸드폰이 없으면 한순간도 불안해서 살 수 없죠. 그건 죄수들이지 사람이 아니에요.

두 번째는 이게 굉장히 기현상인데 우리 사회처럼 계급의식이 없는 나라가 없어요. 국가주의 시절에는 계급의식이 당연히 없어야죠. 나치 시절에 무슨 계급의식이 있어요? 파시즘이라는 것은 사회를 국가와 민족으로 뭉뚱그리는 것 아닙니까? 그런데 민주화 이후에는 자유로운 의식이나 그런 기회가 제공되었죠. 그런데 별 진전이 없다는 겁니다. 월드컵이나 독도나 파병 같은 것도 마찬가지잖아요.

파병의 대결론은 국익이었는데, 사실 가만히 생각해보면 알 수 있지만 국익이라는 것은 존재하지 않죠. FTA만 해도 모든 한국인들에게 다 나쁜 건 아니거든요. 어떤 계급엔 좋고 어떤 계급엔 나쁜 것이죠. 국익이라는 것은 없고 계급의 이익이 있는 겁니다. 그러면 내가 사회에서 어떤 계급인가에 대한 의식이 있어야 하는데 그런 의식이 희박하죠. 우리나라가 부강해지기를 바라고 삼성 휴대폰이 세계에서 최고면 내 자랑처럼 느껴질 수도 있지만 사실 따지고 보면 내 일이 아니잖아요. 장년층이 그러는 거야 어쩔 수 없다는 생각이 들기도 하는데 청년들이 그러면 참 딱해요.

얼마 전 한 대학생이 좌파에 대해 비판하는 걸 봤어요. 비현실적이라는 거예요. 한국 현실에 맞지 않다는 거고. "사람들의 의식 수준으로 봐도 그렇고, 노무현의 개혁을 매도하는 것도 잘못된 것이고, 한나라당과 열우당의 차이를 근본적인 차이가 아닌 것처럼 얘기하는 것도 부당하다"고 얘기하는데, 그런 얘기도 거기에 걸려 있는 거예요. 그것은 옛날 얘기하고 똑같이 닮아 있어요. 우리 어릴 때 박정희의 한국식 민주주의 하고 말이죠.

지금은 개혁이 한국식 진보인 거예요. 우리 현실에서 그런 것은 시기상조라며 상상력을 스스로 차단한다는 거죠. 그것도 대학생, 청년들이. 이건 참 슬픈 일인데 이런 사람들한테 내가 해주고 싶은 얘기는 계급이라는 말은 어떤 지적인 개념이 아니라 실체라는 겁니다. 우리가 계급의식을 가져야 한다는 말은 현실을 바라보자는 말일 뿐이에요. 그런데 계급의식이 우리나라 인민들에게 거의 없기 때문에, 거의 울림이 없기 때문에 그런 말을 하는 게 시기상조라고 하는 것은 상당히 슬픈 말이죠. 현실을 무시하자는 말이기 때문입니다. 계급의식이 있든 없든 계급은 있는 것입니다.

그런데 그걸 밝히는 걸 시기상조라고 하면 그것은 사로잡힌 말이에요. 똑똑하고 현실적인 청년인 것처럼 보이지만 사이비 종교에 빠진 상태인 거죠. 내가 초등학교 때 글짓기 시간에 냈던 글이 생각나요.―"대학생 누나 형들이 데모하고 그러는데 한국의 현실을 왜 생각하지 못하느냐, 우리 현실에서는 비현실적인 거고 시기상조라는 것을 왜 알지 못할까."

지 노무현 정부나 그 지지자들이 진보진영에게 상처를 받았던 것은 이런 점 같거든요. "여기까지 오는 것만 해도 얼마나 힘들었고 훼방을 받았는데, 다른 얘기들을 하고 있느냐" 그들이 잘했든 잘못했든 그것을 떠나서 그런 심정적인 부분이 있는 것 같습니다.

심지어 지강유철 같은 분도 진보진영의 문제 제기에 대해 "전두환과 노무현을 똑같이 보는 진보진영에 화가 난다"는 얘기를 하고 있거든요.

김 지강유철 선생은 좋은 분이에요. 윤리적이고 온유한 그리스도인이라고 하면 그분이 떠오릅니다. 그런데 좌파에 대한 오해가 있습니다. 잘 생각해봅시다. 좌파들이 개혁의 진보적 부분을 반대한 적이 있나요? 이를테면 안티조선을 반대한 적이 있나요? 그것은 별 의미가 없다고 한 적이 있나요? 또는 개인의 자유 신장 같은 노무현 정권에서 진행한 주요한 의제들이 몇 개 있잖아요. 그 분들이 자랑스럽게 생각하는 의제들에 대해 좌파들이 반대한 적이 언제 있어요? 좌파들이 반대한 건 FTA나 파병 같은 노무현 정권의 반민중적 정책이죠.

지 그 부분들은 좌파가 아닌 저도 계속 반대해온 것들인데요.(웃음)

김 노무현 정권이 수구세력과 계속 갈등을 하면서 쟁취하려고 했던 사회 개혁 부분들은 좌파들도 존중하고 지지했지 반대하지 않았어요. 좌파 중에서 《조선일보》와 《한겨레》가 똑같다고 생각하는 사람은 없어요. 없다니까요. 초기에 강준만 선생이 몇몇 강단 좌파들의 행동을 빌미로 비현실적인 세력들이라고 씹었잖아요. 좌파들은 거기에 대해 거의 공개적으로 반성을 했다구요. 존중의 태도를 취했죠. 좌파가 언제 개혁을 반대했어요? 말도 안 되는 소리예요. 좌파들이야말로 개혁을 지지했죠. 그러나 개혁적이라고 일컬어지는 사람들의 반민중적인 정책들에 대해서는 반대했고, 그런 반민중적인 정책을 주요하게 포함하면서 사회 진보로 가고 있다고 하는 그들의 거짓말을 비판했던 겁니다. 오히려 한나라당과 열우당에 대해서 비슷하다고, 별 차이가 없다고 말한 것은 노무현, 유시민이지 우리가 아니에요.(웃음)

노무현 씨는 이미 얘기를 했잖아요. "근본적으로 정책 차이가 없다. 우리는 좌파 신자유주의 정권"이라는 얘기도 했구요. 유시민 씨도 선거 때 "민노당과의 거리, 한나라당과의 거리" 얘기하면서 그런 비슷한 얘기를 했구요. 그들이 오히려 그렇게 얘기했지 우리가 언제 그런 얘기를 했냐구요. 이렇게 개판이 된 다음에 비로소 "그 차이는 아주 근본적이고, 중요한 차이는 아니"라고 얘기하니까 지강유철 선생처럼 순진한 분들이 거꾸로 화가 나서 "전두환하고 노무현하고 똑같다는 거냐?"고 하는데, 그건 전혀 사실이 아닙니다.

지 저도 대추리에 갔다왔는데요. 그 분들 중 일부가 광주항쟁하고 그곳의 투쟁을 비교하는 것을 보고 그럴 수 있다고 생각했거든요..기대치가 있고 시대가 변했는데도 거기서 벌어졌던 일을 생각하면 그 분들 입장에서 그런 말을 할 수도 있지 않겠느냐는 겁니다. 거기에 상처를 받아서 반응을 하는 부분들이 있는데 어떻게 풀어나가야 할까요?

김 그것 역시 원인은 하나라고 봐요. 아까 말했듯이 '이것만 해도 어딘데' 하는 생각인 거죠.

지 여기서 절대 뒤로 돌아가면 안 된다는 공포감 같은 것도 좀 있는 것 같구요.

김 뒤로 돌아간다는 협박이 인텔리 사회에서 늘 있었죠. 옛날에 박노해 씨가 출소해서 "지금 김대중 정권의 개혁에 협조하지 않으면 우리 사회가 87년 이전으로 돌아간다"고 해서 제가 마땅찮게 얘기한 적이 있는데요. 그것은 마치 전체 인민의 삶을 배려하는 듯 보이지만 사실은 인민을 아무 생각 없는 로봇으로 여기는 오만방자한 태도입니다. 지금 그런 세력들, 만약 박근혜 씨가 집권해서 자기 바람대로 박정희 시절을 재현하고 인민들을 통제한다고 합시다. 될 것 같아요? 만약에 그렇게 87년 이전으로 돌아가려면 87년 이전 수준의 인민들이 필요해요. 그런데 우리나라 인민들은 이미 그때하고 근본적으로 달라졌죠. 개혁이 진보라고 속는 순진함은 있지만 파시즘의 재래를 반길 사람들은 아니죠. 이미 한국 인민들은 87년 이전으로 돌아가지 않을 정도의 의식을 가진 지 오랩니다. 절대로 그런 일은 없다고 봐요.

그런데 그런 공포가 악용되고 있는데, 외상 후 스트레스 장애 같은 거 있잖아요. 그걸 악용한 거죠. 탄핵 사태 때 인민들의 장엄한 반격은, 물론 기본 의미는 우리의 피와 싸움으로 이루어진 절차적 민주화 정부가 그런 식으로 무너지는 것에 대한 분노지만, 결국 모조리 개혁 세력의 정치적 이득으로 돌아갔어요. 이런 부분에 대해 미처 생각하지 못하는 거죠. 착해서 순진해서 그런 겁니다. 탄핵 상태 당시에 그런 우려를 얘기한 사람들이 몇 명 안 됐잖아요. 어차피 대중적인 영향력이 없는 지하의 좌파들을 빼면 온 나라를 통틀어 다섯 명도 안 됐어요.(웃음) 방자한 협박은 그만두고 그런 모호한 시기에 정신이나 제대로 차리길 바래요.

중간계급 이상의 이해만 대변하는 한국 정치

지　제가 생각하는 노무현 정부의 가장 큰 잘못은 이 점인 것 같습니다. 자기 스스로도 '한나라당과 차이가 없다'는 것을 인정하기도 했는데, FTA라든지 큰 틀에서의 정책은 정말 우파적이지 않았습니까? 그런데도 '좌파 신자유주의'라고 한다든지, 진보진영에 대해서 '유연한 진보'가 되라고 하면서 진보로 포지셔닝하지 않았습니까? 상당수의 국민들이 노무현 정부를 좌파적이거나 심지어 친북적이라고 보는 상황은 노무현 정부 스스로 만들어낸 면이 있는데요.

　　그러다보니까 국가 운영방식 면에서 아주 오른쪽에서 경쟁하는 두 집단이 그 중 하나를 좌파적이라고 하니까 나머지가 거의 진공 상태같이 되어버린 것 같습니다.

김　이념이 오른쪽에서만 가상 형태로 존재하는 것, 그것이 내가 한숨이 나오도록 여러 번 되풀이했던 말인데요. 우리나라에 왼쪽 이념이 없는 게 가장 큰 문제죠. 이렇게 이념적 스펙트럼이 편중되어 있는 게 문제인 건 선진적인 이념적 스펙트럼이 아니라서가 아니라, 이념은 계급의 반영이기 때문이죠. 우파라는 것은 중간 이상 계급의 이해를 대변하는 태도이고, 좌파라는 것은 중간 이하 계급의 이해를 대변하는 태도죠. 사회가 진보한다, 변화한다는 것은 이미 잘 살고 있는 사람들의 삶이 나아지는 것이 아니라 그렇지 못한 사람들의 삶이 변하는 겁니다. 그러니까 중간 이하 계급의 이해를 대변한다는 것은 자동적으로 사회 변화를 요구하는 것이고, 중간 이상 계급의 이해를 대변한다는 것은 사회를 유지하는 거죠.

　　지금은 이미 기득권을 가진 사람들의 이해를 대변하고 있어요.

우리 사회가 이미 민주화되었고 좌파, 진보적인 기회가 주어진 지 20년이 지났지만 지금 이 순간까지도 좌가 거의 진공 상태예요. 민노당은 중도좌파라고 볼 수 있는데 힘을 별로 못 쓰고 있죠. 이 끔찍한 사실은 결국 한국의 정치라는 것이 중간 이상 계급의 이해만 대변한다는 얘깁니다. 그래서 세상은 이 꼴인 겁니다. 모든 정치가 그렇게 되고 있잖아요. 중간 이상 계급의 이해 중에서 '아주 수구적인 극우냐, 아니면 조금 더 자유주의적인 부르주아 진영이냐' 이런 차이가 한나라당과 노무현 정권의 차이일 뿐이죠.

결국 우파라는 것은 현재 사회를 유지하고 기득권을 빼앗기지 않으려는 세력이라는 점에서 똑같은 건데 다른 나라를 보세요. 이념적 스펙트럼이 얼마나 넓은가와 그 사회가 얼마나 훌륭한가는 전적으로 일치해요. 북구나 서유럽을 보세요. 보수적인 사람들도 교육 문제를 얘기하면 프랑스가 어떻고 독일이 어떻고 그러잖아요. 다큐 같은 걸 보면 경제든 의료든 교육이든 사회든 문화든 늘 그런데 마치 그 사회와 우리 사회의 차이는 국민성처럼 말합니다. 정서적인 경향은 있겠지만 한 사회엔 나쁜 놈도 있고 좋은 놈도 있는 거지 사회가 좋고 나쁠 만큼의 차이가 어디 있겠어요. 차이는 하나예요. 그 사회는 이념적 스펙트럼이 넓다는 것. 다시 말해서 좌파가 많다는 거죠. 그래서 중간 이하 계급, 실제 인구로 대다수를 차지하는 사회성원들의 삶을 대변하는 정치가 이루어진다는 겁니다.

계급 분포는 어느 나라나 기본적으로 같습니다. 이를테면 어느 나라나 최상층부가 있고, 중간계급이 있고, 하층부가 있어요. 그것은 같습니다. 물론 비율은 다르지만. 우리 사회가 그런 유럽 사회와 다른 것은 그런 계급적인 분포는 유럽처럼 넓은데 그것을 반영하는 이념적 분포는 절반밖에 없다는 겁니다. 그 상태에서 무슨 놈의 민중적인 정책이 이루어지겠어요? 말도 안 되는 거지. 안 되는 걸 자꾸 기대하면서 그래도 점진적으로 살기 좋아질 거라고 믿었던 사람들이 스스로 실망하고 있는 겁니다.

저는 이해가 안 가는 게 진짜 좌파들, 지하 인간처럼 취급받고 있는 우리는 노무현 정권에 대해 처음부터 그런 태도를 가졌어요. 그런데 그런 우리를 폄훼했던, 우리를 스탈린주의자나 80년대 박제들처럼 취급했던 사람들이 이제와서 왜 노무현 정권에 실망을 하고 욕을 하냔 말입니까. 그들이 실망하고 욕해야 될 대상은 자기 자신이라고 생각해요. 속아 넘어간 자기의 어리석음을 반성하지 않고 늘 남한테 떠넘기는 건 나쁜 거죠. 노무현이 나쁜 놈이고, 노무현이 변한 거라고. 개혁 의지가 쇠퇴한 것이고, 정치적인 무능력 때문에, 수구세력의 훼방에 밀려서. 그것은 거짓말이에요. 개혁이 쇠퇴한 것이 아니고, 개혁이 원래 그런 것이라는 걸 인정해야지요.

그리고 개혁은 많이 했잖아요. 김대중·노무현 정권 이후에 언론이나 사회 문화적 부분이 얼마나 많이 변했어요. 언제부턴가 우리나라 사람들이 '나는 좌파요' 하기도 하고, 공개적으로 대통령을 욕하기도 하잖아요. 그래도 안 잡아가잖아요. 그건 개혁 정권이 한 일이라구요. 그걸 《조선일보》나 한나라당에 맡겨 놨으면 그게 됩니까? 노무현 씨나 개혁 정권은 자기 정체대로 자기가 할 일을 열심히 했죠. 그리고 상당히 했어요. 그거 이상의 기대나 착각을 했던 사람들이 실망을 하고 욕을 한다구요.

저는 노무현이라는 사람에 대해서 위선자라고 생각지 않고, 나쁜 사람이라고 생각하지도 않아요. 그 사람은 자기 소신껏 한 거죠. 애석하기는 해요, 자기가 좌파적인 사람이라고 생각하는 것은. 그런데 그것은 그가 나빠서가 아니에요, 사회의식이 낮아서 그런 거지.

박원순 선생도 보수, 진보 상생의 장 이런 데서 진보 영역 대표로 나가고 그러잖아요. 보수 대표를 보면 뉴라이트 이런 사람들이 나온다구요. 저쪽에서는 박원순 선생을 빨갱이로 봐요. 국가보안법 반대하고, 실제 그런 전력도 있으니까요. 그런데 그것 자체로 그 분의 이념을 규정해서는 안 되죠. 박원순 선생은 건전한 자유주의자이지, 좌파라고 볼 수는 없어요. 뉴라이트하고 박원순, 최열 같은 분들이 우파, 좌파의 대립 갈등을 버리고 앞으로 상생으로 가자, 그러면서 김지하 선생이 상생을 기리는 축시를 읽고 하는 것을 보면 좌파들은 정말 황당하다니까요? 그럼 우리는 뭡니까?

이 문제에 대해서 이제는 다들 정직하게 얘기해야 한다고 봐요. 박원순 선생은 스스로 사회주의자라고 한 적도 없어요. 자기 분별력이 있단 말입니다. 그런데 극우들은 박원순이 빨갛다고 보는 거죠. 의식을 가진, 배웠다는 시민들이 왜 그런 착각을 하나 몰라요. 자기가 착각하고, 실망한 것을 가지고 왜 남 욕을 해요, 비굴하게.

⌠ 현실에 정직하고 정당하게 반응하는 게 바로 지성과 양식

지　어쨌든 개혁을 일정하게 지지했던 사람으로서 자기반성을 하자면……(웃음)

김　지금도 일정하게 지지하잖아요.(웃음) 나는 강준만 선생이나 지승호 씨를 보면 딱해요. 강 선생의 의제는 제도 사회에 거의 다 흡수가 되었는데 그분이 절대 좌파가 되지는 않을 거란 말이에요. 그러니 이젠 주요하게 나아갈 일이 없는 거예요. 그래서 열우당과 민주당의 차이 같은 지엽말단적인 문제에 매달리게 되는 거죠. 지승호 씨도 마찬가지예요. 그러니까 어서 민노당으로 가세요.(웃음)

고종석 선생 경우는 좀 다른데 그 양반은 지금 당적이 없을 뿐 실제적인 민노당원이에요. 복거일의 제자라고 선언했던 분이 그렇게 간다는 건 참 놀라운 일인데 그게 바로 지성과 양식이죠. 현실에 정직하고 정당하게 반응하는 것 말이에요.

지 이 일을 하는 데 꼭 당에 가입할 필요는 없는 것 같구요. 이번 대선에는 별로 개입하지 않으려고 했는데, 만약 한다면 민주노동당 쪽에 조금 도움이 되는 일을 하고 싶습니다.

김 그건 의미가 있다고 봅니다. 심상정 씨 같은 경우는 대통령 후보로서 보이는 의제나 태도 같은 게 상당히 좋더라구요. 일단 플래카드가 멋지잖아요. '가난한 사람들을 위한 정치'. 정치가 그래야죠. 부자를 위한 정치는 정치가 아니잖아요. 한국 정치에서 그 정도만 되어도 어디에요. 가만, 나도 그런 식으로 얘기하고 있네?(웃음)

지 아까도 나온 얘기처럼 스펙트럼이 그렇게 규정되다보니까 노무현 대통령을 빨갱이라고 생각하는데, 그거보다 더 나간 얘기들을 국민들이 어떻게 받아들일까를 생각해보니까 암담하더라구요.

김 몇 년 전부터 그런 얘기를 할 때는 '맞는 말씀'이라고만 하고 말더니 이제 와서 왜 열을 올리냐구. 왜 그러는 거야, 반성해. 당신

같은 사람들의 순진한 의식이 문제야.(웃음)

인민들이 스스로 어떤 정보를 얻고 의식을 생산해내는 사람들이 아니잖아요. 인텔리 영역, 미디어 영역, 지식인 영역에서 인민들한테 그것을 제공해드리는 건데 그런 면에서 반성해야죠. 저는 노무현이라는 사람과 유시민이라는 사람을 다르게 봐요. 유시민은 개혁과 진보도 구분 못하는 사람이 아니죠.

지　이런 식으로 규정되어 가고 있고, 보수주의자들의 선전 공세가 먹혀들어가고 있지 않습니까? 민노당에서 얘기하는 부유세가 그렇게 엄청난 것도 아니고, 남북한 공동 감군 같은 걸 협의하자고 해도 과격하다고 하지 않습니까?

김　우리나라 극우파들은 너무 재미있어요. 자기 민족에 대한 자긍심이 굉장히 적잖아요. 세상에 사대적인 극우가 어디 있습니까, 그러니까 극우도 아니죠. 유럽의 극우들을 보면 자긍심이 대단하잖아요. 우리나라 극우들은 철저한 기득권과 이해관계를 반영하는 놈들이에요. 그건 사상도 아니고 신념체계라고 볼 수도 없어요. 순수하게 나쁜 놈들이고 존중할 필요 없이 모조리 쓸어내야 하는 놈들이죠. 어느 개그맨 말마따나 쓰레기들이죠.(웃음)

지　그런 놈들이 언론도 장악하고 있지 않습니까? 단식이라는 것도 거칠게 얘기하면 결국 지 한 몸 해치는 것밖에 안 되는데 그걸 과격하다고 하는 사람들이 고문했던 사람에게는 절대로 과격하다고 하지 않잖아요. 과거에 그러다가 정치하는 그 분도 매너 좋은 사람으로 인식되지 않습니까?

김　막돼먹은 풍모를 가진 그런 사람은 아닌 것처럼 보이지.

지　좌파진영에서 그런 것에 대해 논쟁하고 알리는 데 부족했거나 실패했던 것은 아닌가 하는 생각이 듭니다.

김　첫 번째는 개혁이라는 가짜 진보가 무대에 대신 출연하는 바람에 좌파들이 무대에 올라갈 기회를 잃은 게 있구요. 무대 밑에서라도 어떤 예술을 했어야 하는데 예술 역량이 부족했던 것도 분명한 사실입니다. 그리고 기본적으로 민주화 이후부터 쭉 거슬러보면 민주화운동이라는 게 개혁우파, 자유주의적인 성향을 가진 사람들과 좌파적인 성향을 가진 사람들의 연대체였잖아요. 말하자면 헤게모니 싸움에서 진 거지요. 그것의 대미로서 김대중·노무현 정권이 탄생한 것이고. 그러면서 좌파들은 뒷발로 채여 무대에서 떨어진 거죠.

　그런데 좌파들이 왜 그렇게 충분한 능력이 없었느냐 하면 그 영역에 속했던 사람으로서 해명을 하자면, 워낙 세가 없었어요. 자유주의 민주화 운동 세력은 그대로 남았어요. 그리고 좌파 영역에 속했던 사람들의 상당수가 자유주의 쪽으로 넘어갔죠. 노무현 정권을 얘기할 때 진보적인 인자들이 결합되어 있지 않느냐고 하는데, 사실은 그게 아니고 과거에 그런 경력을 가졌다가 자유주의 쪽으로 전향한 사람들이죠, 대부분.

　노무현 정권은 출발부터 좌파, 진보적인 성향이 없었다고 볼 수 있어요. 이런 얘기하면 정태인 같은 분들이 섭섭하다고 생각할 수 있는데, 전 없었다고 봐요. 그분도 노무현 씨 선거는 돕고 이기면 민노당에서 일하겠다고 했는데 결국 청와대에 들어갔었죠. 나중에 나와선 비판하고 그랬지만 그분 역시 자기반성이 필요하다고 봐요.

어쨌거나 진보세력이 무능했다고 하기에는 무리가 있어요. 진보세력 자체가 전부 전사하거나 투항해버려서 몇 안 남은 너무나도 처참한 상황이었으니까요.

지　지금도 좀 그런 부분이 있지만 한동안 담론의 영역에서 좌파가 대중적인 인지도나 신뢰 면에서 주도권을 잡지 않았습니까? 아주 세밀하게 따지면 어떨지 모르겠지만 인기 있는 칼럼니스트 중에서 한홍구, 박노자, 진중권, 홍세화, 김규항 같은 분들이 전부 좌파 아닙니까?

김　급진성의 정도는 다르지만 전부 좌파는 맞죠. 그런데 한홍구 선생은 지승호 씨하고의 인터뷰에서도 그렇게 말한 걸로 알고 있는데, 자신이 내세우는 것이 거의 다 우파 의제라고.

지　그래도 한국 사회 일각에서는 빨갱이로 취급받고 있으니까.

김　좌우를 구분할 때는 한국 사회 어쩌고 그렇게 얘기하지 말고 좀 엄격하게 가자구요. 한홍구 선생 스스로도 인정하는 바고, 그 분이 옛날 좌익 사회주의 운동에 대해 연구를 많이 하고 글을 많이 썼기 때문에 그렇게 여겨지는 건데, 그분은 아주 자유주의적인 의제만 계속 말해왔죠. 유시민 씨에 대해서 과할 정도로 옹호를 했구요. 그분을 빼고 네 사람만 봤을 때 그 네 사람에 대한 지승호 씨의 태도를 보면 그들이 왜 그렇게 파괴력이 없었는가를 알 수 있죠. 좋아한다, 옳은 말씀이다, 존경한다고 했지만, 그것이 하나의 참고 사항일 뿐이지 그것을 기반으로 지승호 씨가 뭔가를 선택하거나 활동을 하지는 않았다는 말이에요. 지승호 씨처럼 우리한테 호의적이고,

가깝고, 잘 이해하고 그런 사람이 그 정도니까 결국 이렇게 되는 거예요. '맞는 얘기고 훌륭한 얘긴데, 그래도 우리 현실에서는 아직 이르다' 이렇게 되는 겁니다. 그런데 그게 '이 새끼들 말이 틀렸네' 하는 것하고 사회적으로는 결국 똑같은 거예요. 칭찬하면서 무시하나 욕하면서 무시하나 마찬가지라는 거죠. 그런 의미에서 네 사람이 좌파 정체성을 가지고 있다면 오히려 지금부터 더 활동을 해야 할 때라는 생각이 들어요.

개혁과 진보라는 것이 분열을 하는 시점인데 담론 상에서든 대중의 의식 속에서도 그것을 분명히 분열시키는 것이 좌파 인텔리들의 임무라고 볼 수도 있죠. 지난 몇 년 동안 그런 소리를 했는데 이제부터 새롭게 시작하는 것처럼 하려면 힘이 빠질 수도 있는데, 그래도 해야죠. 우리가 하나의 저자, 지식인, 필자로서 갖는 영향력보다 실제 글을 읽고 공감하는 분들의 삶에 영향을 미치는 부분은 상당히 좀 부족했다는 것. 내 경우는 바로 그래서 성인들을 위한 글쓰기에 회의를 느낀 것이고 그게 확인이 된 셈인데, 확인이 된 순간 더 열심히 해야겠다는 생각이 드는 거죠, 그게 좌파의 일이니까.

지   변명을 드리자면 제가 그 선택을 한 데는 여러 가지 이유가 있지 않겠습니까? 어쨌든 갈등하는 방식으로 그 자리에 있었고, 힘들어서 이 바닥을 완전히 떠나고 싶었을 때마다 제가 읽고, 공감했던 분들의 글 때문에 남아 있었죠. 그런 면에서 아무 의미가 없었다고 생각지는 않습니다.

주변 사람들이 힘들어할 때 제가 가진 알량한 허명을 가지고 어디로 휙 날아가고 싶다가도 그런 분들 때문에 멀리 안 가고 붙잡혀

있다는 것이 희망의 싹은 아닐까 하는 생각도 합니다.(웃음)

김 맞는 말입니다. 아까 좀 심하게 말한 것 같아서 사과할게요.(웃음) 이건 개인적인 충고인데 그런 생각이 들어요. 나는 지난 몇 년 동안 글도 안 쓰고 '고래' 만든답시고 지식인 활동으로 경제 활동을 하지 않았지만, 아까 거명한 다른 분들은 적어도 지승호 씨보다는 수입이 많을 거예요. 그런데 지승호 씨보다는 급진적이잖아요. 예를 들어 《한겨레》를 봐요. 《한겨레》 내에서는 운영 문제와 관련해서 두 가지 의견이 있어요. 하나는 주류파인데 좀더 《한겨레》가 유연해져야 한다는 거예요. 그래서 기업으로서 좀더 현실적으로 가야 한다는 거구요. 소수 의견은 뭐냐 하면 나도 그 의견에 동의하는데요. 지금 《한겨레》는 대기업 광고의 비중이 다른 신문보다 더 높아요. 그건 왜 그러냐면 실제 광고 효과가 높지 않다는 생각들 때문에 광고주가 판단해서 하는 광고보다는 대기업들의 분배 광고, 그런 것들이 주가 되기 때문이에요. 만약 《한겨레》가 좀더 진보적인 색채를 갖춘다면 그런 대기업들하고 갈등을 일으킬 수 있겠죠. 그런데 저는 그렇게 생각합니다. '《한겨레》가 만약 《중앙일보》의 논지를 가진다고 해서 《중앙일보》의 경쟁력을 가질 수 있을까. 《한겨레》가 좀더 유연해지면 기업들 광고를 좀더 받을 수 있을까' 그런데 전혀 그렇지 않다는 거죠.

《한겨레》가 가질 수 있는 경쟁력은 원래 태생대로 진보인 거예요. 처음의 진보적인 색채를 회복하면 경영이 일시적으로 어려워질 수도 있습니다. 그러나 그렇게 되면 지금까지 《한겨레》를 비판하고 《한겨레》에 실망했던 수많은 사람들이 돌아온다는 겁니다. 시민사회 영역에서 정신 차리고 '진보 쪽, 노동자, 민중의 편에 서는 신문을 죽일 수는 없지 않느냐' 하는 흐름이 생긴다는 거죠. 만약 《한겨레》가 이런 식으로 유연해지다가 어려워지면 누가 도와줍니까? 아무도 안 도와준다구요. 진짜 스스로 생존해야 되는 거예요. 그렇게 진보적인 논지를 회복한다면 다시 옛날처럼 소액 모금 운동을 벌일 수도 있고, 자청해서 구독료를 인상해 내는 사람들이 생기기도 할 겁니다. 그렇게 해도 안 되면 종합일간지 주류 기업으로서 쓰러질 수도 있어요. 그러면 거기서 악바리처럼 남은 사람들끼리 모여 비제도 일간지로서 가는 거지요. 그것이 올바른 길입니다.

지승호 씨도 자기가 정말 옳다고 생각하는 사회적 지향을 선택해서 치열하고 진정성 있게 활동하면, 오히려 지승호의 팬들이나 지승호 책의 구매자도 더 많아지지 않을까 그런 생각이 들어요. 또 한 명의 좌파 쪽의 스타 지식인이 나오는 거지.(웃음)

지 뭐 그런 일은 없을 것 같지만……(웃음)

김 수입이 크게 늘어서 세상이 달리 보이게 되는 그런 건 조심해야지.(웃음)

{ '국익'이란 '지배계급 이익'의 거짓 표현일 뿐

지 "'국익'이란 실은 '지배계급의 이익'의 거짓 표현일 뿐이다"라고 하시면서 한국 사회의 계급의식 결핍을 지적하셨는데요. 여전히 국익이라는 주술은 너무 잘 먹혀들어가지 않습니까? 황우석 사태를 봐도 그렇구요. 어떻게 풀어야 할까요?

김　황우석 사태는 그런 거죠. 그 사람이 거짓말을 했기 때문에 문제라고 생각하지 않구요. 거짓말이 아니라 진짜였어도 문제였다고 봐요. 거짓말인지 진실인지가 본질이 아닙니다. 본질은 다른 데 있어요. 황우석이 영웅이 된 이유는 돈이었죠. 그게 돈이 되는 일이 아니라면 그렇게 될 일도 없었어요. 어느 시대나 돈이 인생이나 세상에서 가장 중요한 가치라고 생각하는 사람들이 있어요. 놀부도 있고, 스쿠루지도 있고. 그런데 그런 사람들이 사회의 대부분이면 그건 더 이상 사람 사는 세상이 아닙니다, 지옥이지. 그런 사람들이 대부분이고, 그런 사람들이 자기들의 사고로 아이들을 교육하고 있다면 그게 정말 지옥이에요. 황우석 사건은 바로 한국 사회가 그렇다는 걸 적나라하게 드러낸 일이었죠.

87년 이후 민주화가 진행된 지 20년이 되었는데도 한국인들의 영혼이 이렇게 돼버렸구나 하는 것을 확인할 수밖에 없었다는 이것이 굉장히 슬펐죠. 그것은 "PD수첩"이나 강양구의 얘기로 진실이 밝혀져 끝난 게 아니라 그대로 남아 있는 거예요. 하나도 변한 것이 없어요. 황우석 사태는 우리가 어떤지를 확인시켜주는 일이었죠. 요즘 젊은 친구들 봐요. 우리가 "쓸데없는 진실 논쟁을 하는 사이에 막대한 이익을 미국이나 유럽에서 선점을 했다"느니 하잖아요. 그걸로 돈 벌어봐야 걔들한테 한 푼도 안 돌아가는데. 그게 다 사회를 계급으로 나누어보지 못하고 국익의 망령에 사로잡혀서 그런 거예요.

지　진짜가 나올지 안 나올지 벌 수 있을지 아닐지도 모르는 상황에서 그런 건데요. 말 그대로 그게 나온다고 해도 이런 사회에서 그것으로 치료를 받을 수 있는 사람들은 극소수일 텐데요.

김 그걸로 돈 번다 해도 여기가 사회주의예요, 공산주의예요. 그게 다 인민들한테 배분이 되게.(웃음) 말도 안 되잖아요.

이미 삼성전자는 세계 최고예요. 한국에서 제일 비싼 주택 조사인가를 보니 이건희 씨 집이 1, 3, 4위더라구요. 그런데 왜 이렇게 인민들의 삶은 나쁠까요? 그게 바로 계급이고 개혁과 진보의 차이인 거죠. 제도 정치에 들어가 있는 민노당 의원들, 노회찬이나 심상정 이런 분들이 옛날에는 굉장히 조심스럽게 얘기했다구요. "개혁은 진보가 아니"라고 하면 대중들의 정서를 거스르니까 상당히 완곡하게 얘기를 했어요. 이제는 적어도 분명히 얘기할 수 있게 됐죠. 이를테면 조희연 같은 분은 개혁의 의미를 많이 얘기했는데요. 최근에 "비판적 지지는 없다. 있더라도 민노당"이라고 하셨더군요. 그만큼 변하고 있죠.

지 민노당을 생각할 수 있는 여러 가지 좋은 조건들이 나오고 있다고 볼 수 있는데요. 문제가 없는 곳은 없겠지만, 밖에서 볼 때 내부 갈등이 심한 것으로 비치지 않습니까? "중요한 정치적 국면에서 NL 진영은 모조리 주사파와 한 몸이 되곤 한다. 실천으로 드러낼 수 없다면 다른 게 아니"라고 하셨고, 주사파를 암 덩어리에 비유도 하셨는데요. 민주노동당이 이 상황을 어떻게 극복해야 한다고 보십니까?

김 참 가슴 아픈 얘기예요. 우리나라에 NL이나 주사파가 많이 성장하고 뿌리내리게 된 데에는 정말 가슴 아픈 배경이 있잖아요. 대부분의 사람들이 우리 세대이기도 한데 청년 시절까지 북한은 완전히 지옥인 줄 알았죠. 그러다가 대학교에 와서 책을 보고 공부를 해보니까 남한은 친일파가 그대로 내려왔고 북한은 싹 청산하고 독립운동을 했던 사람들이 지도자들이었어요. 그러니까 거기에 대해 호감이나 환상을 느낄 수 있었어요.

내가 PD계열이지만 NL에 대해서 항상 조심스러운 태도를 취한 것도 그래서죠. 최근에 〈주사파〉라는 쪽글을 쓰면서 정말 속상하더라구요. 주사파라는 게 박홍 같은 놈들이 비판할 때 쓰는 말이잖아요. 속상한데, 지승호 씨 말대로 민노당이 진보적인 정당으로 발전해야 하는 거지요. 우익적인 생각을 갖고 있는 사람들이 거기에서 지나친 영향력을 발휘하거나 하는 것은 바뀌어야죠. 그런데 그렇게 쓰고도 속상해가지고…… 편지도 여러 통 받았어요, 서운하다는 편지.

이건 여담인데, PD는 좀 뺀질뺀질하고 차가운데, NL이나 주사 쪽 성원들은 인간적이고 감성적인 사람들이 많아요. 그러니까 상처도 더 받는 거죠. PD가 상처받는 것 봤어요? 더 독기 올라서 욕하고 그러지.(웃음) NL들은 상처를 받는다니까, 민족주의자들은 상처를 많이 받아요.

지 "민노당을 비롯한 진보좌파세력이 '실력이 없다'고 느껴지는 두 가지 주요한 이유가 있다. 하나는 개혁우파에 의해 사회적 영향력을 갖는 무대에서 철저히 배제됨으로써 실력을 평가할 기회를 갖지 못했다는 것, 그리고 무엇보다 그 실력을 평가하는 패러다임이 철저히 우파적이라는 것이다. 우파적 패러다임은 국가의 이해(실제론 지배계급의 이해)를 기반으로 하지만 좌파적 패러다임은 계급의 이해(인민의 이해)를 기반으로 한다. 그런데 좌파적 지향을 우파적 패러다임으로 보면 엉성해 보일 수밖에 없다. 실력의 차이가 아니라 패러다임의 차이인 것이다. 물론, 반대의 경우도 마찬가지"라고 하셨는데요. 지금 그 패러다임을 바꾸기는 힘든 것 같습니다. 대다수 국민들이 그런 삶을 살고 있으니까요. "우리는 그걸 원하지 않아. 좀 더 다른 세상이 있어"라는 얘기에 대해 "너도 돈 벌고 싶잖아. 넌 위선적이야"라고 공격적인 반문을 하는 세상이 돼가지고 그걸 바꾸는 게 힘든 것 같습니다.

김　몽상가나 위선자로 본다는 거죠?

지　그래서 개혁 정권이라면서도 사람들이 원하는 걸 얘기하다보니까 '소득 몇 만 달러 시대'를 아젠다로 삼을 수밖에 없었는데요.

김　원인은 가짜 진보, 한국식 진보 이것이 진보를 대체해왔던 것에 있고, 지금도 사실 거의 대체를 하고 있는데요. 보통사람들은 진보에 실망을 했다고 하지 가짜 진보의 실체가 벗겨졌다고 생각하지 않잖아요. 그래서 박근혜, 이명박으로 가는 건데, 그 균열이 일어나고는 있죠. 적어도 더 이상 노무현이나 유시민 같은 사람이 '우리가 진보다, 좌파다'라는 얘기는 못 할 거예요. 그런 담론 형성이 되고 있으니까요. 명칭이나 개념에서의 변화가 모든 것을 결정하는 건 아니라 해도, 중요한 균열의 시작이라는 거죠. 이를테면 그것이 지금 진행되기 시작한 거니까 저는 그 균열에 조금이라도 일조할 수 있도록 하는 게, 지면에 글 쓰고 하는 활동을 다시 하는 가장 중요한 이유라고 할 수 있죠. '야, 금이 가는 구나' 하고 달려들어서 깨뜨리는 악한인 거죠.(웃음)

지 〈권유〉라는 글에서 "어떤 이들은 내 글에서 '나는 너희들보다 바르게 산다'는 과시를 느끼기도 하는 모양이다. 이를테면 '내 글을 제 알량한 사회의식을 배설하는 데 사용하는 사람들이 거슬렸고' 같은 표현에서 특히 말이다. 그런 반응을 발견하면 난감하다. 내 글이 얼마 간의 안정을 가진 사람들을 불편하게 하는 구석이 있는 건 사실이다. 그러나 아무것도 없는 사람들, 절박한 싸움의 현장에 있는 사람들이 내 글에서 위로를 느낀다면, 얼마 간의 안정을 갖고 사는 사람이 그런 불편함을 느끼는 건 당연한 것이다. 그게 내 글이 좋는 최소한의 '균형'이며 나는 그걸 흐트러뜨릴 생각이 없다. 모든 사람에게 똑같은 양의 불편함과 똑같은 양의 위로를 주는 글을 나는 혐오한다. 내 글이 담는 불편함은 '과시'가 아니라 '권유'다. '글이나 읽고 해소하면 무슨 소용이겠어요. 함께 실천을 고민해야죠' 하는 권유 말이다. 나는 고통에 찬 원칙과 엄격한 자기 절제 속에 굳어진 얼굴을 한 사람이 아니다. 나는 그런 지사형 인간이 못 되며 그럴 생각도 없다. 나는 오히려 인생의 즐거움을 찾느라 여념이 없는 사람이다. 즐거움의 기준이 좀 다르긴 하지만. 언젠가 안상수 선생은 '좌파는 정신적 사치를 누리는 사람들'이라는 말을 한 적이 있는데 내 말이 바로 그 말이다"라고 하셨는데요.

김 권유는 더 권유처럼 느끼게 해야겠죠. 분명하게 말하는 것과 좀더 설득력 있게 말하는 것이 결합하면 좋겠다는 생각을 합니다. 대개 보면 부드럽게 얘기하면 본질을 흐리게 되잖아요. 이것이 필자로서의 내 숙제라고 생각해요. 분명한 얘기를 하는 것만으로도 힘들었는데 그것까지 감안을 해야하니까. 물론 독설가로서의 김규항을 원하는 사람들도 있겠지만.(웃음)

'자본의 파시즘'은 아무 의식도 없게 만드는 것

지　'고래'의 메시지가 한국 사회에 어느 정도 뿌리내리고 있다고 생각하십니까? 미래를 낙관적으로 볼 수 있을 정도로?

김　시작인 것 같아요. 최근에 독자들 커뮤니티가 생긴 것도 그렇고, '고래' 만화를 가지고 의견 교환이 일어난다든가 하는 것도 그렇고, '고래' 독자들의 반응이나 숫자, 여러 가지 사회 다른 분야와의 연계가 종전보다 비약적으로 늘어나고 있음을 느낍니다. 이를테면 그것을 좀더 적극적으로 할 생각인데, 제가 메이저 시민운동들쪽하고 껄끄러운 관계에 있다보니까 그것이 '고래'에 영향을 미쳐요. '고래'의 모토는 그거거든요. '경쟁만 가르치면 안 된다, 아이를 상품이 아니라 사람으로 키우자' 그 점에서 메이저 시민운동과 나하고의 갈등만큼 그들과 '고래'와의 갈등이 있어서는 안 된다고 생각합니다. 내가 책임져야 할 문제이고 충분히 이견을 존중하면서 협력할 부분은 협력해나가려고 합니다. 그래서 4월 5일 미래포럼 가서 발제도 하고 안 만나던 사람들도 만나고 그러고 있어요. 김규항이 좀 껄끄러워도 '고래'는 그렇지 않다는 것을 알리려고 노력하고 있죠. 현재 자본의 가치관 이것이 지난번 황우석 사태에서 드러난 것처럼 그 모든 나쁜 것이 아이들한테 전부 돌아가는 상황인데 사회 개혁이 어떻고, 선거가 어떻고, 진보가 어떻고 하면 뭐합니까. 애들을 이런 식으로 키우면 10년 후의 한국은 딱 지옥이 되는 거예요. 이 문제엔 다 연대해야죠, 당연히. 극우 미친놈들만 빼고.(웃음)

지　요즘 젊은 친구들이 더 보수적인 면이 있는 것 같습니다. 생각할 여지를 안 주고 '너의 미래를 위해 열심히 공부해서 남들을 이겨야 해'라는 것을 심어주는 거니까요.

김 군사 파시즘은 인민들에게 뭔가를 심어주려고 했잖아요. 하지만 자본의 파시즘은 반대예요. 아무 의식도 없게 만드는 겁니다. 그래서 욕망, 욕구, 소비, 외적인 것들로 채우려는 거죠. 인터넷에서 보면 미담이나 화제라는 것도 정말 사소한 것들인데 그걸 가지고 비장한 감동을 느끼기도 하고, 엄청난 연대를 하기도 하고 그러더군요. 정말 감동하고 비장해야 할 일에는 구리다고 관심 없어 하고 말입니다.

지 "그게 사람들의 뜻이다"라고 말하고, 요즘《조선일보》의견에 반대하면 "너 사람들 무시하니? 많은 사람들이 선택한 신문인데"라고 하지 않습니까?

김 《녹색평론》 김종철 선생이 영남대를 그만두셨잖아요. 여러 이유가 있으셨겠지만 총장하고도 문제가 있었다고 해요. 옛날에는 총장을 직선제로 선출하면 좋아질 줄 알았어요. 그런데 지금 이 사람들은 옛날처럼 국가주의적이고, 폭력적이진 않지만 학교를 기업으로 생각하고 외적인 것을 중요시하는 사람인 거죠. 그러니까 김종철 선생이 민주주의를 통해 선출된 총장과 불편한 관계가 된 겁니다. 민주주의는 다수 의견으로 뭘 결정을 하는데 그 다수의 의식이 왜곡되어 있다면 아무 소용이 없는 거죠.

크게 도식적으로 말하면 지배 계급은 민주주의 절차를 허용하는 대신(워낙 저항이 심해서 계속 독재를 유지할 수가 없으니) 자본의 가치관으로 의식을 완전히 점령했죠. 그래서 옛날에는 폭력이나 권위를 사용해 억지로 갔다면 지금은 스스로 좋아서 복종하게 하는 거죠. 이 건희 욕하고 그러는데 이젠 거의 다 작은 이건희들입니다. 이건희 하고 이건희 욕하는 사람들의 차이가 돈이 있고 없는 것밖에 없다 면 얼마나 슬픈 일인가요? 가난한 사람에겐 부자는 가질 수 없는 품 위가 있는 건데 이젠 아무도 그런 건 생각하지 않죠.

지 조금 다른 얘긴데 자살에 대해서는 어떻게 생각하세요?
김 자살한 사람들은 굉장히 순수한 사람들이라고 봐요. 자살은 아무나 하나?(웃음)

지 자기의 괴로운 원인을 남한테 전가해서 그쪽에 화풀이하려는 사람들도 많은데, 자기 스스로를 단죄하는 거니까. 자살하는 사람 들은 최소한 남을 공격할 수 있는 성향의 사람들은 아니니까.
김 어떤 면에서는 자기 성찰의 완성이죠. 사회는 산 사람들로 이 루어져 있으니까, 자살을 반대하는 것이 주류의 입장일 수밖에 없 어요. 그런데 배웠다는 사람들이 '자살은 나쁘다'고 말하는 걸 보면 참 답답하지. 누가 자살이 좋다고 했나?

지 전 자살에 대해 그런 태도인 것 같아요. 제가 좋아하는 누군가 가 '나 자살할래' 하면 '니가 자살하지 않았으면' 하고 간곡하게 부 탁하겠지만 결국 그런 선택을 한다면 그 선택을 존중할 수밖에 없 을 것 같습니다.
김 저도 자살하겠다는 사람이 있으면 최선을 다해서 말리겠지만 결국 하게 되면 존중해야지 어쩌겠어요.

지 제가 그 사람들의 고통을 다 해결해줄 수도 없을 거고.

김 자살은 철저하게 당사자주의가 돼야 해요. 그 사람의 처지가 되어서 얘기해야지 어디서 "함부로 하나님의 주신 생명을"이라고 얘기합니까? 만나면 주식, 아파트, 자동차 이야기만 하는 사람들이 뭘 그리 숭고하게 산다고.

지 "저나 편집장이나 '고래'를 만들면서 무슨 아동심리랄까 출판론이랄까 이런 이론을 세워서 일해본 적은 한 번도 없는 것 같습니다"라고 하셨는데, 아이들 눈높이에 맞추기 위해서 어떤 걸 가장 많이 고려하시나요?

김 애들의 의견이죠. 그걸 읽고 '재밌었다, 이해가 잘 됐다, 안 됐다' 이런 의견들이요. 어른들은 좋다고 생각하는데 애들이 구려하는 게 있어요, 그런 것은 빼는 거고.

결국 제가 어린이책 출판인이 돼버렸는데 처음에 그렇게 시작한 건 아닙니다. 내 아동 출판론은 하나예요. 아이들이 만들어주는 거지, 내가 아이들을 대상화해 만들어 놓고 아이들에게 적용한 건 없던 것 같아요.

{ 계급은 이념이 아니라 우리의 삶 자체

지 "한국 영화의 비극은 다름 아닌 켄로치가 없다는 것"이라고 하신 적이 있잖아요. 〈보리밭을 흔드는 바람〉에 대해서는 "혁명을 카타르시스하게 만드는 것이 아니라 혁명을 생각하게 만드는 영화"라고 하셨는데요. 그 영화에서 "우리는 적이 누군지는 알았지만, 무엇을 위해 싸우는지는 몰랐다"고 한 말이 인상적이었습니다. 그 말이 지금 우리 상황과 비슷한 것 같기도 합니다.

김　개혁파들이 한나라당이나 수구세력과 싸우는 부분, 갈등하는 부분이 있잖아요. 아까 말한 대로 그렇게 싸우는 부분에서는 우리 동지예요. 그러나 개혁파의 반인민적인 부분에서는 우리의 적이죠. 그런 맥락을 잘 잡지 못하면 안 되죠. 언제 글에서도 썼지만 근본적으로는 가치관의 변화라고 봐요. 니들이 지금까지 나쁜 짓 하면서 떵떵거리며 잘 살았으니까 우리도 잘 살아보자는 게 아닙니다. 이를테면 노동운동의 목표는 노동자가 자본가가 되는 게 아니에요. 노동자가 자본가 수준으로 사는 게 아니라 사람을 상품으로 만드는 체제에 대해 반대하고 다른 세상을 만드는 데 있죠. 그런데 지금 노동 운동의 흐름을 보면서 우려하게 되는데요. 노동운동은 사람을 상품화하는 가치관을 뒤집는 게 궁극적인 목표여야 합니다. 그런데 더 상품화되고 있고 거기에 너무 집중하다보니까 사실 자본과 노동 운동 사이의 가치관이 똑같아진 겁니다. 서로 적대적이지만 결국 돈을 가지고 서로 싸운다는 거예요. 그렇게 해서 변혁, 혁명이 성공한다고 하더라도 근본적인 가치관이 동일하기 때문에 권력의 교환밖에 안 되는 겁니다.

　현실 사회주의의 문제 중 가장 중요한 부분이 그런 거죠, 가치관을 뒤집지 못했다는 것. 사회를 변화시킨다는 건 궁극적으로 가치관을 변화시키는 것입니다. 그런 생각을 우리가 깊이 한다면 '이것만 해도 어딘데' '이거 하는 데도 이렇게 힘든데' 하는 태도를 극복할 수 있다고 생각합니다.

어떤 사람들은 신자유주의에 반대하면 "대안이 뭐냐?"고 합니다. 그런 얘기는 힘센 놈한테 잡혀서 두들겨 맞고 있는 사람에게 "너, 대안이 뭔데" 하는 것과 똑같은 거라구요.(웃음) 마치 신자유주의가 경제 정책의 하나인 것처럼 얘기하는 것은 우스운 얘기죠. 그리고 지금 어떤 급진적인 사회주의자도 우리 사회가 미국의 영향이나 신자유주의의 세계화 체제로 재편되어 가는 상황을 손바닥 뒤집듯이 벗어날 수 있다고 생각하지 않아요. 그런 몽상가는 아무도 없어요. 그런데 신자유주의 반대라고 하면 다 그런 줄 알죠. 우리가 말하려는 건 이것은 분명히 잘못된 것이고, 우리가 그 길로 가면 안되기 때문에 방향을 틀어야 한다는 거죠. 알고 보면 좌파적 상상력, 진보적인 비전이라는 것은 비현실적인 게 아니라 정말 현실적인 거예요. 개혁이 진보라는 거야말로 몽상이고 비현실적인 겁니다.

계급이라는 것은 개념이 아니라 우리의 삶 자체를 뜻하는 말이잖아요. 진보라는 것은 우리 삶을 진짜 변화시키는 것을 말하는 거고, 무엇이 우리의 삶을 변화시킬 수 있는 가장 현실적인 방법일까를 생각해 보는 것이구요. 진보 운동의 실제나 사회 변화의 방법 같은 문제에 직면했을 때 논쟁을 통해 '비현실적이다, 현실적이다' 이렇게 하는 것이지, '진보가 안 되니까 개혁'이라는 것은 "중간 계급 이하는 놓고 가자. 지금은 현실적으로 어려우니까 그 사람들 삶은 파탄나더라도 어느 정도 사는 사람들부터 민주화시키고 개혁을 시키자"는 얘기거든요. 노무현 씨는 그렇게 생각하지 않겠지만 실제는 그런 거란 말이에요. 그게 현실적인 건가요? 진보를 외치는 건 몽상이 아니라 가장 분명하게 현실을 말하는 거죠. 비현실적인 게 아니고 선택할 수 있는 게 아니에요.

제가 옛날에도 말했지만 보수라는 것은 사상이 아닙니다. 지성이란 근본적으로 진보적일 수밖에 없는 겁니다. 진보가 아닌데 어떻게 지성일 수 있어요. 유럽 사회를 보면 인텔리들은 좌파들이 많잖아요. 우리 사회는 인텔리 영역이 거의 모두 미국에서 공부한 사람들이라서 모조리 우파죠. 미국은 좌·우가 없잖아요. 거기선 민주당이 좌예요, 그러니까 사회가 그 모양이지.

지　미국 쪽에서 나온 통계를 보면 결식을 하는 사람이 20퍼센트에 가깝더라구요. 미국과 쿠바 중 미국이 더 잘사는 나라지만, 하층민들이 느끼는 삶의 만족도는 쿠바가 훨씬 나은 것 같은데요.

김　쿠바, 근사하죠. 점점 더 근사해지고 있어요. 근데 지금도 쿠바에서 미국으로 도망가는 놈들은 뭐냐 하면, 어느 사회에나 이런 사고를 가진 놈들이 있어요, 소비적이고 다른 사람들 무시하고 폼나게 살고 싶은 놈들이죠. 이런 놈들은 미국 가고 싶은 거 당연하잖아요. 이웃과 함께 느리게 사는 쿠바에 있으면 괴롭고.

　쿠바 사람들은 돈이나 물질적 외양에 매달리기보다는 느리게 인생을 즐기고, 낭만적이고, 골목마다 춤추고 그럽니다. 우리나라 옛날 기준으로 보면 게으르고 한심한 나라인데, 요즘 생각이 깨친 사람들을 보면 좌파가 아니더라도 쿠바를 주목하고 있죠. 옛날에는 구질구질하고 후진 사회라고만 생각했는데 말입니다. 그만큼 우리 사회에서도 생각의 패러다임이 변하고 있어요.

지　마지막으로 정리하는 차원에서 한 말씀 해주십시오.

김　안 할래.

지　정리 안 하실 겁니까?(웃음)

김　늘 이러면서 또 하지.(웃음) 첫 번째는 개혁과 진보가 드디어 균열을 일으키는 시점에서 그런 변화가 가속되도록 하는 데 기여하고 싶다는 것이구요. 두 번째는 '고래' 운동은 아이들의 인권운동이기도 해요. 아이들이 이런 식으로 감옥의 수인처럼 키워지는 것, 이기적이고 탐욕적이고 물질주의적인 인간으로 키워지는 것, 그래서 결국은 행복할 줄 모르는 사람이 되는 것, 이것은 엄청난 인권 침해입니다. 한 사람의 인생을 빼앗는 거죠. 그리고 이렇게 가면 10년 후 그런 사람들로 가득한 사회가 됩니다. 이 문제에 대해서 더욱 집중할 생각입니다.

(2007년 3월 15일, 《고래가 그랬어》 회의실에서)

대한민국, 머리 까만 미국인들의 나라

한홍구

● 1959년에 태어났다. 《한겨레21》에 연재된 〈한홍구의 역사이야기〉를 통해 우리의 감춰진 현대사를 소설보다 더 흥미진진하게 전달해서 지적 만족과 함께 우리를 부끄럽게 만들기도 했다. 성공회대 교양학부 교수로 재직 중이며, 평화박물관 건립추진위 상임이사, 양심에 따른 병역거부권 실현과 대체복무제도 개선을 위한 연대회의 공동집행위원장, 국가정보원 과거사건 진실 규명을 통한 발전위원회 상근위원으로 활동하고 있다. 주요저서로 《대한민국사 1, 2, 3, 4》 《한홍구의 현대사 바로읽기》가 있다.

" 그러고 나서 이라크 파병 문제가 불거지자 깜짝 놀랄 정도로 우리 사회에 친미라는 말 가지고는 표현이 안 되는 현상이 있더라는 겁니다. 옛날로 치면 친일파라는 표현으로 부족한, 내선일체를 완전히 이루어 이미일본 사람이 되었다고 해주는 게 더 맞겠다 싶은 사람들이 많이 정체를드러낸 것 같아요. 친미파라면 한국 사람으로서 미국의 입장을 대변한다거나 미국하고 관계를 맺으려는 사람이라고 볼 수 있는 반면에, 이건완전히 미국인이라는 거죠. 오히려 미국 사람들보다 더 심하게 미국의이익을 추구하는 그런 사람들이 한국 정부, 언론, 재벌, 학계 내부를 비롯한 사회 곳곳에 있다는 생각이 들었습니다. "

ⓒ 문종석

한홍구

● 진보진영에 관심이 많은 사람들 중에서 "왜 우리에겐 촘스키 같은 사람이 없는 거야" 하고 개탄하는 사람들을 가끔 보곤 한다. 그때마다 나는 "현실 문제에 대해 치열하게 고민하고 발언하는 사람들에게 힘을 실어줄 생각은 않고, 왜 그런 얘기만 하느냐"고 반문하곤 했다.

그러면서 "한홍구 교수 같은 사람도 있지 않느냐"는 말을 덧붙이기도 했다. 항간에 "한홍구가 여러 명이 아니냐?"는 말이 나올 정도로 바쁜 나날을 보내고 있는 성공회대 한홍구 교수를 평화박물관에서 만났다. 한홍구 교수는 베트남전 진실위원회 집행위원, '국정원 과거사건 진실규명을 통한 발전위원회' 민간위원, 양심에 따른 병역거부권 실현과 대체복무제도 개선을 위한 연대회의 공동집행위원장, 평화박물관 운영 위원 등을 맡아 바쁘게 활동하는 와중에도 최근에 《대한민국사 4》《한홍구의 현대사 다시 읽기》를 펴냈다.

그에게 '위기에 빠진 진보진영은 어떻게 해야 할 것인가, 최근 뉴라이트가 준동(?)하는 것에 대한 생각, 과거사 청산 작업, 군 문제에 시민사회가 어떤 태도를 취해야 할 것인가, 북핵 문제' 등에 대한 의견을 들어보았다.

한국에서 여전히 군은 성역에 가깝다. 양심적 병역 거부 문제를 제기하거나, 일부 군이 과거에 저질렀던 민간인 학살에 대해 사과하고 보상해야 한다는 주장은 '친북적이다. 빨갱이다' 라는 말 한마디에 수그러들기 일쑤다. '군대를 갔다 와야 사람이 된다' 는 말도 안 되는 주장이 통용되고 있는 사회 아닌가? 그런 말을 하는 여자들도 있는데, 그럼 군대에 갔다 오지 않은 여자들이나, 다른 일 때문에 군대를 가지 못한 사람이나, 청소년들은 사람도 아니란 말인가?

한홍구는 대한민국에서 군대와 관련된 문제를 가장 많이 고민해온 사람이다. 우리 군이 과거에 저질렀던 양민학살의 진상규명뿐 아니라 감군 문제 등 평화와 관련한 대안을 내놓기 위해서 끊임없이 노력하는 지식인이기도 하다. 한홍구 교수의 말대로 진실을 마주 대하는 것은 고통스럽다. 그러나 진실을 마주 대해야지만 과거의 아픈 상처를 치유하고 넘어갈 수 있다. 부끄러운 역사라고 덮어두면 가해자와 피해자는 진정으로 화해할 수 없고 그것을 통해 우리는 아무런 교훈도 얻을 수 없다. 그래서 과거사 진상 규명을 통한 화해와 용서를 모색하는 한홍구는 우리에게 소중할 수밖에 없다.

머리 까만 미국인들이 갖고 노는 대한민국

지승호(이하 **지**)   《한겨레 21》의 〈한홍구의 역사 이야기〉 연재를
마치셨는데요.《대한민국사》도 4권으로 완간된 건가요?

한홍구(이하 **한**)   글쎄 연재는 끝났지만, 완간이라고는 생각 안 했
는데요. 임종업 기자가 서평을 쓰면서 완간이라고 얘기했으니까 일
단 완간이 된 걸로 해야겠죠.(웃음)

지   민감한 소재를 재미있게 풀어낸 인기 코너였는데요. 고경태
편집장도 "사물은 재미없고 딱딱하다는 통념을 처음으로 깨준 시
사주간지 필자가 아니었나 한다"는 얘기까지 했는데, 연재를 그만
두신 이유는 뭔가요? 선생님이 하시는 일 중에 중요하지 않은 일이
없지만, 대중들에게 인권감수성과 평화감수성을 심어줬다는 면에

서 굉장히 중요한 작업이었다고 생각하는데요.

한 우선 일이 많아지다 보니까 준비할 시간이 너무나 부족해졌고요. 특히 국정원 과거사위 일을 보고 있는데, 이건 시한이 있잖아요. 역사 이야기야 언제든지 쓸 수 있는 거지만 이 작업은 지금 아니면 못하는 작업이고, 거기에 제가 책임을 맡고 있어서 이것 때문에 지장이 많았습니다. 게다가 원고 마감이 주 5일제 때문에 금요일로 바뀌었거든요. 월요일 날 마감을 할 때는 그래도 주말에 준비를 할 수가 있었는데, 어쩔 때는 금요일 오후까지도 일이 생기니까 금요일 마감시간에 원고를 쓰기 시작해서 새벽 2시에 보내곤 했어요. 그러다보니까 편집부 사람들, 디자인팀 식구들한테 미안하기도 하고, 나도 힘들고, 그래서 그만뒀습니다.

지 2004년부터 '국정원 과거사건 진실규명을 통한 발전위원회' 민간위원 업무를 맡고 계신데요. 역사학자로서 자료를 보던 것하고 달리 현실적이고 민감한 자료를 접하게 되는 걸 텐데요. 직접 국정원의 자료를 보시고 조사하면서 어떤 생각이 드셨습니까?

한 우선 역사학자로서 아쉬운 점은 자료가 너무 안 남아있다는 거예요. 똑같은 국가 기관이지만 국방부 과거사위는 보안사 자료를 많이 활용하고 있어요. 보안사는 자료가 아주 잘 보존된 것 같아요. 그런데 중앙정보부, 안기부는 자료를 처음부터 남기지 않았는지, 자료를 그때그때 파기했는지, 우리가 지금 이용하는 게 마이크로필름 자료인데 거기에 넣지 않았는지, 생각 외로 자료가 남아 있지 않아요. 그런 점에서 어려움이 있죠.

지　"이라크에 파병할 때도 그랬지만, 요즘 한미FTA 문제나 전시작전통제권 문제를 둘러싼 논란을 보면서 자꾸 깜짝깜짝 놀라는 것은 우리 사회 안에 머리 까맣고 한국말 잘하는 미국인들이 이렇게 많았나 하는 점이다. 이자들의 특징은 놀라울 정도로 강력하게 미국의 입장을 대변한다는 것이다. 그 과정에서 자주 이들은 오버에 오버를 거듭한다"고 하셨는데, 이들이 우리 삶을 결정하는데 막대한 영향력을 가지고 있지 않습니까? 참여정부 스스로가 그런 기대들을 많이 저버리기도 했는데요.

한　한국 사회에서 반미라는 얘기가 들리기 시작한 게 80년대죠. 80년 광주를 겪으면서부터 반미라는 얘기가 나왔는데요. 그 후로 벌써 20년이 넘게 지났잖아요. 옛날하고 달리 반미운동도 굉장히 대중적으로 진행이 됐고, 많은 발전이 있었죠. 노무현 정권이 출범하기 직전에 여중생 사건과 관련해서 촛불 시위가 있었는데요. 당시 노무현 후보가 "반미 감정 좀 가지면 어때?"라는 말도 해서 사람들이 상당히 많은 기대를 하지 않았습니까? 많은 희생도 치렀고, 이만큼 싸웠고, 이 정도의 힘도 보였으니까 80년대에 비하면 상당히 진척이 있을 것이라는 생각을 했죠. 그런데 이라크 파병 문제가 나오니까 '그게 아니었구나' 하는 생각이 들기 시작한 겁니다.

　역사 이야기 연재를 2001년 1월에 시작해서 2003년 1월에 일시 중단을 했는데, 노무현 정권이 출범하기 직전에 그만둔 거죠. 그러고 나서 이라크 파병 문제가 불거지자 깜짝 놀랄 정도로 우리 사회에 친미라는 말 가지고는 표현이 안 되는 현상이 있더라는 겁니다. 옛날로 치면 친일파라는 표현으로 부족한, 내선일체를 완전히 이루어 이미 일본 사람이 되었다라고 해주는 게 더 맞겠다 싶은 사람들

171

이 많이 정체를 드러낸 것 같아요. 친미파라면 한국 사람으로서 미국의 입장을 대변한다거나 미국하고 관계를 맺으려는 사람이라고 볼 수 있는 반면에, 이건 완전히 미국인이라는 거죠. 오히려 미국 사람들보다 더 심하게 미국의 이익을 추구하는 그런 사람들이 한국 정부, 언론, 재벌, 학계 내부를 비롯해 사회 곳곳에 있다는 생각이 들었습니다.

지　노무현 정부가 그런 세력들에 대해서 결과적으로 굴복했다고 생각하십니까? 그런 데 대한 긴장감 없이 레토릭을 구사한 면이 있다고 보십니까?

한　글쎄요. 복합적일 텐데, 의식적으로 굴복했다기보다는 부지불식간에 감염됐다고 하는 표현이 더 정확할 것 같아요. 노무현 씨가 후보 시절에 할 수 있던 얘기하고 대통령이 되고 나서 할 수 있는 얘기는 다를 수밖에 없을 겁니다. 그런 부분은 인정을 해야죠.

좀더 진보적인 사람이 대통령이 됐다 하더라도 2003년 상황에서라면, 파병에 대해 노무현처럼 그렇게 화끈한 형태는 아니더라도, 밍기적밍기적하면서 보내는 방향으로 가지 않았을까 싶기도 하구요. 그렇지만 그런 것들이 결정되는 방식을 보면 정부의 의사를 결정하는 그 요소요소에 아주 자발적으로 각각의 자기 역할들을 해나가고 있는 사람들이 있지 않나 하는 생각이 들어요.

지　옛날에는 그 사람들이 토론회에 나와서 하는 얘기를 웃어넘길 수 있었는데요.

한　우리가 그 거대한 실체를 몰랐기 때문에 웃어넘겼던 거죠.

지 어떻게 보면 진보, 개혁진영이 그쪽에 대해서 나이브한 생각을 했다고 봐야 하는 건가요?

한 한국 사회가 자주의 요구를 했고 그 문제에 대해서 굉장히 많은 성과를 거뒀죠. 소파SOFA 문제도 제기가 됐고, 작전 지휘권 문제도 그렇고요. 여러 가지 분야에서 문제 제기가 됐다는 말입니다. 미국도 옛날처럼 함부로 할 수 있는 상황도 아니고요. 그런 부분에서 성과가 있었는데, 그 밑에서 우리가 모르는 사이 또 다른 변화가 있었던 거죠. 주류라고 해야 할까요? 헤게모니를 갖고 있는 집단이 문제 제기 집단에 비해서 훨씬 더 빨리 변할 수 있다는 거죠.

정말 한국 사회에는 말도 안 되는 수구꼴통이 있어요. 그리고 실제 그 사람들과 부딪히고요. 그런데 사회 변화 자체를 끌고 나가는 다른 세력이 있다는 겁니다. 가령 신자유주의 같은 것은 순식간에 퍼져버린 것 아닙니까? 한미 관계에서도 예전에는 한국과 미국은 별개로서 한국이 미국에 예속되어 있다는 것을 비판하고 "이것을 어떻게 막을 것인가, 예속의 굴레를 어떻게 끊을 것인가" 하는 걸 가지고 싸워왔어요. 그 부분에서는 상당한 성과를 거뒀잖아요. 하지만 어느새 보면 한국이 예속된 것이 아니라 한국과 미국 간의 경계가 허물어지고 있다는 거예요. 평화운동 내에도 '경계를 넘어'라는 단체가 있긴 하지만 정말로 진보, 개혁, 평화 세력이 경계를 넘기 위해서 하는 노력과 수단과 역량에 비해 이 세력들이 경계를 뛰어넘는 것은 훨씬 더 빠르고, 훨씬 더 본질적인 부분이라는 겁니다. 정말로 화학적인 변화가 일어난 게 아닌가 하는 거예요.

우리는 물리적인 예속에 대해 얘기를 했고, 싸웠고, 굉장히 중요한 성과를 거둬가고 있고, 여기서 우리 힘을 확인하는 이런 분위기였는데, 우리 발바닥 밑에서는 우리가 예상하지 못했던 변화들이 일어나고 있었던 거죠. 저는 이것을 나이브한 생각으로 보지는 않아요. 나이브한 것이 아니라 헤게모니 집단의 선도적인 자기 재생산 능력이라고 할까요. 상황을 자기들이 선택한 방향으로 끌고 나가는 능력, 한국 사회의 민주화 운동의 역량을 벗어난(이를테면 동구가 무너진다든지, 미국 주도의 세계체제로 재편된다든지 하는), 한국 사회의 민주화 운동의 역량이 영향을 끼칠 수 없는, 외적인 거대 변수에 의해 움직이는, 세계사적인 변화가 한국에 영향을 미치고 그것이 신자유주의의 확산과 이라크 파병을 거치면서 표면화된 게 아닌가 하는 생각을 합니다. 진보세력이 무엇을 반성할 것인가 하는 부분에서 이런 것들이 제일 중요한 게 아닌가 싶어요.

개혁의 대상이 개혁의 주체로 자부하는 코미디

지 진보세력이 어떤 부분을 반성해야 한다고 보십니까?

한 사실 우리가 70년대, 80년대에 민중 생존권을 얘기하고 여공들의 저임금이라든가 사회 맨 밑바닥에 있는 사람들 얘기를 하면서 '이게 정말 말이 되느냐?' '정말 이건 말이 안 된다. 이걸 어떻게 해결할까' 하는 고민을 같이 했단 말이죠. 가령 제가 대학생 때 아르바이트로 과외를 하면 일주일에 세 번 가고서도 한 달에 7~8만 원을 받았습니다. 그런데 우리 또래의 여공들은 일주일에 60시간을 일하고서 8~9만 원을 받았단 말입니다. 스스로 '이건 말이 되지 않는다'고 했을 때 부잣집 아이들이 적극적으로 우리와 함께 행동한 건 아니지만 '그건 좀 문제가 있다. 어떻게든 해결이 돼야지' 하는 사회 전체의 공감대는 있었어요. 그런데 지금은 사회 맨 밑바닥 층의 기초 생활비를 주장하면 '빨갱이냐, 사회주의냐'고 대뜸 그러고, 저 사람들이 게으르고 능력 없어서 그렇다고 하잖아요. 또 사회복지 확대를 주장하면 '일 안하고 그런데 들어가서 빼먹는 놈들이 있다'는 얘기를 하죠.

지금 우리 사회는 민중 생존권 같은 문제에 대해 얘기하는 것이 훨씬 더 강퍅해진 분위기에요. 70~80년대 민중운동이 제기했던 여러 가지 의제들과 과제들이 그대로 남아 있어요. 그런데 이 문제를 해결하는 관점에서 볼 때 우리의 상대적인 역량, 영향력이 오히려 후퇴한 것이 아닌가 합니다. 문제는 우리가 생각했던 것보다 훨씬 더 빠르게 다른 방식으로 나가고 있는 것 같습니다.

진보, 개혁세력의 위기라는 부분에서 보면 노무현 정권의 실정이랄까 그 문제도 심각하지만, 거기에서 초래된 것하고는 조금 다른 차원에서 더 근원적인 부분을 고민해야 되지 않을까 하는 생각이 드네요.

지   삼성 얘기도 하셨지만, 대중들이 자발적으로 자본과 그 시스템에 동의한다는 부분에서 더 위기의식을 느끼게 되는 것 같은데요. 이건희 회장에 대한 문제 제기를 할 수 있는 분위기가 아니지 않습니까?

한   거기에 굴복했다고 할까요? 전의를 상실했다고 할까요?

지   미국에 대해서도 이런 분위기가 있는 것 같은데요. 노무현 대통령이 한미FTA를 추진하는 것이 우리 사회의 이런 분위기를 거스르지 못한 게 아닌가 하는 생각도 들구요. 진보, 개혁세력이 경계에 실패했다고 할 수도 있을 것 같습니다. 조금 전에 "우리가 생각했던 것보다 훨씬 더 거대한 흐름이 있었는데, 그걸 감지하지 못했던 것 같다"는 말씀도 하셨는데요. 불과 얼마 전까지만 해도 한홍구, 박노자, 홍세화 이런 분들이 하는 얘기를 훨씬 더 진실에 가깝고 존중할 만한 의견이라고 대중들이 받아들였는데, 지금 보면 뉴라이트들이 교과서에 '5.16 혁명'이라는 내용을 게재하는 상황이 되지 않았습니까? 몇 년 전의 분위기로 보면 상상할 수 없는 흐름인 것 같은데요.

한　뉴라이트 문제는 다른 각도에서 볼 수 있지 않을까 싶구요. 홍세화, 박노자, 진중권, 강준만 등의 글을 읽고 좋아하는 사람들은 여전히 존재하고 있죠. 그 층은 여전히 존재하고 있는데 다만 그 층이 어떻게 행동해야 할지 그것을 몰라서 분산되어 있다고 보고요. 그렇게 분산된 데는 노무현 정권의 책임이 굉장히 크죠. 뉴라이트들이 나와서 깨춤추는 것은 조금 달리 분석해야 한다고 봅니다.

지　뉴라이트가 최근 몇 년 사이에 갑자기 큰 목소리를 내고 각종 단체들을 만들어서 활발한 활동을 하는 이유는 뭐라고 보십니까?
한　선거에 이길 것 같으니까 그렇죠.(웃음) 이겨야 한다고 생각하는 걸 거고요. 우리가 지금 위기라고 하는데 그 위기에 빠지게 된 건 당연하다고 생각해요.

지난 10년을 되돌아보면 정말 한국 사회를 엄청나게 업그레이드할 수 있는 두 번의 기회가 있었습니다. IMF 환란이 그 하나인데요.

IMF라는 게 국제금융자본 아닙니까? 이른바 시장경제의 대표성을 가지고 있는 집단인데, 그 집단이 들어와서 뭐라고 했습니까? "한국 재벌, 관료 문제 있다. 개혁해라" 라고 했어요. 국제금융자본의 대표가 들어와서 그런 얘기를 할 정도로 한국의 재벌들이 비시장적이었다는 거죠. 이것을 글로벌 스탠다드, 시장에 맞게 하라는 건데 시장에 맞게 하라는 게 뭡니까? 가진 만큼만 지배하라는 거죠. 혁명을 한다는 건 가진 걸 뺏자는 거지만 가진 만큼 지배하라는 것은 일종의 자본주의적 합리화를 요구한 겁니다.

외환위기라는 게 서민들이 달러를 빌려 써서 온 게 아니잖아요. 재벌들이 빌려 쓴 거고 그걸 승인해준 게 관료 아닙니까? 그때 우리가 허리띠 졸라매면서 이런 엄청난 국가부도 사태를 초래한 재벌과 관료집단을 개혁했어야 하는 거죠.

그런데 김대중 정권이 등장한 다음에 탈脫 IMF 위기 강박관념에 빠져들었고 재벌과 관료를 앞세워서 이 위기를 극복해야 한다고 한 거 아닙니까? 사실은 책임을 물어야 할 사람들이었는데요. 그렇게 되면서 개혁의 기회를 놓친 거예요. 구조적인 문제를 개혁했어야 하는 거죠. 그 기회를 놓치니까 재벌과 관료들이 무엇으로 살아남았습니까? 신자유주의적 개혁의 전도사가 되어버린 것 아닙니까? 개혁의 대상이 자기가 개혁의 주체임을 자부하면서 '이렇게 우리가 IMF 위기를 돌파했다'고 했는데요. 그걸 돌파한 것이 결국 IT 산업과 카드 경제 아닙니까? 그런데 IT 거품이 빠지고 카드빚으로 서민경제가 어려워지니까 노무현 정권한테까지 부담으로 남게 된 거죠. 노마크 찬스뿐 아니라 국제금융자본이 어시스트해주는 그 기회를 날려버린 겁니다.

그 다음에 또 한 차례 우리가 잃어버린 기회가 탄핵국면입니다. 국민들이 '이건 아니잖아'하고 나선 것 아닙니까? 이회창 찍었던 사람까지도 집회에 나왔었죠. 열린우리당을 처음 만들었을 때 47석인가 그랬는데, 결국 152석이 됐잖아요. 세상에 여당이 선거에서 세 배 뻥튀기하는 예는 세계 선거사상 있을 수 없는 일이에요. 혁명이 일어난 것도 아니잖아요. 여당이 엄청난 실정을 했을 때 국민들이 정권을 심판해서 야당이 세 배 뻥튀기 하는 건 얼마든지 있을 수있지만, 여당이 그런 예는 없을 겁니다.

17대 국회가 처음 열렸을 때 거기서 제일 먼저 했어야 했던 일이 국가보안법 폐지와 이른바 4대 개혁입법입니다. 그리고 민생이나 사회복지 부분에서 반드시 했어야 할 것들을 '이것만은 반드시 하자'는 아젠다를 가지고 '이게 17대 국회에서 나타난 민의'라고 밀어붙였어야죠. 민주노동당 10석을 합쳐 162석이면 뭘 못하겠습니까? 국회에서 그 시대정신에 입각해서 우리는 이렇게 간다고 했어야 했습니다. 상생이니 화해니 하는 것은 개혁을 해놓고 수습하는 과정에서 이루어졌어야 하구요.

열린우리당 사람들은 자기들이 왜 국회의원이 됐는지도 모르는 것 같아요. 탄핵 때 기회를 놓치니까 2004년 말 뒤늦게 1000여 명이 길거리에 나가 밥 굶어가면서 싸우고도 국가보안법을 폐지 못 시킨 것 아닙니까? 정말 다시 얻기 힘든 두 차례의 기회를 날려버렸으니까, 지금 우리가 위기에 빠진 것은 당연하죠.

'뉴라이트'는 한국 수구꼴통들이
일본 극우파를 베낀 것

지　농구에서 상대방에게 공을 뺏기면 그걸 만회하려고 욕심을 부리다 무리한 파울을 하는 경우가 많은데요. 참여정부도 그런 측면이 있었던 것 같습니다. 진보적 학자이기도 하지만 참여정부 초기에 많은 기대를 하셨고, 서울시장 선거 때는 강금실 후보 지지 선언을 하기도 하셨는데요. 지금 봤을 때 어떤 부분을 가장 잘못했다고 생각하십니까?

한　방향성 문제랄까요. 노무현 정권으로서는 참 운이 없었던 것이기도 하지만 정권이 출범하자마자 이라크 문제가 터졌잖아요. 노무현의 가장 강력한 지지세력이라고 할 수 있는 사람들이 그것 때문에 지지를 철회할 수밖에 없는, 철회까지는 아니더라도 유보할 수밖에 없는 그런 상황이 되어 버렸고요. 결과적으로 파병을 하게 된다 하더라도 기술적으로 처리할 수 있는 부분도 있었다고 보는데요. 정말 그 사람들의 마음에 엄청난 상처를 줬거든요. 그건 미숙성이라고 표현할 수밖에 없어요. 수용소 발언 같은 것은 해서는 안 될 발언이었죠.

　또 노무현 대통령은 노동 쪽에서 열심히 싸웠던 변호사 중 한 분인데 거기서 가진 경험을 절대화해서 대기업 노조를 귀족 노조처럼 얘기하는 등 노동운동 쪽하고 거리가 멀어졌어요. 그러면서 결국 신자유주의에 정신없이 휘둘린 거죠. 관료 집단을 통제하지 못했고요. 그걸 통제하기 위해서는 당이 제 역할을 해줘야 했는데 오히려 열린우리당에 관료 출신들이 들어가서 당 분위기를 말아먹어

대한민국, 우리 안의 민주주의_한 아무개

버린 상황이 되었습니다. 특히 노무현 정권이 인사 문제에서 굉장히 한계를 보였다고 할까요. 그 부분은 김근태에게도 책임이 있다고 봅니다.

지 《프레시안》인터뷰에서 "잘못을 따지자면 김근태까지 올라가는 게 맞다. 김근태로 대표되는 민주화 운동의 주류, 그들이 과연 무엇을 했는가? 그들은 제대로 된 정치적 구심점을 만들지 못했다. 이런 책임을 먼저 물어야 한다"고 하셨는데요. 구체적으로 어떤 책임을 물어야 한다고 보십니까?

한 참여정부의 실패는 물론 노무현의 책임이 가장 크겠지만, 김근태에게도 절반 가까운 책임이 있다고 봅니다. 김근태 개인이 아니라 김근태로 대표되는 정치권 내의 민주화 운동 세력 말입니다. 노무현도 물론 민주화 운동을 했지만 민주화 운동 세력 내에서 주류는 아니었거든요. 김근태로 대표되는 일정한 세력들이 있지 않습니까? 이 집단이 노무현 정권이 등장했을 때 정말 힘을 합쳤어야 했어요. 정권의 첫 번째 총리를 고건이 아니라 김근태가 맡았어야 합니다. 물론 노무현의 잘못도 있어요. 하지만 경선과정에서 두 사람 간의 감정의 골이 깊어졌는데 그 부분에서는 김근태가 잘못했다고 생각해요. 선거에서 졌으면 머리를 숙여 옹립을 하고 최대한도의 지원을 했어야죠.

노무현 정권이 자꾸 관료 집단에서 사람을 찾은 것은 민주화 운동 쪽에서 제대로 공급이 안 된 측면도 있거든요. 물론 노무현 정권의 인사 문제를 부산 출신들이 좌지우지했다는 비판도 있고, 사람을 쓰는 폭이 너무 좁았던 면도 있습니다. 민주화 운동 내에서 영남

세력이라는 것이 TK, PK가 여당화되면서 제한되었는데, 그걸 중심으로만 하다보니까 민주화 운동 내부의 광범위한 세력들을 끌어안지 못했다고 봅니다. 그 실패에 대해서는 김근태 쪽도 책임이 크죠. 노무현은 김근태를 끌어안지 못했고 김근태도 노무현에 대한 감정의 골을 지금까지 가지고 있다고 보는데요. 진보 개혁세력이라는 것이 사실은 한 줌이에요.

우리가 이길 수 없는 선거를 두 차례의 대선과 탄핵 직후의 총선까지 딱 세 번 이긴 겁니다. 한국 사회에 몇십 년 동안 쌓여온 수구세력이 어디로 가겠습니까? 대선과 국회의원 선거에서 이긴 것이 굉장히 중요한 의미인 게 뭐냐면 대한민국에서 지방 의회 빼놓고 선출된 권력을 모두 장악한 거예요. 선출되는 권력을 이른바 진보 개혁세력이라고 할 수 있는 사람들이 잡은 거죠. 열린우리당을 보면 별로 개혁적이지 않지만, 어쨌든 비수구세력이 정권을 장악한 겁니다. 선출된 권력이 상당한 정도의 민주화가 된 거예요. 그런데 딱 거기까지였죠. 선출되지 않는 권력은 여전히 남아 있었어요. 가장 대표적인 게 사법부, 언론, 재벌, 교회, 사립학교인데요. 선출되지 않은 권력들이 국회마저 빼앗기고 나니까 엄청난 위기의식을 느낀 거죠. 그러니까 똘똘 뭉친 거고, 그 다음에 3권 중 유일하게 남은 사법부가 전면에 나선 거 아닙니까? 헌법재판소와 대법원이 경쟁적으로 국가보안법 합헌, 양심에 따른 병역거부를 인정하지 않는 병역법 합헌을 판결했죠. 그리고 행정수도 문제를 가지고 관습헌법을 내세워 만루 홈런까지 치구요. 국회에서는 국가보안법까지 막아내며 2005년은 빼도 박도 못하는, 꽉 물려서 전진도 안 되고 후퇴도 안 되는 상태로 보냈단 말입니다. 그러다가 2006년에는 그 저울추가 저쪽 편에 실리기 시작한 겁니다.

경제가 안 풀리면 부동산이라도 확실하게 잡았어야 하는데 그 힘이 기울어져버리니까 부동산도 정신없이 뛰어버린 거 아닙니까? 이런 분위기가 되니까 뉴라이트들이, 사실은 뉴라이트도 아니죠. 수구세력 내에 있는 각 분야의 기회주의적 모리배들이 먼저 깃발을 올린 거죠. 뉴라이트가 이념을 내놓은 게 없잖아요. 이념적인 면에서 보면 뉴라이트들이 한국 사회에 제시한 게 없습니다. 그나마 내놓은 게 일본 극우파 것을 베낀 거예요. 암만 베낄 게 없어도 그렇지, 한국의 수구꼴통세력들이 지적으로 빈곤해도 그렇지, 일본 극우파 것을 베껴다가 자학사관 찾고, 건국의 아버지 찾고, 그 논리를 그대로 가져다 한국 사회에 적용해서 이른바 좌익들이 일본적인 것을 망쳐놨다고 말합니다. 그러면서 일본 정신을 찾고 일본의 영광을 위해 싸웠던 그 사람들을 재평가하자는 얘기를 한다는 거죠.

지 급할 때는 이재오 같은 사람한테도 이념의 잣대를 들이대는 사람들 아닙니까?(웃음)

한 이재오뿐입니까? 이명박한테도 빨갱이라고 하는 사람들이 있는데요.(웃음) 제가 진심으로 바라는 건 한국 보수가 성찰할 기회를 가졌으면 하는 거예요. 탄핵 이후에 궁지에 몰렸을 때 그런 성찰을 했어야 했는데 그게 안 됐어요.

사실 뉴라이트의 핵심이라고 하는 사람들이 주사파 떨거지들 아닙니까? 그 세력이 80년대 민주화 운동을 할 때도 아주 말썽을 많이 일으켰던 집단이죠. 자기들이 자칭 주사파고 주체사상을 가장 잘 이해한다고 하는데, '주체사상의 발생 과정'이라 할 수 있는 김일성

집단의 항일무장투쟁을 전공한 제 입장에서 볼 때, 아니, 그걸 전공 안 했다고 하더라도 상식적으로 볼 때 말도 안 되는 점이 많아요.

그런데 그게 그 사람들의 문제로만 끝나면 괜찮은데, 문제는 실제 합리적인 보수세력이 사회적인 영향력을 행사해야 할 자리를, 정말 사회의 발전 방향에 대해서 냉정하게 성찰하고 사회를 운영해 본 경험 속에서 무엇이 잘못되었지 반성하며 성장해가야 할 기회들을 이런 말도 안 되는 뉴라이트들이 들어와서 차지하고 있다는 겁니다. 그게 결국 한국 보수세력의 위기를 초래할 겁니다. 성찰의 결여에서 나오는 지적 빈곤이라고 할까요. 한국의 보수세력이 대안을 제시할 수 없는 거죠, 박정희만 자꾸 우려먹고.

제가 과거사위에 몸담고 있습니다만 사실 과거청산은 진보적인 아젠다가 아닙니다. 가장 보수적인 집단이 가장 솔직하고 겸허하게 떠맡아야 할 문제가 과거청산이에요. 안 그렇습니까? "수사 기관에서 사람 잡아다가 고문하면 안 된다"는 얘기가 왜 진보적인 과제입니까?

한국 보수세력의 실패가 어디서 나오느냐 하면 보편적인 문제를 외면한 데서 나오는 거예요. 그러니까 보수세력이 설득력이 없는 거죠. 보수세력이 이 문제를 해결하지 않고서 어떻게 한국 사회를 책임지겠냐는 겁니다. 뉴라이트들이 나오니까 얘네들을 앞세워서 인기를 끄는 상황이 수구세력 입장에서는 만세를 부르는 상황 같겠지만, 사실은 한국 사회의 보수세력이 거듭날 수 있는 그 기회를 저쪽도 흘려보내고 있는 거예요. 우리도 골을 못 넣었지만, 저쪽도 골을 못 넣고 있는 거죠.

지 국민들 입장에서는 개혁세력에 대해 실망을 느끼다보니까 따져보면 전혀 새로운 내용이 없는 뉴라이트에게 '뭔가 새로운 것이 있지 않겠느냐' 하는 기대를 하고 있는 것 같습니다. 그게 이명박 전 시장에 대한 지지로 나타나고 있는 것 같은데요.

한 이명박에 대한 지지가 보수냐, 진보냐의 이념적인 선택이었다고 보지는 않습니다. 박정희에 대한 신드롬도 박정희의 군사 독재를 지지하는 게 아니잖아요. 엄청나게 부풀려져 있지만 경제신화에 대한 지지죠. 사실은 외환위기로 다 들어먹은 거지만.

이명박에 대한 기대는 노무현 정권이 경제 문제를 푸는 데서 무능했기 때문에 생긴 거죠. 경기는 부양하지 못했다 하더라도 부동산이라도 잡았으면 이 모양 이 꼴은 아니었을 것 아닙니까? 그런데 부동산 문제를 해결하겠다고 큰소리쳐놓고 오히려 강남 투기꾼들하고의 기 싸움에서 밀려버린 것 아닙니까? 완패를 해버리고 나니까 부동산은 천정부지로 뛰고 사회는 혼란 상태에 빠졌어요. 그런 상황이기 때문에 '민주다, 개혁이다' 얘기해봐야 국민들은 "민주, 개혁이 내 집 마련하는데 무슨 도움이 되느냐" 라고 하는 거죠. 거기에 대해서 대중들에게 아무런 메시지를 줄 수 없으니까 "민주화 세력들이 집권하고 나서 오히려 한국 사회의 부익부빈익빈이 심각해진 것 아니냐" 라고 말하는 겁니다. 그 위기 상황 속에서 자연히 선택지가 저쪽으로 넘어가버린 게 아닐까 하는 그런 생각이 듭니다.

지 그런 면에서 이명박 캠프 쪽에서는 이명박의 높은 지지에 실체가 있다고 얘기를 하는데요. 지난번 대선 때의 이회창 대세론과는 내용이 좀 다른 것 같거든요.

한　이회창 신드롬하고는 좀 다르지 않나 싶어요. 어떤 면에서는 이회창 씨 같은 분이 차라리 김대중 정권의 후보로 나왔으면 어땠을까 싶은 생각이 있었거든요. 자식의 병역비리 때문에 타격을 입긴 했지만 그래도 한국 사회의 집권세력 내지는 주류라고 하는 집단 안에 이회창 같은 사람도 있었던 것 아닙니까? 그게 한국의 집권세력의 비극이라면 비극일지 모르지만 대법원 판사 시절에 소수 의견을 내기도 했고, 그걸 가지고 민변 변호사들이 공부를 하기도 했어요. 그 당시에 이회창 씨가 했던 역할이 분명히 있었다고 봐요. 총리나 감사원장 때 줬던 좋은 이미지도 있고요. 한국 사회가 그때까지 갖고 있었던 반민주, 군사독재 정권의 잔재를 씻어 나가는 데 있어서 상대적으로 합리적인 보수라고 할까요. 나름대로 양심적이고, 상식적인, 그쪽을 대표할 수 있는 사람이 일정한 역할을 해주는 상황을 한국 사회가 경험하는 것도 길게 보면 좋을 수도 있었을 것 같아요. 그런데 이회창은 그런 역할들을 못했고 수구세력 품에 안겼죠. 그러면서 자기가 갖고 있던 좋은 부분마저 완전히 망가지고 더럽혀진 측면이 있죠.

　이명박은 허상일지언정 한국 경제의 성공을 대표하는 그런 신화라는 측면에서, 사람들이 기대감을 갖고 있는 것 자체는 실체라고 봅니다. 박근혜도 실체는 있죠. 하지만 박근혜는 그 범위를 넘어설 수 없을 겁니다. 자기 추종세력 내부의 결집이랄까, 결속이랄까, 그걸 끌어내는 데는 어떨지 모르겠지만 미래에 대한 전망을 전혀 주지 못하죠. 그래서 지난 추석을 계기로 이명박에게 밀려버린 게 아닌가 싶은 생각이 들어요.

이제는 신자유주의와 국익지상주의를 통해 작동하는 국가보안법

지 참여정부가 보수세력들하고 정책적인 큰 차별을 두지 못하니까 자꾸 말로 그걸 때우려는 면도 있는 것 같습니다.

한 글쎄요. 차별을 못 둔 부분이 분명히 있죠. 하지만 구정권에서 못했던 부분을 해낸 부분도 있다고 생각해요. 성에 안 차지만 대한민국 정부 수립 이래 정부가 나서서 감군 계획을 발표한 것은 처음입니다. 작전지휘권 환수 역시 마찬가지인데, 물론 이회창이 집권했으면 그거 안 했겠습니까? 성우회가 펄펄 뛰는데 자기들이 집권했으면 안 했겠습니까? 자기들이 집권했어도 했을 겁니다. 그게 노태우 정권의 공약 아닙니까? 노무현이 평통에서 회의를 할 때 굉장히 격앙돼서 얘기하기도 했지만, 사실 작전지휘권 환수 문제는 80년대부터 나왔던 얘기잖아요? 그런 부분을 실제로 해나가는 것, 그건 긍정적으로 평가해야 할 부분이죠. 솔직히 노무현 정권에서 제일 잘한 거라고 할까요.

또 그나마 업적이라고 할 수 있는 것이 과거사 청산 문제인데 그건 노무현이 돌파했지, 당이 한 건 아니거든요. 국가보안법 문제도 그렇구요. 나중에 다른 평가가 나올 수도 있지만 그나마 이런 과거사 청산 작업이 벌어진 것도 2004년 8.15 연설 때 대통령이 과거청산 문제를 치고나갔기 때문이잖아요. 그런 면에서 본다면 당이 노무현보다 더 책임져야 할 부분이 많지 않느냐 하는 겁니다.

국정원 과거사위를 만든 것도 잘한 거죠. 물론 들어와서 일을 하다보니까 한계도 많고, 정말 성질 버리고 있지만 대통령으로서의 권한을 이용해 행정부 내에 스스로 그 기구를 만든 것은 잘한 거라고 봅니다. 저는 그 부분에서 노무현 혼자 독박을 쓰는 것은 문제가 있다고 봐요. 저는 노사모도 아니고, 노무현에 대해서 날선 비판을 몇 차례 하기도 했지만 오히려 그 비판을 더 받아야 할 대상은 열린우리당이고, 386들이고, 김근태로 대표되는 평화개혁세력이라고 봅니다. 그 집단은 오히려 '어떻게 하면 재선을 할 것인가' 하는 데만 신경을 쓰는 것 같아요. 노무현은 재선 걱정을 안하니까.(웃음) 물론 그 추종 세력들, 영남 세력들이 어떻게 살아남을 것인가를 고민하는 것을 보면 한심한 측면도 있죠. 하지만 노무현한테만 독박 씌울 일은 아니라고 생각합니다.

지 "황우석 사태와 인혁당 사건이 합리적 의심을 가로막는 폭력이라는 면에서 같은 것이며, 그것이 국가보안법의 본질"이라고 하셨는데요. 지금 어떻게 보면 국민들 마음속에서 국가주의가 예전보다 더 강화된 측면이 있지 않나 하는 생각이 들거든요.

한 인혁당 사건이 국가보안법의 심리적 기제가 작용했다면, 황우석 사태는 '국익보안법'이 작용한 거죠. 예전에는 국가주의가 동원과 폭력, 군사주의와 반공을 통해서 작동했다면, 이제는 신자유주의와 국익지상주의를 통해서 작동하는 게 아닌가 싶어요. 빨갱이라고 하면 무조건 때려잡아야 한다고 생각했듯이 황우석 사태에서도 그랬잖아요. 된다면 참 좋은 거죠. 저게 된다면 참 좋은 거지만 과학자들조차도 거기에 문제를 제기할 수 없는 분위기를 만들었잖아요. 과학자로서 할 수 없는 얘기들을 너무나 많이 하고 다녔구요. 거기에 대해 아무도 문제를 제기할 수 없는 분위기였죠. 국가보안법 시절에 "아무개는 빨갱이"라고 했을 때 그 사람 편드는 사람이 더 나쁜 놈 취급을 받았었는데 그거랑 똑같은 거죠.

지 옛날에 국가가 "저 사람 빨갱이야"라고 했을 때 속으로는 '아닐 수도 있어'라고 의심했던 상황보다, 대중 스스로가 "저 사람은 국익에 손상되는 매국노야. 처벌해야 돼"라고 주장하는 사회가 더 위험할 수도 있을 것 같은데요.

한 우리가 처음부터 그랬던 건 아니죠. 인혁당 사건이나 수많은 전략 간첩 사건을 겪고, 민주화 운동을 거치면서 그런 게 알려지니까 조금씩 나아진 건데요. 빨갱이라면 펄펄 뛰는 사람들이 아직도 있잖아요. 그런데 국익에 대해서는 우리가 이런 사기를 당해본 적이 없잖아요. 저는 황우석 사태가 그런 면에서는 국민들에게 '국익보안법의 마술에 빠져 들어서는 안 된다'는 교육적 효과를 줄 수 있지 않을까 하는 생각이 듭니다. 다시 어떤 사기꾼이 나와서 줄기 세포가 아니라 우주 어쩌고 한다고 해도 국민들이 거기에 쏠려갈 것 같지는 않거든요. 언론이나 지식인 사회가 '우리 황우석 사태 때 보지 않았느냐? 검증이 필요하다'고 할 수 있는 분위기는 되었다고 봅니다. 그 사건만 놓고 보면 너무나 가슴 아프고 어이가 없는 일이지만 그래도 '그럴듯한 얘기를 무조건 믿으면 안 된다'는 교훈을 얻었다고 할까요.

빨갱이 문제라고 하면 인혁당 사건이나 조작간첩 사건 같은 걸 통해 역사적 교훈을 얻을 기회가 있었지만, 국익 문제로는 이런 집단최면이 처음이잖아요. 우리 사회가 그런 것들을 엄청난 수업료를 지불하고 배워나가는 건데요. 황우석 사태 같은 게 애초에 벌어질 수 있었던 심리상태나 코드가 이미 프로그램되어 있는 거잖아요. 국가보안법 체제에 의해 이미 만들어져 있는 프로그램에 반공 대신에 국익이라고만 집어넣어서 그것에 의해 작동하게끔 코드를 살짝 바꿨던 거죠. 우리가 거기에 굉장히 쉽게 노출되어 있던 거구요.

지   선생님께서는 합리적 의심을 하는 풍토가 만들어지고 있다고 희망적으로 생각하시는 건가요?

한   희망적이라기보다는 우리가 그런 엄청난 일을 겪고서 그런 교훈이라도 남기지 못하면, 그건 말이 안 되는 거니까.

지   파병에 대해서도 "베트남에 파병할 때는 민망함을 알았는데, 지금은 국익이라는 이름으로 모든 게 통과되고 있다"고 개탄하셨습니다. 실제로 박정희는 차지철에게 반대하는 척이라도 하라는 지시를 내렸고, 자료를 수집하던 차지철이 너무 극렬하게 반대하자 박정희가 주의를 줬다는 웃지 못할 일화가 소개된 적도 있는데요.

한   차지철한테 시킨 것은 쇼죠. 미국과 교섭할 때 국회가 너무 쉽게 파병을 결정하면 미국한테 말발이 안 서니까 차지철한테 그런 쇼를 시켰던 거구요. 베트남에 파병할 때도 국익을 위해서 파병을 하는 그런 부분, 경제적인 이익을 위해서 파병을 하는 부분에 대해서 정부 관료들도 민망하게 여긴 사람들이 있었습니다. 그게 1964 ~1965년 아닙니까? 우리가 얼마나 못 살 때입니까? 정말 세계에서 최빈국 대열에 들어 있었던 때인데요. 저도 깜짝 놀라고 여러 가지 생각을 하게 됐는데, 누가 그 얘기를 했냐 하면 유창순이라고 나중에 롯데 회장을 하면서 전경련 회장에 국무총리까지 지낸 분이에

대한민국, 여러 개인의 이야기들의 나라 _ 한홍구

요. 당시 《사상계》 좌담에서 국익 얘기가 나왔는데, "6.25 때 도움을 많이 받았고 한미동맹도 강화해야 하고 자유세계의 일원으로서 참전을 해야 한다"는 얘기가 나오다가 다른 화제로 넘어 갔어요. 다시 국익 얘기가 나오니까 그 분이 무슨 얘기를 했냐 하면 "아까는 제가 말씀을 안 드렸지만 여기에 군대를 보내면 항만 공사도 따고, 도로공사도 따고 해서 생기는 게 좀 있습니다. 그런데 아까는 민망해서 얘기를 못 했습니다"라고 했거든요. 그때 유창순 씨가 경제기획원 장관을 그만둔 지 얼마 안 됐을 땐데, 관료 출신의 경제인조차도 남의 전쟁에 가서 돈 벌어오는 것을 민망하게 여겼습니다.

그런데 40년이 흐른 지금은 한국 경제가 세계 10위권 아닙니까? 교육 수준은 그때하고 비교해서 어마어마하게 높아졌구요. 그때는 적극적 파병론자도 그렇게 민망하게 여겼는데, 지금은 파병 반대론자도 국익 얘기만 나오면 꼬리를 내려야 하는 처지가 되어 버렸습니다. 저는 진보진영이 반성을 해야 할 부분이 이런 부분이라고 생각해요. 이것은 진보의 아젠다에 안 들어가 있잖아요. 지금 진보의 아젠다는 정권 문제를 중심으로만 자꾸 따지는 것 같은데요. 물론 정권을 저쪽에 내주면 안 되겠지만 우리 한국 사회가 어느 방향으로 가고 있는가, 왜 우리는 양극화 문제를 제대로 따지지 않는가 하는 문제도 얘기해야죠.

물론 저는 전공이 그쪽이 아니라서 양극화 문제보다는 국가 폭력이나 이런 것을 가지고 얘기를 많이 했는데요. 사회에서 빈곤 문제, 민중 생존권 문제를 얘기하기가 70년대보다 훨씬 더 어려워진 것 같아요. 반미 문제 같은 것도 훨씬 더 강한 벽 앞에 놓여있는 것 같구요. 80년대에는 재수 없어서 감옥 가는 게 문제였지 대중을 설득하는 데는 전혀 어려움이 없었어요. 적어도 우리가 큰 한국 사회의 방향성과 관련되는 문제를 제기하는 데 있어 나름대로 많은 노력을 했음에도 불구하고 훨씬 더 어려워진 측면을 진보 세력은 깊이 있게 반성해야 한다고 생각합니다. 반성과 아울러 어떻게 이렇게 됐는가 하는 것을 고민하고, 장기적인 계획을 어떻게 잡아야 할 건지에 대해서도 생각해봐야 하고요.

지　박정희 시절에도 협상의 설득력을 높이기 위해서 그런 쇼를 했는데요. 이라크전 파병 때도 협상력을 높이기 위해 시민단체들의 의견을 존중해야 했지 않습니까? 그런데 반대하는 목소리들에 대해 노무현은 정권을 흔든다고 섭섭해했잖아요?

한　노무현이 배신감을 느꼈다고 하는데 '누가 할 소린데, 배신감을 느꼈으면 누가 느꼈어야 하는데'라는 비슷한 글을 쓴 적이 있었죠.

지　'어쩔 수 없이 보내야 한다'는 것까지는 이해한다고 하더라도 자기가 상처받은 것을 자꾸 인식시키고, 진보진영에 자신이 받은 상처를 자꾸 되갚아주려는 심정도 있었던 것 같은데요. 그래서 감정의 골들이 깊어진 것 같습니다.

한　탄핵 문제가 그 골을 메울 수 있었던 중요한 계기 아니었습니까? 탄핵하고 겹치니까 낮에는 이라크전 파병 반대 집회에 가서 노무현 정권 규탄하고, 저녁에는 탄핵 반대 촛불 집회 갔잖아요.(웃음)

'포괄적인 반핵'이 아니라 '반북핵'만을 얘기하는 것은 기회주의

지   미국에 대해 "인류 역사에서 핵무기를 실제로 사용한 유일한 나라"라는 지적을 하면서 "조폭세계에서 누가 바짓가랑이에 회칼 차고 다닌다는 것만으로는 별 효과가 없다. 실제로 수틀리면 진짜로 휘두르는 놈이라고 공인되는 것이 힘"이라는 재미있는 표현을 하셨는데요. 미국이 그런 면에서 공인받은 나라 아닙니까?(웃음) 그것 하고 관련해서 북한의 핵 문제를 바라봐야 할 것 같은데요. 북한 핵실험에 대해 우리는 어떤 태도를 취해야 한다고 보십니까?

한   평화운동 단체에 몸담고 있는데 저야 당연히 반핵이죠. 반핵인데, 여기서 반핵이라고 얘기하면 일반적인 반핵이어야죠. 반북핵만을 얘기하는 것은 기회주의자들이에요. 미국 핵무기까지 반대를 하는, 지구상에서 핵무기가 없어져야 한다는 원칙적인 입장이어야 한다는 것을 강조하고 싶구요. 한국의 일부 통일운동 세력에서 북핵을 용인하는 듯한 태도에도 반대합니다. 그것도 스펙트럼이 다양합니다. 〈무궁화 꽃이 피었습니다〉 같이 어차피 우리 꺼다하는 입장에서부터 '북한만 욕하면 어떻게 하느냐'까지 말입니다. 북한만 욕할 수 없다고 하는 부분은 당연히 평화운동세력과 겹치죠. 그렇다고 핵무기가 대안은 아니라고 얘기하고 싶은 거고요. 통일운동세력 내에서는 '미국에 대한 비판을 좀더 해야 되는 것 아니냐' 하는 건데, 거기에 대해서는 당연히 평화운동세력도 입장을 같이하고 있습니다.

지 미국이 일본에 핵을 투하함으로써 우리가 해방이 되었다는 생각 때문인지 핵에 대한 불감증이 심하다고 지적하셨는데요.

한 일본이 세계 유일의 피폭 국가라고 얘기하지만, 일본 민족이 세계 유일의 피폭 민족은 아니에요. 국가로서는 세계 유일의 피폭 국가지만요. 피폭당해 죽은 한국 사람이 히로시마에 3만, 나가사키 1만, 모두 4만 명이 넘어요. 그런데 우리 역사책에서는 이걸 안 가르칩니다. 20세기 우리 역사가 정말 울퉁불퉁했다지만 하루에 3만 명이 죽은 날이 어디 있습니까? 그런데 히로시마, 나가사키에 원폭이 떨어지고 나서 4만 명이 죽었는데 이걸 역사 시간에 안 가르친다니까요. 왜냐하면 수십 년 동안 미군의 핵무기가 우리한테 있었잖습니까? 그래서 핵무기가 이렇게 나쁜 거라는 얘기를 하면 안 되는 거죠. 아직도 미국의 핵우산 속에 있다는 걸 다행으로 여기는 사람들도 많고요. 한반도의 핵 문제를 가지고 얘기하려면 이런 문제를 얘기해야죠.

1957년에 일본에서 반핵운동이 거세게 일어나니까 일본에 있던 핵무기가 한국으로 이사왔잖아요. 그래서 1991년까지 적게는 600기, 많게는 1000기 이상의 핵무기가 한반도에 배치되어 있었는데요. 이런 문제에 대해서는 아무도 얘기를 안 해왔으면서 북한이 최근에 개발했던 한 발인지, 몇 발인지 정확히 알 수 없는 것만 문제삼는 건 말도 안 되죠. 하지만 북한이 핵무기를 개발하게끔 몰고간 과정 자체는 그것대로 미국을 비판해야겠지만, 그렇다고 북핵을 용인할 수는 없다고 봅니다.

지 어쨌든 우리 입장에서 선택을 할 수 있는 상황은 아닌데요. 북한은 '미국이 회칼을 가지고 다니면서 위협을 한다면 우리도 회칼을 차야 되는 거 아니냐?'는 입장으로 개발한 것 아닙니까?

한 저는 핵무기에 대해서 반대하지만, 대차대조표를 따져보면 북한 입장에서는 핵무기를 개발하는 게 단기적으로 보면 분명히 남는 장사거든요. 핵무기를 개발하지 않았으면 북미 대화가 성사되지도 않았을 거고, 돌파구를 만들어낼 수 없었을 겁니다. 그런데 만들어놓으니까 6자 회담도 그렇고 경제봉쇄도 뚫렸죠.

북한 입장에서는 1994년 제네바 협의에서 핵개발을 포기한다고 했는데 얻은 게 없었잖아요. 북쪽 입장에서 핵개발을 강행하자는 목소리가 자꾸 만들어지는 환경이 조성된 거죠. 이때 남쪽에서는 평화운동세력이고 정부고 간에 북쪽이 핵무기를 개발하지 않고도 살 수 있는 환경을 어떻게 만들 것인가를 포괄적인 한반도 평화체제의 구축 문제와 맞물려 고민했어야 했습니다. 우리가 6.15 공동선언을 했기 때문에 비로소 활동의 여지가 넓어진 겁니다. 남쪽이 줄 수 있는 가장 큰 메시지는 '미국이 함부로 북한을 공격하지 못하게 하겠다'는 건데요. 그걸 어떻게 막습니까? 남한이 북한을 껴안고 있으면 되는 거죠.

남한의 대통령으로서 해야 할 또 하나는 '미국이 혹시라도 북한을 때릴지는 몰라도 남쪽에 있는 주한 미군은 총알 하나 동원하지 못한다. 그건 내가 책임지고 막는다. 혹시라도 그렇게 되면 주한미군은 철수해야 한다'는 보장입니다. 북한을 껴안아야 하는 거죠. 그런 상황이 이라크하고 다른 겁니다. 죽어도 북한을 못 때리게 만드는 상황은 국제 사회에서 남한이 만들어야 하는 것 아닙니까? 남북이 군사 교류를 하고, 감군을 하고, 남북 간의 군축회의를 하고, 국군 장성이 북쪽에 가서 북한이 감군을 제대로 하는지 검열하고, 인민군 장성이 남쪽에 와서 또 남한은 감군을 잘하고 있는지 검열하는 상황이라면 미국이 제 아무리 세계 깡패라고 해도 폭격하지 못한다는 겁니다.

대한민국 정부나 시민운동 단체가 미국의 정책을 바꿀 수는 없습니다. 하지만 미국으로 하여금 함부로 칼을 휘두르지 못하게 막을 수는 있거든요. 국가 이름에 똑같이 '코리아'라고 들어가 있기 때문에 그런 부분에서 남쪽이 할 수 있는 여지는 굉장히 많죠. 우리가 원칙적인 입장에서 '핵무기는 절대 안 돼'라는 이야기도 해야겠지만 '북한이 핵무기를 포기해도 되는 상황을 어떻게 만들 것인가'에 대해 한국 정부를 추동하고, 한국 시민사회를 추동해서 우리가 할 수 있는 압력을 미국에 가해야 합니다. 그래서 그들이 칼을 휘두르지 못하는 그런 조건을 남북이 같이 만들어내야 하는 거죠.

'자발적인' 미국 간첩들을 어떻게 할 것인가

지 〈대원군이 노무현보다 나은 이유〉라는 글을 통해 한미FTA 추진파의 '쇄국망국론'을 비판하셨는데요. 지금 2007년 3월 타결을 목표로 협상을 진행 중인데 이 상황을 어떻게 보십니까? 노무현 정부가 양극화 해소 이야기를 하면서 정책 부분에서는 반대로 가는 대표적인 케이스가 아닐까 싶은데요.

한 한미FTA는 잘하면 막아낼 수 있지 않겠습니까? 내용이 워낙 황당하고 노무현 정권이 준비 없이 추진했기 때문에 우리 시민사회가 아무리 무기력하다고 하더라도 막아낼 수 있다는 생각이 들어요. 어떻게 이렇게 준비 없이 FTA를 추진했냐 싶을 정도예요. 정태인 씨 얘기를 들어봐도 그렇고요. 여기저기 암초와 폭탄 투성이니까 한 군데서만 터져도 대선 이전까지 막는 것은 문제없다고 봅니다. 그 이후가 어떻게 될지는 대선 결과 등 변수가 많아서 말씀드리기 어렵지만요.

지   정부는 한미FTA를 2007년 3월 타결을 목표로 하고 협상하고 있는 것 같은데요.

한   노무현 정권의 희망 사항이겠죠. 저는 그것보다도 왜 노무현이 한미FTA를 선택했느냐가 궁금해요. 저는 《한겨레》 강연에서 농담 반 진담 반으로 "미국 간첩은 어떻게 잡나요? 어디다 신고를 하나요?"라고 했는데 미국 간첩을 처벌할 수 있는 법적 근거가 하나도 없어요.(웃음)

형법의 간첩조항은 적국으로 규정이 되어 있고, 국가보안법은 반국가 단체에 적용되는데 미국은 적국도 아니고 반국가 단체도 아니잖아요. 그런데 미국은 로버트 김을 한국 간첩으로 처벌했어요. 우리는 한국의 국익을, 최고 정보를, 그것뿐만 아니라 정부의 정책 결정을 '머리 검은 미국인'들이 들어와서 하고 있잖아요. 그런데 처벌은 고사하고 적발 내지는 위기의식조차도 없는 거죠. 이라크 파병을 보면서 처음에 느낀 문제의식은 우리 사회에 미국 간첩이 만연해 있다는 것이었는데, 이건 그냥 간첩 수준이 아니에요.(웃음) 간첩단도 아니고. 간첩이라고 하면 공작금도 받고 지령도 받고 그러는데, 이건 지령 없이도 자발적으로 움직이는 수준, 그러니까 간첩 수준을 넘어섰다고 봤기 때문에 '머리 검은 미국인'이라고 표현하는 건데요. 사실 뭐라고 해야 할지 모르겠어요.

지　그 사람들이 그렇게 소신을 가지고 있는 이유나 동력은 뭐라고 보십니까?

한　이완용도 소신이 컸죠. 그 사람이 일신의 영달만을 위해 나라를 팔아먹었다고 생각지는 않습니다. 송병준은 그랬을지 모르겠지만요.(웃음) 노무현 대통령한테 부탁하고 싶은 것이 '제발 역사의 법정에 불려 나오지 말라'는 겁니다. 그나마 노무현 정권의 업적이라면 과거청산을 들 수 있어요. 제가 과거청산의 일선에 있는 입장에서 대통령이 과거청산에 조금 더 힘을 실어줬으면 하는 아쉬움이 당연히 있죠. 과거청산을 하면서 대연정 같은 제안이 나올 때는 배신감이라고 할까 그런 것을 느끼기도 했구요. 그러나 그걸 떠나서 큰 시각으로 볼 때 노무현 정부의 최고 업적은 과거청산입니다. 그런 노무현이 나중에 과거청산의 법정에 불려나오면 안 되잖아요. 신자유주의적인 거나 노동 문제는 역사의 평가로서 비판을 받겠지만 한미FTA 문제는 청문회 정도가 아니라 과거청산 법정이 열려야 할 사안입니다.

지　왜 그런 선택을 했다고 보세요?

한　진짜 모르겠어요. 진짜 궁금해요. 그건 측근이었던 정태인도 모른다고 하잖아요.(웃음)

'국립묘지'는 근대국가가 다음 전쟁을 준비하기 위해서 만든 것

지　국가주의와 관련해서 국립묘지도 상당히 상징적인 공간일 텐데요. 죽어서도 계급적으로 차별받는 것을 보면서 〈국립묘지를 보면 숨이 막힌다〉는 글도 쓰셨던데요. "'뼈에 무슨 이념이 있는가'라고 하면서 스페인 내전에서 죽어간 모든 희생자들을 추모하는 공간으로 바꾼 독재자 프랑코 총통을 부러워해야 하는가?"라는 역설적인 이야기까지 하셨지 않습니까?

세월만 해도 한참이 지났는데 "전쟁을 통해서 희생된 사람들을 한 공간에서 추모하자"는 주장을 하면 지금도 난리가 날 텐데요.

한　난리가 나겠죠. 과거청산 얘기하면 기념공원 이런 말이 나오는데, 복잡하게 그렇게 할 필요는 없다고 봐요. 공원을 만들어놨는데 하루 입장객이 한두 명뿐이라면 만들 이유가 없거든요. 여기서 이런 일이 벌어졌다는 것을 알리는 표지석과 조그만 위령비만 있으면 되는 거죠. 대신 국민들이 쉽게 접근할 수 있는 전쟁박물관—전쟁기념관이 아니라—같은 데 추모공간이 같이 들어가야죠. 거기는 전쟁 때 싸운 군인들뿐 아니라 군인들에 의해서 희생된 사람들까지 역사 속에서 기억하고 '다시는 이런 전쟁이 있어서는 안 된다'고 다짐하는 공간이 되어야 하는 거구요.

국립묘지를 놓고 벌어지는 논란 중의 하나가 '군대 가서 자살한 사람이 국립묘지에 묻힐 수 있느냐, 없느냐'인데, 지금은 못 묻히거든요. 자살한 사람들의 자살 이유가 개인적인 신상 문제뿐 아니라 군대에서의 가혹행위와도 대개는 겹치는 것이라 딱 자르기는 어려울지 모릅니다. 하지만 국가 폭력에 의해 희생된 사람들이 왜 국립 묘지에 가면 안 되는가, 왜 전쟁 희생자들을 위한 추모 공간으로까지 발전하면 안 되는가 하는 겁니다. 굳이 국립묘지라는 시스템을 운영한다면 말이죠.

국립묘지는 사실 자꾸 전쟁을 일으키는 시스템이거든요. 근대국가가 다음 전쟁을 준비하기 위해서 만든 것이 국립묘지입니다. 근대국가의 발전사를 볼 때 '너희의 죽음이 개죽음이 아니다'라는 메시지를 전해주기 위한 거죠. 프랑코 총통의 얘기를 쓰기 조금 전에 있었던 일인데요. 비전향 장기수의 유골을 모시고 있는 파주 보광사라는 곳이 있거든요. 추모비도 세우고 그랬는데 그걸 다 때려부쉈다는 거 아닙니까? 죽어서도 잠들 수 없는 거죠. 문근영 씨 외할아버지 비석까지 있었는데 다 때려부쉈죠. 부관참시 문화라고나 할까, 포용을 못하는 그런 부분이 있는 거죠.

사실 스페인의 로스 카이도스 계곡은 프랑코가 처음에 삼청교육대처럼 지은 거예요. 문제가 많은 곳인데요. 공화군 포로들을 잡아다가 강제노역을 시켜 지은 건데 세월이 한참 지난 다음에 나름대로 사회 통합이 필요하니까 그쪽을 끌어안아야 되겠다고 생각해서 스페인 내전에서 목숨을 잃은 모든 사람을 묻는 곳으로 만든 겁니다. 자기도 거기 묻혔구요. 한국의 수구세력은 프랑코만한 아량도 없는 거죠. 그 부분을 역설적으로 표현한 겁니다.

지   2005년 말 서정갑 씨가 대표로 있는 보수적인 성향의 국민행동본부에서 김대중 전 대통령을 비롯한 친북인사 명단을 발표했는데, 거기에 교수님도 들어가 있지 않았습니까? 한 20명 정도 발표했는데, 학자로서 한국 사회에서 내로라하는 정치인들과 함께 거기에 들었다는 게 상당히 부담스러울 수도 있을 것 같은데요.

한 영향력보다도 가령 전투적인 글쓰기라고 할까요? 박노자 선생하고 비교한다면 박노자 선생은 운동권 내부에 대한 성찰이라고 할까 그런 걸 많이 썼잖아요. 저는 그런 쪽보다는 특히 국가 폭력과 관련된 얘기를 많이 했으니까 저쪽 입장에서는 갑갑했겠죠. 또 하나는 우파 쪽에서 제대로 된 서평이나 대응이 하나도 없어요. 내심 《조선일보》 같은데서 제대로 된 대응을 해줬으면 하는 바람도 있습니다.

솔직히 제가 하고 있는 일의 80~90퍼센트가 사실은 보수적인 아젠다라고 생각합니다. 제가 태어난 환경도 그렇고, 자란 환경도 그렇고요. 과거청산 문제 같은 것도 보수적인 아젠다이고, 꼭 진보적이어야만 평화를 얘기할 수 있는 것도 아니고요. 베트남 문제에 대한 반성도 마찬가지죠. 양심적 병역 거부도 그렇고요. 군대 문제에 대해서도 얘기를 많이 했지만, 한국의 보수세력이 한국 사회를 합리화하기 위해 풀어야 할 문제를 많이 제기했어요. 사실은 문익환 목사님, 장준하 선생 같이 한국의 진보세력이라고 하는 사람들이 다 그런 식으로 진보세력이 된 거 아닙니까? 제가 제기한 문제들에 대해서 한국의 보수세력이 진지하게 같이 고민했으면 좋겠는데, 나오는 게 그런 것밖에 없으니까 그런 부분에서 저도 갑갑하구요. 수구세력 입장에서 보면 내 글이 '대략난감' 그런 거겠죠. 주로 민감한 주제들을 피하지 않고 문제 제기를 하고, 저쪽에 비판할 거 비판하고, 조롱할 거 조롱하고, 폭로할 거 폭로하고 하다보니까 굉장히 이쁨을 받는 처지가 된 것 같아요.(웃음)

지   지금 일하시는 것도 그렇고 글도 점점 더 현실적인 문제를 건드리는 것 같다는 생각이 드는데요. 그러다보니까 수구세력들에 대한 적개심이 글에 점점 더 묻어나는 게 아닌가 하는 생각이 들더라구요.(웃음)

한   과거사위를 하면서 성질 버려서 그런 얘기를 좀 듣는 것 같은데요.(웃음) 그것보다도 현실적으로 내가 너무 바빠지면서 글을 준비할 시간이 적어진 것도 있고, 그 다음에 국가보안법 같은 문제에 대해서 책임감 같은 것을 느끼면서 선택의 범위가 좁아진 것도 있죠. 그리고 그 전에는 연구자로서 이 자료, 저 자료를 마음껏 보다가 많은 사건들 중에서 자유롭게 잡아서 쓸 수 있었지만, 지금은 맨날 보고 있는 것이 과거사 자료들이에요. 조사 중인 사건 가지고는 쓸 수가 없잖아요. 그렇게 되니까 자꾸 현실적인 문제 같은 게 많이 나오는 것 같아요. 이재오 씨나 김문수 씨에 대한 글은 별로 자료 조사 없이 썼단 말이에요. 잡지사에서도 한 번 써달라고 요구했지만 사실 마감 때가 됐는데 막막하기도 해서 내가 겪은 것, 내가 하고 있는 것과 연관된 걸 쓴 거죠.

국가보안법 시리즈 같은 경우는 평화박물관에서 전시를 했거든요. 늘 해오던 거지만 전시회 컨셉에 맞춰서도 준비할 필요가 있었고요. 바빠지면서 그렇게 된 거죠. 특별한 이유가 있었던 건 아니구요.

지   학자로서 공익 근무를 하는 것이 손실일 수 있지 않습니까? 박원순 변호사님을 만났을 때도 "사실 저는 글만 쓰면서 살고 싶다"고 하시더라구요.

한   박원순 변호사는 대단해요. 야만 시대의 기록을 정리해놓은 거 보니까.(웃음) 공익 근무 기간이 너무 길어지는 것도 그렇고, 평소에도 학교에 매일 나가지는 않았는데 안식년에 매일 아침 국정원 과거사위로 출근해서 사무실 지키고 앉아 있으니까 답답하기는 한데요. 제가 연구실만 지키고 있었으면 《대한민국사》 같은 글은 죽었다 깨나도 안 나왔을 겁니다. 인권평화단체에서 일하고 과거사위에서 일하면서 자료만 읽어서는 못 보는 것을 많이 보게 됐죠. 그런 것을 읽어내는 눈이라고 할까, 그런 부분들은 길바닥 생활 내지는 공익 근무를 하면서 얻은 부분들이에요.

다만 욕심이라면, 〈역사 이야기〉는 40매 짜리 글인데 그런 것 말고, 똑같은 주제라 하더라도 1000매 짜리 글, 호흡이 긴 글을 제대로 썼으면 좋겠어요. 《대한민국사》에 쓴 것을 보면 누군가는 연구를 해야 할 주제, 한국에서 처음 문제를 제기한 주제들도 많아요. 특히 호떡집에 불난 사연 같은 것은 옛날부터 써야지, 써야지 하면서도 못쓰고 있거든요. 시간을 내서 그런 것들을 쓸 수 있었으면 좋겠어요. 역사 공부하는 사람들 내에서 일정한 역할 분담이라고 할까, 공익 근무하는 친구들을 많이 만들어서 대신 시키고 저도 좀 들어가서 논문 좀 쓰다가 다시 나오고 하는 순환 보직을 해야죠.(웃음)

인문학은 동시대의 고민을 함께하는 그런 맛이 있어야

지   인문학의 위기를 얘기하면서 대중하고 소통하는 글쓰기에 대해 학계에서 폄하하는 분위기도 있지 않습니까?

한   많이 있죠. 섭섭한 부분이 있긴 하지만 제가 말하기는 좀 그렇고요. 다만 인문학의 위기와 관련해서는 사실 한국이 과도하게 쏠린 부분이 있어요. 가령 한국에 영문학을 전공하는 사람이 어쩌면 영국만큼 많을지도 몰라요. 불문학을 전공하는 사람은 프랑스 다음으로 많을 겁니다. 과도하게 팽창한 부분이에요. 어떻게든 축소가 되어야 한다고 생각해요. 사실 한국 사회의 대중이 17세기 프랑스 시에 대해서 별로 관심을 가질 이유가 없잖아요. 그런 다양한 것들을 연구할 수 있는 시스템이 갖춰져 있으면 되는 것이죠.

적극적으로 인문학자들이 '대중독자들을 어떻게 만들어내느냐, 그리고 현실적인 문제에 대해서 어떻게 발언을 하느냐, 어떤 지점에서 어떻게 만날 것이냐'를 고민해야 합니다. 저도 청소년들에게 역사를 어떻게 가르칠 것이냐 하는 것을 고민하는데요. 동북공정이 나온다고 해서 역사 교육을 강화한다고 하면 겁이 나요. 이 입시제도 하에서 밑줄 쫙 하는 암기 과목으로서 역사 교육을 강화하고, 국책 시험으로 들어가야 한다고 귀결하는 것은 장기적으로 위기를 더 부추기는 게 아닐까 하는 생각도 들고요. 인문학이 역사면 역사, 문학이면 문학으로 동시대의 고민을 함께 하는 그런 맛이 있어야 하는 거죠.

청소년들한테 역사 이야기를 한다면,《한겨레21》에 쓴 〈역사 이야기〉하고는 다른 방식으로 쓰고 싶은데요. 애들한테 다가간다고 해서 글자 좀 크게 하고 사진 좀 많이 넣은, 용어풀이 박스가 있는 그런 책 말고요. 애들이 고민하고 있는 문제들인 두발, 학교생활, 체벌, 입시, 이성교제, 영어공부 이런 것을 좀 역사적으로 풀어서 역사에 대해 아이들이 흥미를 갖게 만들어주는 것이 필요하다고 봅니다. 이렇게 해야 인문학적인 교양이 힘을 갖는 겁니다. 애들 입장에서 제일 흥미 있는 과제를 인문학자들이 다가가서 설명해주는 노력이 필요하다고 보는 거죠. 문학 하는 사람들은 문학 하는 사람들대로, 철학 하는 사람들은 철학 하는 사람들대로, 인권 문제는 인권 문제대로 말입니다. 인문학의 위기를 극복하려면 인문학이 좀더 적극적으로 대중과 만나려는 노력을 해야 합니다. 그런데 한국 인문학계는 그런 노력이 거의 없는 것 같아요.

지 제가 볼 때는 온실 속의 화초하고도 비슷한 것 같습니다. 노래를 부른다는 것 자체는 똑같은 행위인데, 자기들이 대중들을 감동시킬 만한 실력과 에너지가 없으니까 다른 얘기를 하는 것 같거든요. "우린 대중들이 듣는 것과 다른 차원의 음악을 하는 거야"라고 하는데 실제로 음악을 하는 행위 자체는 되도록 많은 사람들에게 감동을 줘야 하는 것 아닙니까? 그래서 한홍구 선생님이나 박노자 선생님이 하시는 작업이 소중하다는 생각이 듭니다.

한 성공회대에서는 잘 인정을 해줘서 다행이죠.(웃음)

지 그런데 수염은 왜 기르고 계신가요?

한 2월 달에 정수일 선생님 모시고 실크로드에 다녀 왔는데요. 그때 10여 일 다녀 오면서 귀찮으니까 안 깎았어요. 남자들은 다 한번쯤 길러보고 싶은 욕망이 있잖아요. 그래서 기르기 시작했는데 그때가 국정원 상근 시작할 때였어요. 그때 받은 스트레스를 겸해서 뭔가 돌파구가 있어야겠다는 생각에 기른 겁니다. 특별한 뜻을 가지고 기른 것은 아니고 심심한데 한번 길러볼까 한 거죠. 그런데 많은 사람들이 관심을 표해주고, 질문도 많이 하고, 깎으라는 압력도 많고 그러니까 더 길러보고 싶더라고요.(웃음) 다행히 조희연 선생님이 수염을 기르기 시작했다가 아니라는 압박을 받고 깎아버렸거든요. "조희연 선생보다 훨씬 낫다"고들 해서 기르고 있습니다.(웃음)

{과거의 억울함을 벗겨주는 작업은 지극히 '보수적인' 과제

지　과거사위를 하시면서 어떤 것 때문에 가장 많이 스트레스를 받으세요?

한　여러 가지죠. 지금까지는 생각이 같은 사람들, 같은 목표를 향해가는 사람들하고 같이 일했는데요. 지금은 배경이 전혀 다른 사람들하고 일을 해야 해요. 상층부는 과거청산에 필요성이나 대의에 대해서 공감을 하지만, 오히려 젊은 층은 생각이나 태도에 있어 그렇지 않더라고요. 과거 일에 대해서 잘 모르구요. 고급 간부들은 과거에 잘못한 것을 알고 있으니까 잘못한 것은 반성하고 넘어가자는 생각을 가지고 있는데, 입사한 지 10년쯤 된 사람들은 국정원이 많이 변화한 다음에 들어왔기 때문에 '우리가 뭘 그렇게 잘못했다고?' 라는 생각을 하는 것 같아요. 자세하게 얘기할 수는 없지만, 부딪히는 게 굉장히 많죠.

지　과거청산 작업을 하시면서 가장 걸림돌이 되는 부분은 어떤 건가요?

한　과거청산과 관련해서 스트레스라면 스트레스랄까 그런 게 있는데요. 5월에 강풀의 〈26년〉이라는 만화가 연재되었죠. 저는 그 만화를 다 보지는 못했는데요. 처음 시놉시스를 들었을 때는 좀 황당하더라고요. 시민들이 전두환을 테러한다는 게 만화가 될까 싶었는데 이야기 풀어가는 솜씨가 대단하더라구요. 솜씨만이 아니라 진짜 과거청산의 핵심적인 문제를 건드린 것 같았어요. 저 같은 경우는 충격을 받아서 5~6회 정도 보고 더 못 봤어요, 덜덜 떨려서. 앞으로 언젠가는 봐야겠지만 아직까지 못보고 있는 숙제인데요. 굉장히 많은 걸 생각하고 많은 걸 반성하게 됐어요. 강풀의 그 만화가 인터넷상에서 엄청난 인기를 끌었다고 하더라고요. 부끄러움과 반가운 마음이 동시에 들었는데 우리가 과거청산을 가지고 위원회를 숱하게 만들었잖아요. 과거청산과 관련해서 정부가 만든 위원회가 스무 개에 가깝습니다. 거기서 월급 받는 사람도 700~800명은 될 겁니다. 강풀 만화를 보면서 참 부끄러웠던 것이 뭐냐 하면 그렇게 많은 인원이 달려들었는데, 저는 안식년도 포기하고 상근까지 하면서 나름대로 열심히 했는데, 지나 놓고 보니까 우리가 과거청산과 관련해서 진실된 고백을 한 건이라도 끌어냈냐는 겁니다. 없거든요. 그러면 우리가 고백 안 한 놈에게 객관적인 증거를 제시해서 감옥에라도 보냈느냐 하면 그것도 아니에요. 그러니까 결과적으로 전두환이 아직도 떵떵거리면서 "나 29만 원밖에 없어" 하고 다니는 거거든요.

　국정원 과거사위는 과거사 위원회 중에서도 수색대랄까 척후병 같은 역할을 하면서 진로를 개척하고 있어요. 제 나름대로는 지금 평화박물관 사업이 발전할 수 있는 조건을 가지고 있는데 이걸 못하고 거기 나가 있으니까 갑갑한 게 많아요. 저는 나름대로 죽어라 하고 있는데 결과를 보면 그렇단 말이죠. 이건 아니라고 생각하니까 강풀 같은 작가가 만화를 그려서 사람들한테 다시 한 번 묻는 거잖아요. 과거청산을 하려면 전두환 같은 사람이 떵떵거리며 살게 해서는 안 된다는 문제를 그 만화는 제기하는 거예요. 광주에서 적어도 수백 명이 죽었습니다. 거기에 대해 누군가는 책임을 져야 하는데 지금까지 아무한테도 책임을 묻지 못한다는 거, 발포 명령이 어떻게 떨어졌는지 아무도 모른다는 거, 이게 말이 안 되는 거잖아요. 그러니까 강풀이 우리한테 중요한 문제를 던진 겁니다. 공적인 처벌이 좌절된 시점에서 보복의 문제를 던진 거예요.

　　과거청산 문제가 시작될 때 우리가 힘이 없기도 했지만 처벌 문제를 너무 쉽게 포기했어요. 꼭 누굴 감옥에 보내야 한다는 얘기는 아니지만 "우리는 처벌하려는 게 아니거든. 우리는 진실을 밝히려고 하는 거야"라는 얘기를 너무 쉽게 했단 말이죠. 이게 무슨 의미를 갖고 있냐 하면, 남아공은 진실과화해위원회를 통해 진실을 고백하는 사람들을 사면했어요. 그런데 어떤 놈이 자신의 악행을 그냥 고백하겠습니까? 처벌이 있기 때문에 고백하는 거죠. 진실규명과 처벌은 전혀 다른 문제라 생각하고 처벌하려는 게 아니라 진실을 밝히는 거라고 했는데, 결과적으로 작업을 해보니까 처벌 없이 무슨 진실을 밝힐 수 있을까 하는 생각이 드는 겁니다. 왜냐하면 '너, 이 사람 고문 했지' '나 안했는데요' '그런데 저 사람은 왜 이렇게 아프냐? 니가 했잖아' '내가 아니라 저 놈이 했는데요'라는 상황이 일어날 수 있어요. 그래서 저 놈을 붙잡아 '니가 했지?'라고 물으면 '사실은 내가 한 게 아니라 위에서 시킨 건데요' 하면서 진

대한민국, 아직 희망이 있는가 나나... 한홍구

207

실이 밝혀지는 겁니다. 그런데 어떤 미친놈이 그런 상황도 아닌 데서 그걸 인정하겠습니까?

처벌이란 부분을 너무 쉽게 포기했어요. 처벌이 안 되니까 보복이 생기는 거예요. 처벌과 화해는 대립하는 개념이 아니라고 봅니다. 보복과 처벌이 대립하는 개념이지. 사회가 책임져야 할 사람을 책임지지 못했을 때 그 가족들은, 남아 있는 당사자들은 그 한을 어떻게 풉니까? 우리가 피해자의 유가족들이 보복하는 것을 막는 이유가 뭡니까? '보복하지 마라. 대신 사회가 처벌해준다'고 하니까 비로소 막을 명분이 생기는 거죠. 이걸 포기해놓고 뭘 한다는 게 말이 안 되죠. 전에는 '보복, 말이 되나' 하고 과거청산 일선에 있는 저도 그렇게 생각했는데요. 강풀의 〈26년〉을 보니까 너무나 말이 되는 얘기였다는 거죠. 이것은 그대로 두면 안 되는 겁니다. 이게 정의라는 거예요. 이 사람들이 전두환에게 묻는 게 아니라 "나는 이런 문제 때문에 아픈데, 당신들은 어떻게 생각해?"라고 일반 시민들에게 묻는다면 뭐라고 대답하겠어요.

조작의혹이 있는 간첩 사건을 조사하면서(내가 간첩 문제를 많이 다뤘다고 생각했고, 피해자들 얘기도 많이 들었다고 생각했는데), 정말 깊이 들어가면서 종교 체험에 가까운 경험을 하고 있습니다. 굉장히 많은 걸 느끼고 배우고 있어요. 진실과화해위원회에서도 화해 문제는 쉽게 얘기할 수 있는 성질이 아니라는 걸 뼈저리게 느끼고 있어요. 사실 처벌 문제가 빠지고서 어떻게 화해가 됩니까? 가해자들이 용서를 구하지도 않고, 진실을 고백하지도 않는데. 그리고 '피해자와 방관자들의 화해를 어떻게 이뤄낼 것인가, 피해자와 일반 시민의 화해는 어떻게 해야 할 것인가' 하는 문제도 있죠. 우리는 그 사람들이 그렇게 당하고 있는 것을 몰랐던 사람들이에요. '설마 국가가 그랬겠어, 죄가 있으니까 그랬겠지' 하고 무심히 넘어간 사람들을 탓할 수만은 없죠. 그러나 피해자들이 간절히 호소하는 상황에서 그걸 외면하면 안 되잖아요.

더 깊은 문제는 피해자들끼리 화해도 못하고 있다는 겁니다. 안기부에서, 보안사에서, 치안본부에서 두들겨 맞으며 없는 얘기를 불다보면 누군가 또 잡혀가야 했죠. 우리가 볼 때는 모두 피해자이지만 그 안에서는 '누구 때문에 잡혀갔다. 누가 말 잘못해서 내가 고문당했다' 하는 문제가 생긴 거예요. 그러니 피해자들 내부에서도 화해가 안 돼 있는 거죠. 조사하다보니까 25년 전에 법정에서 헤어진 후 처음 만나는 사람들도 있더라고요, 피해자들끼리. 거기서 한 분이 "아주머니 미안해"라고 하니까 숙모 말씀이 "니가 무슨 죄가 있니, 니 비명소리 듣다가 내가 까무러쳤는데, 니가 무슨 죄가 있니?"라고 하더라니까요. 듣다가 정말 까무러칠 뻔 했어요. 이게 화해거든요. 피해자끼리의 화해도 안 된 상태에서 피해자와 가해자의 화해까지는 생각도 할 수 없다는 거죠.

지　그동안은 마치 가해자들에게 화해를 해달라고 매달리는 것 같은 측면도 있었는데요.

한　우리는 화해를 구걸하지 않을 겁니다. 절대로 화해를 구걸해서는 안 된다고 봐요.

지　지금까지 그렇지 않은 분위기가 형성이 됐고, 그 분위기를 바꾸는 게 쉽지 않을 텐데요.

한　쉽지 않겠지만 강풀 식의 문제 제기가 필요합니다. 또 하나는 보수세력 내에서 과거청산 문제에 대해 적극적으로 나서야 한다고 봅니다. 과거청산 문제에 대해 진보진영 일부에서 정략적으로 접근한 사람들이 있었던 게 사실입니다. 그렇게 되니까 보수나 수구세력에서도 기를 쓰고 정략으로 몰고 갔는데 국가기관이 고문한 피해자들을 조사해서 사과하고 그 사람들의 억울함을 벗겨주는 게 왜 진보적인 과제입니까? 정말 보수적인 과제예요. 한국 사회에서 보수세력이 왜 신망을 못 얻느냐 하면 이런 거 안 하니까 그런 겁니다. 진보세력이 왜 피로하냐 하면 진보세력이 대신 이런 것을 하니까 과부하가 걸린 겁니다. 과거 때문에 미래에 대한 성찰을 못하고 있고요.

돼지머리를 삶으면 귀는 자연히 삶아지는 것

지　2006년 12월 8일 UN의 시민적 · 정치적 권리위원회에서 한국인 양심적 병역거부자 2명의 청원에 대해 구제조치를 권고하지 않았습니까? 이에 따라 대체복무제도를 인정하는 쪽으로 병역법을 개정해야 할 것 같은데요.

한　대법원에서도 양심에 따른 병역거부자 유죄 판결이 났고, 헌법재판소에서도 양심에 따른 병역거부자를 처벌하는 병역법이 합헌이라고 나왔는데요. 헌법재판소에서 어떻게 판결이 났냐 하면 '합헌은 합헌인데, 그렇다고 계속 처벌하는 것은 문제가 있다. 입법 정책으로 풀어야 한다. 대체 복무를 도입하든지 해서 이 사람들이 감옥에는 가지 않게끔 해줘라'는 겁니다. 우리 사회에서 가장 보수적이라는 헌법재판소에서 '병역법이 위헌이냐, 합헌이냐'는 문제를 놓고 7:2로 합헌 판결이 났어요. 하지만 내용적으로는 7:2로 처벌하지 않는 길을 찾으라는 건데, 그런 판결이 나고 2년을 허송세월로 보낸 거예요, 2년을. 그리고 나서 UN에서 이런 결정이 떨어진 겁니다. 우리가 UN 사무총장을 배출한 국가 아닙니까? 망신이죠. 전 세계 병역 거부자 중에서 징역을 살고 있는 사람이 1000명 정도 되는데 그 중 900명 이상이 한국에 있어요. 르완다에서는 내전을 겪으면서 양심에 따른 병역 거부자 280여 명 정도를 가둬놓았는데, 풀어줬거든요. 그 바람에 한국이 대부분을 차지한 거죠.

전 세계에서 양심적 병역 거부를 인정하지 않는 나라가 꽤 있어요. 그렇다고 실제로 처벌을 하느냐 하면 처벌하는 시늉만 한다는 겁니다. 한국처럼 1년 반 정도 징역을 살게 하는 나라는 없어요. 그나마 문제 제기가 되면서 형량이 줄어들기는 했지만요. 매일 한 명 내지 두 명이 감옥에 갑니다. 마침 복무기간 단축과 병역제도의 대폭 개선 얘기가 청와대에서 나왔는데, 이것은 대선 공약으로 급조된 것이 아니라 변양균 정책실장이 기획예산처 장관으로 있을 때부터 검토했던 겁니다. 신자유주의적 개혁이라고 볼 수도 있겠죠.

한국 사회의 병역 제도는 1954년에 징병제가 확립되고 65만 대군으로 늘어난 이후, 기본 골격이 한 번도 변하지 않았습니다. 복무기간 3년이 2년으로 줄어든 것만 빼고는 아무것도 없어요. 그때는 남한 인구가 2000만이었지만 지금은 4700만이 넘어요. 병역 자원이 넘치자 남는 인원을 이상한 방식으로 처리해왔단 말이에요. 그러니까 복무 형평성이 엄청나게 깨진 거죠. 가난한 사람들이 손해

보는 시스템이에요. 그런데 국방부는 이걸 자기 밥그릇이라고 손을 안 대니까 기획 예산처에서 국가 인적자원의 효율적인 관리를 위해 개혁안을 낸 겁니다.

또 하나 정부 입장에서 고민을 한 건 뭐냐면 가는 놈과 안 가는 놈의 차이가 너무 크다는 거예요. 기획예산처에서 자문회의를 할 때 두어 번 참석한 적이 있어요. 우리도 양심적 병역 거부 운동을 하면서 그 비슷한 얘기를 했지만, 우리보다 훨씬 더 세밀하게 자료를 뽑아서 설명하는 게 있어요. 군대 간 놈하고 안 간 놈하고의 경제적 이익의 차이가 3000만 원이 난다는 거예요. 3000만 원 들여서 군대를 빼먹는 것이 경제적으로 합리적인 선택이 된다는 겁니다. 병역제도를 이렇게 불합리하게 만들어 놓으니까 군대 갔다 온 사람들은 피해의식이 있는 거죠.

지 이번에 청와대에서 제시한 국방개혁안에 대해서는 어떻게 생각하십니까?

한 기획예산처에서 준비했던 것이 무엇이냐 하면 '대체복무제도를 대거 도입한다. 대체복무제도를 통해 입대를 피하는 사람이 없도록 형평성을 갖춘다'는 겁니다. 징병제의 원래 취지에 맞는 거죠. 그렇다고 '다 군대를 보낼 거냐' 하면 아니라는 거죠. 한국전쟁 때 우리는 20만 명으로 싸웠습니다. 더군다나 전쟁 양상이 바뀌지 않았습니까? 고지 뺏기 전투, 이런 게 아닌 상황이잖아요? 이런 것을 반영해서 감군을 하고 정말 필요한 인원만 산출해 적정 규모의 병력을 유지하는 거죠. 그리고 나머지 인원은 사회복지망에다 투입하자는 겁니다. 어차피 저출산 고령화 사회, 양극화 문제를 해결하기 위해서는 복지 수요가 엄청날 텐데, 국가가 무슨 수로 이걸 감당합니까?

복지에는 전문적인 복지도 있지만 상당 부분은 단순 전달 체계입니다. 가령 독거노인에게 도시락을 전달하려고 해도 어마어마한 인원이 필요합니다. 최저임금만 준다고 해도 예산을 뽑아 보면 몇 조에요. 이것을 대체복무자에게 시키면 되는 거죠. 국가 전략에서 안보는 여러 가지 위협으로부터 사회를 지키는 걸 의미합니다. 외부에서 오는 군사적인 것만 위협이라고 말할 수 없다는 겁니다. 사회안전망이 없을 경우 안으로부터도 위협을 받죠. 그런데 그 사회안전망이 붕괴될 위험에 있다면 거기에도 국가 인적 자원을 투입해야 합니다. 그런데 이것을 국가 예산을 들여 한다면 최저임금은 줘야 할 거 아닙니까? 그런데 대체복무를 하는 사람들에게 1년 반이나 2년 정도 복무하게 한다면 돈도 적게 들고 사회복지 배달체계를 빨리 확립할 수 있습니다. 저출산 고령화 시대에, 청년 실업이 많은 시대에 여기에서 경험을 쌓은 사람들을 배달인원을 관리하는 포스트가 되게 하면 사회안전망을 단기간에 만들 수 있지 않겠습니까?

그리고 여기에서 절약한 돈으로 현역들의 처우 개선을 하자는 겁니다. 제가 군인들의 월급 문제를 2002년에 처음 제기했습니다. 사실 월급 문제가 군대 문제 중에서 제일 급한 문제는 아닙니다. 그런데 왜 그 문제를 제기했냐 하면 숫자로 보여줄 수 있으니까요. 기획예산처에서 군대 간 놈하고 안 간 놈하고의 경제적 이익의 차이가 3000만 원이라고 했잖아요. 그 3000만 원이라는 것이 뭐냐 하면 병역세를 현물세 형태인 몸뚱이로 내고 있다는 걸 말해요. 그러니까 이 사람들에게 희생의 대가, 봉사의 대가를 줘야 합니다. 어차피 사회안전망 구축을 위해서는 몇 조의 예산을 투입해야 하는데 이것을 국방 예산으로 돌려서 사병들의 처우를 개선하자는 겁니다. 그리고 이것은 시민 단체도 반대하지 않아요. 다만 적정 규모로 병력을 줄여야죠. 군대에서 2년을 복무하면 최소한 1년이건, 한 학기건 등록금이 쥐어져야 합니다. 자기 힘으로 학교를 다닐 수 있게 하든지, 사업 밑천을 만들어주든지, 배낭여행을 가게 해주든지 해야죠.

청와대에서 내놓겠다는 안은 상당히 합리적인 안이라고 봅니다. 우리 사회의 병역 제도가 워낙 말이 안 됐기 때문에 나름대로 큰 틀에서 문제를 해결하려고 하고 있죠. 양심적 병역거부 문제는 거기에 묻어서 자연스럽게 해결이 되는 거죠. 이 문제를 풀면 군 입장에서는 아주 좋은 게 있어요. '고문관'이 안 나와요.(웃음) 자기가 군대 체질이 아니라는 것을 누구보다 잘 아는 친구들은 대체복무로 빠지는 거예요. 군대 인권 실태조사를 몇 번 했는데, 지휘관들을 만나보면 인권 노이로제에 걸려 있어요. 군대에서 제일 신경써야 할 부분이 일반적인 상식으로는 '강병을 만들기 위해 우리 부대를 어떻게 훈련시킬 것인가'처럼 보이지만, 실제로는 '어떻게 하면 사고가 안 날까' 하는 거예요. 지휘관들은 문제사병 관리 노이로제에 걸려 있습니다. 대체복무는 이런 고민을 덜어주는 겁니다. 다 받게 되어 있기 때문에 부적응자도 받았던 건데 여기서 해방이 되는 거예요. 사회 입장에서는 여러 가지 불합리한 요소들을 극복할 수 있는 거구요.

이번에 청와대에서 준비하고 있는 것은 대선 앞두고 하루아침에 만든 게 아니고 작년부터 꽤 심도 있게 준비한 겁니다. 사실 깜짝 놀랐어요. 제가 양심에 따른 병역 거부권 실현과 대체복무제 개선을 위한 연대회의 공동집행위원장이고, 그런 문제에 대해 대한민국에서 가장 이야기를 많이 한 사람인데 '아, 역시 국가 기관에서 하면 훨씬 효과적일 수 있겠구나' 하는 생각이 들더라구요. 저는 주로 병역 문제만 가지고 얘기를 했는데, 이쪽은 사회 인적자원을 관리라는 차원에서 얘기하니까 훨씬 더 진보적인 대화를 할 수 있는 거죠. 그 당시에 변양균 장관이 하던 얘기가 제 얘기보다 더 진보적인 거였어요. 양심적 병역거부 운동을 하던 사람들 중에서는 제가 그래도 넓게 사고하는 편입니다. 그런데 이 양반은 양심적 병역 거부는 별로 신경 안 쓰는데, 큰 틀에서 다 해결이 되겠더라구요. 돼지 머리를 삶으면 귀는 자연히 삶아지는 거잖아요.(웃음) 그렇게 크게 보면서 우리 사회를 위해 합리적이고 건강한 안을 마련하고 있더라고요.

지   청와대가 내놓겠다는 개선안의 내용이 만족스러우시다는 건가요?

한   대체복무에 대해서는 그런데, 감군 문제에 대해서는 조금 더 적극적이었으면 좋겠어요. 국방개혁안에서 15만 감군 얘기가 나오는데 남북 통일 후까지를 염두에 두고 남북 공동 감군안으로 만들어야 한다고 봐요. 한반도 평화 정착 프로세스로 그런 적극적인 계획을 가졌으면 좋겠다는 바람인데요. 우리만 감군한다고 하면 한국 사회에서 안 먹힐 테니까요.

감군 문제는 남쪽보다 북한이 더 절박합니다. 우리는 2년 가지고 썩는다고 하는데 북한은 인구가 우리 절반임에도 불구하고 군인 수는 두 배나 됩니다. 그러니까 복무 기간이 네 배가 되는 겁니다. 걔네는 20대 청춘이 온통 날아가는 거예요. 북한 같이 경제가 어려운 나라에서 선군 정치를 하고 싶어서 합니까? 가장 우수한 노동력이 군대에 다 박혀 있는데요. 북한도 감군하자고 하면 제일 먼저 박수를 칠겁니다. 비율로 하든지, 동수로 줄이자고 하든지 남북 공동 감군안을 만들어야 합니다. 그래야 남북 경제가 삽니다.

{ 증오해야 할 것을 증오할 줄 알고 사는 것

지 《대한민국사 4》 외에도 《한홍구의 현대사 다시 읽기》라는 책을 최근에 내셨잖아요.

한 《대한민국사》는 《한겨레21》에 쓴 거니까 포맷이 잡혀 있는 거고, 이것은 여기저기 다른 매체에 쓴 비교적 에세이적인 글을 모은 거죠. 《사람이 사람에게》라고 국제민주연대에서 나온 매체가 있었어요. 베트남전 진실위원회를 사실상 만든 단체죠. 그 단체에 참여했던 친구가 차미경인데, 그 친구와 제가 87년도에 민청련 민중신문에 기자로 있었어요. 그때 시 쓰는 이산하도 기자로 같이 있었죠. 이산하가 《사람이 사람에게》의 편집위원장이었죠. 그 후에 유시민을 끌어들였는데 이 네 사람이 편집위원회에 가장 열심히 참여했습니다.

《대한민국사》를 낸 다음에 여러 군데서 다른 곳에 쓴 글을 묶어서 내자는 제의가 있었는데요. 써놓은 것이 없다고 하고 말았어요. 저도 제가 써놓은 글을 모아놓지 않았으니까요. 이산하가 《사람이 사람에게》에 쓴 글을 가지고 책을 내자고 해서 "그게 책이 되겠냐?"고 했더니 "거기 있는 게 훨씬 좋고, 편하다"고 하더라고요. 《대한민국사》도 다른 역사책에 비하면 나름대로 편하게 썼다고 했더니 "스타일이 다르다. 쉽게 얘기해서 《대한민국사》는 다른 사람

들이 양복을 입고 있을 때 캐주얼 차림으로 있는 거라면《사람이
사람에게》는 캐주얼 차림을 넘어서서 반바지 입고 평상에 퍼질러
있는 식이다"라고 하더라구요.《사람이 사람에게》의 독자들은 최
소한 나를 알고 있었고, 나도 절반쯤은 이름이든 얼굴이든 둘 중에
하나는 알고 있었어요. 그래서 편하게 얘기할 수 있는 그런 공간이
었죠. 그렇게 해서 책이 엮인 겁니다. 그런데 그렇게 흩어진 것들을
모으다보니까 정보보다는 입장이랄까, 사적인 부분이랄까 이런 게
조금 더 많이 들어갔죠.

지　알라딘 서평을 보니까 이 책에 대해 호의적으로 쓴 것 같기는
한데 "수구세력에 대한 적개심이 느껴졌다"고 하더라고요.

한　대학교 1학년 때 많이 본 시 중에 정희성 선생의 시가 있어요.
옛날에는 "미운 놈 미워할 줄 알고 사는 것"인줄 알았는데 다시 찾
아보니 "증오해야 할 것을 증오할 줄 알고 사는 것"이더라구요. 그
대의랄까, 어떤 역사적인 과정을 거쳤는지 모르는 사람 입장에서는
생소하게 보일 수도 있겠죠. 그렇지만 사실 책을 쭉 읽고 역사적인
과정을 아는 사람들이라면 왜 거기에 대해서 분노를 느끼는지 알지
않겠어요? 그게 무조건 미운 게 아니잖아요. 적개심을 가지고 싸워
왔기 때문에 그나마 한국 사회가 이 정도 된 거죠.

지　예전에는 가해자가 오히려 피해자들에게 화를 내고, 피해자
들이 그 피해에 대해 항의하는 것조차 빨갱이로 몰렸던 시절이 있
지 않았습니까? 어떻게 보면 거기에 대해서 화를 내는 게 정당하다
는 게 입증된 시절을 지나서, 지금은 '니들이 과도하게 화를 내는

것 아니냐?'고 다시 그때의 가해자들이 화를 내는 시절로 돌아온 것 같다는 생각도 듭니다.

한 박근혜 같은 경우는 "몇 번이나 사과해야 하느냐"는 말을 하기도 했는데요. 그거랑 같은 거죠. 일본이 한국한테 사과 많이 했습니다. 그런데 문제는 사과를 들으면 들을수록 화가 난다는 거죠. 진짜 사과라면 한 번이면 되는 겁니다. 진짜 사과하는 눈빛과 분위기라면 말없이 다가와서 손을 잡아주는 것만으로도 느낄 수 있고, 마음이 풀릴 수 있는 거죠. 그게 수구세력 입장에서도 불행입니다. 그 짐을 대를 이어서도 물려줄 겁니까?

지 이 상황들을 진보개혁 세력이 극복해 나가야 할 텐데요. 어떻게 해야 한다고 보십니까?

한 아이고, 제가 그걸 알면야……(웃음) 지금 상황이 어렵다는 얘기를 참 많이 합니다. 실제로 어렵구요. 두 가지 얘기를 하고 싶어요. 하나는 '낙담하지말자, 더 어려웠던 시절도 많았다'는 거예요. 수구세력들의 손봐야 할 사람 리스트에 올라 있다고 저보고 조심하라고 하는 사람들도 많은데요. 농담 반 진담 반으로 그런 말을 합니다. "웃기지 마라. 우리가 박정희, 전두환 밑에서도 살았는데 이명박, 박근혜 밑에서 못살 게 뭐 있느냐"라구요. 지금 상황이 어렵긴 하지만 우리 한국 사회에서 이것보다 더 어려웠던 적이 훨씬 많았거든요. 그때를 생각하면 얼마든지 헤쳐나갈 수 있는 거죠. 여기까지 온 게 어딘데요. "한국 전쟁 후에 아무 것도 안 남은 데서 여기까지 왔는데, 여기서 낙담하지 말자"는 얘기도 하구요.

또 하나는 우리의 의지로 이 어려운 상황을 헤쳐나가자는 얘기를 하고 싶어요. 지금의 어려움에 대해서, 왜 어렵게 되었느냐에 대한 진지한 반성이 필요하다고 봅니다. 제 얘기는 이 상황을 너무 쉽게 정치공학적으로 극복하려고 하지 말자는 거예요. 물론 저도 대통령 선거에서 이기는 거 바라죠. 그렇지만 거기에 너무 급급해하다가 우리가 진짜로 깊이 있게 반성해야 할 것들을 놓치지 말자는 얘기를 하고 싶어요. 외환위기 때 우리가 위기를 근본적으로 극복하지 못했던 이유는 탈출 강박관념 때문이었거든요. 지금의 상황이 어렵지만 탈출 강박관념 때문에 공학적인 묘수풀이에 매달리지는 말아야 합니다. 그보다 진짜 진지한 반성을 해야 합니다. 우리 사회 안에서 성찰의 계기를 마련해야 하고요. 그 성찰은 꼭 우리가 잘못한 점뿐 아니라 우리가 '어' 하고 있는 사이에 '세상이 이렇게 변했구나, 젊은 세대는 이렇게 달라졌구나' 하는 부분까지를 포함하는 겁니다.

민주화 10년 동안 비판할 것도 많지만 이 정권에서 이룬 것도 만만치 않잖아요. 절대로 후퇴하게 해서는 안 되죠. 요즘 같은 세상에 이명박이나 박근혜가 정권 잡았다고 해서 또 다시 민주 인사들이 국정원에 잡혀 가서 거꾸로 매달려 두들겨맞는 일은 없다고 확신합니다. 이런 시스템 상에 우리가 만들어놓은 부분들이 있기 때문에 정권이 넘어간다 한들 허물 수는 없다는 말이죠. 심지어는 조갑제나 정형근이가 잡아도 이걸 되돌리기는 어려울 겁니다. 이런 부분에 대한 믿음을 가져야 해요. 우리가 잘못한 게 있으면 정권을 내줄 수도 있고 그러다가 정권을 되찾을 수도 있을 거구요. 정권을 되찾았을 때 확고한 민주화, 돌이킬 수 없는 민주화를 해나갈 수 있으면 되는 거죠. 지금까지는 정권을 한 번도 제대로 잡아본 적이 없잖아요. 이번도 사실 민주화 운동 세력이 정권을 잡은 건지 아닌지 헷갈리는 부분이 있고요. 장기적인 비전과 플랜을 가지고 방향을 세워나가는 부분들을 잘 하지 못했어요. 그런데 청와대든 국회든 정부부처든 그곳에 있었던 사람들의 경험이 쌓일 거고, 그것들이 축적돼가면서 우리도 국가 발전, 사회 발전에 대한 장기적인 전망을 세울 수 있는 그런 인적 자원들이 형성될 겁니다. 그러니까 그런 것들에 의거해서 비전을 제시하는 능력을 키우는 성찰의 기회로 삼았으면 좋겠습니다.

지 강준만 선생이 인용했던 "전에는 사상과 이념으로 사람을 따졌는데, 그게 다가 아니고 이념과는 전혀 기준이 다른 사람됨이라는 게 있다"는 말이 있는데요. 그렇게 사람됨이라는 면에서 신뢰할 수 있는 보수가 아쉽다는 거군요.

한 과거청산 문제는 진짜 보수적인 아젠다거든요. 그리고 그들이 정권을 잡고 있을 때 벌어진 일들이기 때문에 그 사람들이 하는 게 훨씬 더 좋아요. 그 상황에서 우리가 "이것도 해야지 않느냐" 하고 조언을 하고 그렇게 가야 하는 거죠. 그런데 이걸 그쪽에서 안 했기 때문에 우리가 하는 거거든요. 그러다보니까 과도했던 부분도 있었고 우리 안에 정략적인 계산도 틀림없이 있었구요. '육군 중위'와 관련한 부분들이 그런데, 박정희를 왜 친일파로 잡습니까? 군사독재자로 잡아야죠. 이런 부분을 반성해야 해요. 한국 사회 전체의 아젠다화를 못했던 거죠. 가령 저는 과거청산 문제를 보수가 맡았다면 시민사회에서 목소리 내기가 좋아지는 부분이 있지 않았나 하는 생각을 합니다.

지　영화 〈그때 그 사람들〉을 감수하셨다고 하던데요.

한　감수는 아니고 시나리오를 한번 읽고 영화 가편집이 끝났을 때 같이 보고 그랬던 거죠. 영화는 〈아리랑〉에 깊게 관여했어요. MK 픽처스에서 정지영 감독이 만들고 있는데 시나리오가 잘 안 써지는 것 같아요. 그래서 난항을 겪고 있는 것 같습니다. 또 그 영화사에서 노근리 사건을 가지고 〈작은 연못〉을 만들고 있어요.

지　그 영화와 관련해서 박지만 씨의 명예훼손 소송에 증인으로 참여하기도 하셨는데요.

한　그걸 저쪽에서는 박정희의 사생활이라고 얘기하는데 그게 어떻게 개인의 사생활 문제입니까? 대통령 경호 문제가 있으니까 기관을 사용하는 건 좋지만, 박정희가 개인 돈으로 여자를 조달한 것도 아니고 국가 예산을 가지고 중앙정보부 의전과장이 직접 조달한 거잖아요.

　육영수 여사가 떠난 다음에 박정희의 여자관계가 문제가 되었는데요. 사실 재혼을 시키는 게 제일 좋았죠. 그런데 주변에서 서로 견제를 해서 못하게 하는 거예요. 왜냐하면 들어와서 장희빈이 될지, 왕후마마가 되어서 권력을 행사할지 알 수 없거든요. 그 여자와 관련된 쪽으로 아무래도 권력의 판도가 바뀔 수 있으니까 그걸 신경쓴 거죠.(웃음) 그렇게 박정희의 여자 문제는 권력의 향방을 결정할 수 있는 사안이 돼버렸어요. 얘기가 복잡하고 지저분해진 거죠. 그리고 〈그때 그 사람들〉은 사실 그 부분을 다룬 영화가 아닙니다. 그것보다는 그때 그 부분과 연루되어 영문도 없이 죽어간 사람들의 얘기를 임상수 감독은 하고 싶었던 거죠. 그러다보니까 영화가 재미없어졌다고 할까요. 암살 사건만 다루고 박정희가 끝부분에 죽었으면 흥행에서는 더 나았을 텐데요. 영문도 모르고 죽은 사람들의 이야기를 다루다보니까 우왕좌왕하는 얘기가 중심이 된 거죠. 김재규도 박정희의 여성 문제에 대해서는 굉장히 점잖게 얘기했잖아요. 법정에서 박선호가 얘기하려고 하니까 "얘기하지 마" 하고 저지했고, 자기도 얘기하지 않았잖아요.

지　임상수 감독은 굉장히 시니컬하게 '우리가 저때 저 꼬라지로 살았던 거야?' 하고 얘기하고 싶었던 것 같은데요. 영화를 보면 박정희가 굉장히 지쳐 있다는 생각이 들더라고요. 그래서 막연하게 암살을 예상하지는 않았을까 하는 느낌도 들던데요.

한　그렇지는 않았을 겁니다. 김재규나 차지철은 굉장한 심복이었잖아요.

{ "미안해요 베트남" 그리고 "미안해요 이라크"

지　평화박물관 건립은 어느 정도 진척되었습니까?

한　집 짓는 계획 빼고는 굉장히 커나가고 있는데요. 사실 평화운동이 한국에서 본격화된 게(그 이전에 전혀 없었던 건 아니지만) 2003년입니다. 이라크 파병이 굉장히 큰 계기가 됐죠. 그 전에 베트남 진실위원회 활동을 하면서 "미안해요 베트남" 운동을 벌였는데, 이라크 파병하는 것을 보면서 "미안해요 이라크"를 또 해야 하나 하는 생각이 들더라고요. 베트남 파병 때는 예닐곱 살 때였으니까 파병 국가의 국민이었지만 내가 직접 책임질만한 문제는 아니었잖아요. 물론 파병 국가의 국민으로서 책임이 없다는 건 아니고요. 책임을 느꼈기 때문에 그 운동을 한 거죠. 하지만 40대의 교수이자 한국 사회에서 평화운동을 하는 사람으로서 느끼는 것하고는 엄청난 무게의 차이가 있죠. 그런 의미에서 평화박물관을 시작했어요. 그리고 이라크 파병의 충격 속에서 한국 사회의 민주화 운동과 인권운동을 통해 성장한 세력들이 평화운동으로 방향을 전환했다고 할까, 평화 운동을 새롭게 시작했다고 할까요?

평화운동에도 두 가지가 있다고 생각해요. 가령 이라크 파병, 북핵, 한반도 평화 정착, 주한미군 문제, 대추리 등 현안 중심의 운동이 있어요. 사실 그런 건 힘겹죠. 그런데 그 운동을 잘 하려면 든든한 평화감수성이 있어야 해요. 평화박물관 운동은 일선에서의 평화운동, 농담 반 진담 반으로 땜빵운동이라고도 합니다. 문제가 터지면 그 문제에 즉각 대응하는 그런 형태의 평화운동도 대단히 중요하고 필요하죠. 그런데 그걸 잘하려면 평화감수성과 평화교육이 튼실하게 받쳐줘야 하는데, 가난한 집일수록 저축을 못하잖아요. 사실은 가난한 집일수록 저축이 더 필요한 건데요. 평화박물관 운동은 그런 일선에서의 평화운동을 지원하기 위한 평화감수성과 평화교육 문제에 조금 더 중점을 두고 있습니다. 박물관이니까 전시를 매개로 하고, 교육 자료를 생산하고, 이런 방향에서 역할분담을 해야겠다는 생각을 한 거죠. 일을 시작한 지 3년쯤 되니까 틀이 잡히면서 사업에 대한 자신감 같은 게 생깁니다. 지금은 사업이 뻗어나가려고 하는 단계예요. 제가 그 역할들을 같이 하고 필요한 자금도 끌어오고 해야 하는데 과거사에 발이 묶여서 그러지 못하고 있는 거죠.

지　선생님도 그렇고 제가 만나는 여러 분들이 '한 사람이 저렇게 많은 일을 감당할 수 있을까' 싶을 정도로 과부하가 걸려 있는 것 같은데요.

한　요새는 평화박물관의 실무적인 부분은 거의 못하고 있고 방향 잡고 사업 결정하고 그런 정도만 하고 있어요. 상근 활동가가 다섯 명이에요. 시민 단체로 치면 큰 규모가 아니지만 평화 단체로서는 큰 규모입니다. 좋은 분들이 아주 열심히 활동하고 있어요.

평화의 개념을 잡아가는 작업들도 중요하다고 생각해요. 뭐가 평화냐하면 아주 작은 의미에선 전쟁 반대겠죠. 그리고 전쟁과 관련된 이슈들, 군사적인 부분과 관련된 이슈들과도 연관이 될 거구요. 저는 평화의 관점에서 세상을 바라보는 것이 필요하다고 생각하기 때문에 평화를 새롭게 정의하는 것이 중요하다고 봅니다. 그런데 평화를 그렇게 얘기하면 굉장히 추상적이고 남의 동네 얘기가 됩니다. 쉽게 얘기하면 그냥 좋은 얘기가 되는 거죠. 내 얘기가 아닌, 내 생활하고는 거리가 먼, 이른바 당위적이라고 하는 게 되는 겁니다. 매 맞는 여성에게 가서 한반도 평화에 대해 얘기하는 것이 무슨 의미가 있습니까? 그건 폭력이죠. 매 맞는 여성에게는 안 맞는 것이 평화인 거고, 배고픈 아이한테는 밥이 평화인 거고, 졸린 사람에게는 잠이 평화인 거죠. 이주 노동자들처럼 추방의 위협에 떨고 있는 사람에게는 "너는 여기서 살 권리가 있어"라고 얘기해주는 것이 평화입니다. '내가 어떻게 평화에 대해서 얘기할 것이냐'를 고민해보니까 평화 개념을 저렇게 묶어놓아서는 안 되는구나 하는 생각이 든 겁니다.

그러면 운동의 영역이 어디까지냐 하는 고민이 생기는데요 천수

관음이라고 할까요? 관음보살이 수천 개의 모습으로 나타나듯이 평화라는 것도 형태가 없이 그렇게 흘러가는 것이 아닌가 하는 생각이 듭니다.

평화박물관에서 고민하고 있는 것 중의 하나가 치유에 관련된 건데요. 치유에 대해서는 여러 군데서 얘길 많이 한단 말이에요. 그래서 평화운동은 좀 다르게 접근할까 합니다. 평화운동의 전통적인 이슈와 관련된 부분들이 많이 있습니다. 이를테면 한국 사회에서 전혀 얘기가 안 되고 있는 베트남 전쟁에서 상처받은 사람들, PTSD(외상후 스트레스 장애)로 고민하는 사람들이 많이 있습니다. 전쟁으로 인한 PTSD, 한국전쟁 때의 상이군인들 그리고 국가보안법에 의해서 상처받은 사람들, 조작간첩, 국가폭력, 고문 피해자, 이런 사람들을 '어떻게 치유할 것인가? 서로 어떻게 화해할 것인가?' 하는 문제는 일반적인 심리치료하고는 다른 영역으로 생각할 수 있는 거잖아요.

우리가 베트남 문제로 출발을 했지만 베트남과 화해하는 길이 꼭 민간인 학살 문제로만 되는 건 아니라고 생각해요. 우리가 베트남과 새롭게 관계를 맺어가는 가운데 옛날의 일을 기억하는 게 바람직한 것이죠. 우리도 일본 사람을 만났을 때 밤낮 정신대 문제나 강제 동원 문제를 얘기하고 싶지는 않잖아요. 그 사람들이 과거를 잊고 엉뚱한 얘기를 하니까 화가 나서 그 문제를 자꾸 얘기하는 거죠. 건강한 미래를 위해서 해야 할 일이 많지 않습니까? 베트남과 관련해서 우리가 할 수 있는 일 중에는 이주 여성과 관련된 것들이 있습니다. 이들을 평화의 관점에서 어떻게 바라볼 것인가 하는 문제죠. 한국 땅에서 이주 여성이 평화롭게 살아가기 위해서, 이주 여성 가정에서 태어난 혼혈 자녀들이 한국 땅에서 평화롭게 살아가기 위한 환경을 만들기 위해서, 평화운동이 무엇을 할 것인가를 고민해야 합니다. 이주 노동자들의 문제니까 인권 문제나 여성 문제로 미룰 것이 아니라 우리처럼 베트남과 관련된, 베트남을 통해 다른 아시아 국가들과 관련된 그런 뿌리를 가진 입장에서 어떻게 해야 할 것인가를 고민해야죠.

그래서 '이 사람들에게 힘을 실어주자'는 취지로 생각한 것이 엄마의 나라 이야기를 자랑스럽게 여길 수 있는 조건들을 만들어주자는 거였어요. 그래서 아이들 그림책부터 시작해보려고 해요. 어린이 평화도서 얘기를 하다가 "베트남 그림책을 우리말로 번역하자, 필리핀 그림책도 번역하자, 그리고 콩쥐팥쥐, 춘향전, 심청전을 그 나라 글로 번역하자"는 생각을 했어요. 수많은 이주 여성들과 그 가정에서 태어난 다양한 배경을 가진 아이들한테 엄마가 태어난 나라의 얘기를 접할 수 있도록 기회를 만들자는 겁니다. 그래서 '엄마나라 이야기 프로젝트'를 준비하고 있고요.

조그맣긴 하지만 여기가 인사동 권역이잖아요. 그래서 여기에 평화를 내걸고 예술가들이 작업할 수 있는 공간을 만들고 있어요. 대추리 전시회도 하고, 국가보안법 전시회도 하고, 미세스 사이공 전시회도 했죠.

또 김형률 씨와 작업을 하게 된 계기가 있는데 2005년이 해방 60주년이었잖아요. 그래서 '어떤 사업을 할까, 뭘 할 수 있을까, 잊힌 게 뭐지?' 하고 생각하다 원폭 문제가 떠올랐어요. 저도 굉장히 오지랖 넓게 공부했지만 그 문제에는 별로 아는 게 없더라고요. 모를 때는 잘 아는 사람에게 물어보는 게 수잖아요. 그래서 원폭 문제를 가지고 열심히 활동하는 사람이 누구냐고 물어봤죠. 그러니까 김형 률 씨를 소개해주더라고요. 만나보니까 겨우 35킬로그램이에요. 그 친구한테 배우면서 일을 준비했어요. 그리고 작년에 원폭 전시회를 열었어요. 처음에는 서울하고 부산에서만 하기로 일정을 잡았다가 10개 도시에서 하게 됐어요. 간신히 첫 발을 뗀 셈이죠. 원폭 피해 자 지원을 위한 특별법을 제안했고 건강세상 네트워크, 원폭2세 문 제 공대위 같은 단체들과 함께 했어요. 그런데 김형률 씨가 작년에 갑자기 세상을 떠났어요. 그래서 김형률 추모사업회를 만들어서 평 화 교육의 일환으로 원폭 문제를 알리고 전시하려고 합니다. 사이 버 상에서도 우리 작업의 성과들이 쌓이고 있고요.

평화박물관은 엄청난 건축물을 지으려는 운동이라기보다 평화 감수성을 위한, 평화 교육을 위한 작은 활동들을 하는 곳이에요. 그 런 활동들이 축적되다보면 집은 자연스럽게 지어질 수 있다고 봅니 다. 집은 좀 장기적인 안목으로 바라보고 있어요. 오히려 있는 공간 을 잘 활용해서 게릴라적인 전시물을 만들고 그 전시물을 다시 지 역으로 가져가려고 해요. 원폭 전시물을 지역에서 독자적으로 만들 어내기는 어렵잖아요. 원폭이든 이라크 문제든 그런 것들을 전시할 수 있는 공간을 만들어야 합니다. 그리고 지역에서 순회전시를 할 수 있는 네트워크도 만들어야죠. 평화 문제에 대해 지속적인 관심 을 가지고 활동할 수 있는 파트너들 역시 찾아야 합니다. 이런 작업 들을 박물관이 하려고 합니다.

민주화 운동 자산, 한국 사회의 저력

지　올해 특별한 계획은 없으십니까?

한　올해로 안식년이 끝나는데 고민이 많죠. 과거사위에 있으니까 아무래도 계속해야 하지 않나 싶은데 휴직을 하든지 해서 이쪽 일을 마무리 지어야죠. 일은 더 이상 벌이지 않고 평화박물관에 집중할 생각입니다. 이 안에도 사업이 어마어마하게 많거든요.

지　사람들에게 평화감수성을 심어준다는 게 중요하면서도 힘든 것 같습니다.

한　2~3년 지나니까 그런 얘기들이 공감을 얻기 시작하고 비슷한 얘기를 하는 분들이 나타나 활동이 이루어지고 있어요. 평화감수성이라는 부분도 이라크 전쟁 초기 평화운동이 처음 대중화되던 때에 비해서 장족의 발전을 했죠. 파시즘 얘기를 하시는 분들과는 차이가 있습니다. 이제는 한국 사회에 그런 문제를 해결하려는 선의의 노력과 입장이 갖춰졌다고 봅니다. 가령 이주 노동자 문제 같은 경우, 맨 처음 이 문제가 터졌을 때는 말도 못하게 열악했어요(여전히 문제는 심각하지만). 그런데 최근 몇 년 사이에 아주 급격히 달라졌죠. 한국 사회가 가지고 있는 자산이랄까, 여론의 향배가 완전히 기울었다는 말이에요. 물론 제일 공헌이 컸던 것은 〈느낌표〉죠. 그런데 〈느낌표〉 같은 문제 제기가 나올 수 있었던 배경에는 민주화 운동이 있습니다. 386 정치인들이 한때 욕을 먹기도 했지만 학생운동 출신의 386이나 그 이전의 긴급조치 세대들이 각계에 포진해서 그 시절에 추구했던 가치를 잃지 않고 자기가 처해 있는 위치와 전

문성을 기반으로 힘을 발휘하고 있기 때문에 〈느낌표〉 같은 프로
그램이 만들어질 수 있었던 거죠. 사람들에게 교양과 재미를 함께
주자고 했을 때 선택할 수 있는 여러 가지 주제가 있었음에도 불구
하고 이주 노동자 문제를 선택했잖아요. 오락 프로그램에서 다루기
에는 쉬운 문제가 아닌데 그걸 선택하고 만들어냈잖아요. 그게 국
민들한테 굉장히 강한 영향을 줬고요. 베트남 문제는 〈느낌표〉 같
은 식으로 만들어지지는 않았어요. 베트남 문제가 제기될 수 있었
던 것은 《한겨레21》의 독자들이 먼저 움직였기 때문이에요. 오히려
뒤늦게 시민단체가 붙었다고 할까요. 그런 걸 보면 한국 사회가 저
력이 있는 것 같아요. 민주화 운동의 부정적인 면을 얘기하는 사람
들도 있지만 분명한 건 그들에게서 끄집어낼 수 있는 것이 많다는
거예요. 거기에만 의존해서는 안 되겠지만 말입니다. 그때의 경험
들을 사회 문제를 해결하는 데 적극적으로 활용할 필요가 있다고
생각합니다.

지   마지막으로 해주실 말씀은 없으십니까?

한   없습니다. 얘기 많이 했잖아요.(웃음)

(2006년 12월 30일, 평화박물관에서)

대한민국, 이제는 삼성이 지배하는 나라

심
상
정

● 1959년 경기도 파주에서 태어났다. 서울대학교 역사교육학과를 나왔으며, 학창시절부터 노동운동에 투신해 노동운동의 대모로 불리기도 한다. 전국노동조합협의회 쟁의부장, 쟁의국장, 민주금속연맹, 금속산업연맹 사무차장, 전국금속노조 사무처장 등을 거쳐 민주노동당 당대회 부의장 등을 역임했다. 2004년 민주노동당 의원으로 국회에 입성했으며, 원내 수석 부대표를 지냈다. 재경경제위원회 위원으로 일하고 있으며 현재는 한미FTA 저지를 위해 '국회 한미FTA특별위원회' 위원과 민주노동당 한미FTA저지 특별위원회 공동위원장을 맡고 있다.

" 우리 사회의 양극화가 수십 년에 걸쳐 이루어짐으로써 양극화의 한쪽
으로 내몰린 서민들의 삶은 극도로 피폐해진 상황이에요. 수십 년간 한
국 사회를 운영해왔던 가진 자들의 정치, 기득권 세력을 위한 정치는 더
이상 대한민국의 미래가 될 수 없다고 봅니다. 양극화에 내몰린 다수의
가난한 서민들은 진정한 그들의 정치적 대변자를 갈구하고 있다고 생
각해요. 급변하는 한반도 정세는 우리 사회가 지금까지 경험하지 못했
던 새로운 단계를 예고하고 있습니다. 그런 상황에서 냉전과 색깔론을
자양분으로 삼아 성장해왔던 수구보수 정치세력들은 이미 새로운 한
반도 정세를 따라잡기 어렵다고 봅니다. 진정한 평화통일 정치세력의
주동적인 역할이 요구되는 상황이죠. "

© 문종석

심상정

● 한미FTA 협상이 결국 타결되었다. 한쪽에서는 장밋빛 희망을 말하지만 한쪽에서는 "나라의 경제주권을 팔아먹은 매국행위"라고 한다. "노 대통령이 보수대혁명, 보수대연합을 이뤄냈다"고 말하기도 하고 "역시 노 대통령은 진보개혁 진영에 들어온 보수세력의 트로이의 목마였다"는 자조적인 목소리도 나오고 있다. 반대로 그동안 대통령의 비난에 누구보다 앞장서왔던 《조선일보》, 한나라당의 강재섭, 전여옥 의원, 민주당 조순형 의원 등은 "이제야 대통령답다. 우리가 도와줘야 한다"고 극찬하고 있다.

여론은 FTA 찬성 쪽이 많은 듯하다. 하지만 정부와 자본과 보수언론의 파상적인 공세 속에서 일반 국민들이 이것이 스스로에게 어떤 영향을 줄 것인지 제대로 파악하기란 쉽지 않을 것이다. 그리고 벌써부터 우리 협상단의 협정문 해석과 미국 측의 해석이 다르다는 얘기가 들리고 있다. 우리 삶에 엄청난 영향을 줄 이런 사안에 대해 대통령은 왜 이렇게 밀어붙였을까 하는 의문이 들지 않을 수 없다.

한미FTA의 졸속타결은 이른바 개혁성향을 내세우고 집권한 '중도 부르주아 자유주의자'들의 정체를 적나라하게 드러낸 것이라고 본다. 그들은 미국을 통해 국익을 모색하고 있지만 그것이 정말 우리나라 전체에 도움이 될 것인지는 전혀 알 수가 없고, 그들의 미국에 대한 인식은 불안하기 짝이 없다.

이런 시점에서 '한미FTA 졸속 타결에 반대하는 국회의원 비상시국회의' 간사를 맡고 있는 민주노동당 심상정 의원을 만나 한미FTA 타결에 대한 생각, 앞으로의 대처방안, 민주노동당 대통령 후보로 나선 이유 등에 대해 들어보았다.

홍세화는 "처음 만났던 심상정은 단단했다. 이따금 미소를 머금을 줄 아는 단단함이었다. 무엇인가를 배척하기 위한 것이 아니라, 그 무엇인가를 지키기 위한 단단함이라고나 할까. 그것을 굳이 노동해방이라거나 인간해방이라고는 말하지 않겠다. 나는 그에게 고마움을 느꼈다. 다른 동지를 만날 때처럼 이 땅에 내가 없었던 80년대와 90년대를 조금이라도 느끼게 해주었기 때문"이라고 말했는데, 내가 받은 인상도 비슷하다. 심상정 의원은 FTA 때문에 연일 바쁜 나날을 보내고 있고 식목일을 맞아 식수행사 차 개성을 다녀오느라 인터뷰는 2007년 4월 4일 저녁 8시에야 시작되었다.

{ 노무현은 간신들에게 속은 '벌거벗은 임금님'

지승호(이하 **지**)　한미FTA 협상이 타결되었는데요. 협상 결과에 대해 어떻게 생각하십니까?

심상정(이하 **심**)　하도 많이 받은 질문인데요.(웃음) 애당초 많은 국민들이 우려했던 대로 얻은 것은 거의 없고, 미국 측의 요구는 확실하게 관철된 그런 최악의 협상이라고 봅니다. 더 큰 문제는 이런 협상 결과가 결국은 이 땅의 다수 서민의 삶에 엄청난 부담으로 전가될 것이 확실하기 때문에 걱정이 되는 거구요.

지　노무현 대통령에 대해 "간신들에게 속은 벌거벗은 임금님"이라고 표현하셨는데요. 그렇다면 정말 심각한 것 아닌가요? 제대로 된 현실 인식을 바탕으로 했다고 해도 엄청난 후폭풍이 몰아칠 텐데요. 모피아mofia 같은 경제 관료들에게 속아서 그렇게 되었다는 건가요?

심 우선 결정 과정을 보면요. 친미 외교·경제 관료들에게 포위되어 있는 상태에서 결국 대통령의 결단으로 추진되었어요. 말하자면 추진 과정에서 내각, 국무회의 같은 데서 충분히 공론화되지 못한 채 대통령의 결단이라는 방식으로 추진되었다는 것이구요. 두 번째로는 대통령께서는 경제적인 득실을 강조하셨지만, 한미FTA 협상과 관련해서는 경제적인 득실이 아예 타산조차 되지 않았다는 것입니다. 졸속 추진이 아니라고 하려면 각 분야별, 업종별 영향평가가 다 나와야 하고, 이해 당사자들 사이의 의견 차이가 충분히 검증 되어야 합니다. 그런 것들을 종합해서 협상 목표와 전략을 짜야 하는데요. 한일FTA조차도 용역 결과들이 200건 이상 되는데 한미FTA는 단 3건, 그것도 급조된 보고서밖에 없습니다.

이것은 애당초 경제적인 목표 또는 득실을 따지지 않았다는 뜻인 겁니다. 그러면 뭐냐, 개방 대세론, FTA 대세론, 미국 만능론, 뭐 이런 추상적인 담론 수준의 신앙으로 추진한 것인데요. 그런 당위를 바탕으로 정치적 목적, 이해관계에 따라 결정된 것이라고 볼 수밖에 없는 겁니다. 개방 대세론 같은 경우는 대통령하고 제가 청와대에서 논쟁할 때도 확인한 것인데요. 개방 대세론은 맞죠. 민주노동당도 개방 자체를 반대하는 것은 아니에요. 문제는 대한민국은 한미FTA를 체결하지 않더라도 수입국으로 충분히 개방된 국가라는 겁니다. 객관적인 사실이구요. 오히려 충분한 대응책 없는 개방으로 인해 우리 경제·사회에 많은 긴장을 초래하고 있는 상태라는 거죠. FTA 대세론 역시 사실과 좀 다릅니다. FTA는 전 세계적으로

200건 가까이 체결되어 있다고 합니다. 그런데 내용을 보면 구 소련연방 해체를 대체하는 경우나 EU 같은 해당 지역 내의 협정이 대부분이고, 우리처럼 대륙을 넘어선 원거리 FTA는 10퍼센트도 안 됩니다. 미국과의 FTA를 체결한 국가도 16개국밖에 안 되잖습니까? 그런 것으로 볼 때 대통령께서 갖고 계신 개방 대세론이라든지 FTA 대세론이라는 것은 사실 인식에서 충분하지 않다는 겁니다. 애당초 경제적인 득실 같은 것들을 구체적으로 따져보지도 않았다는 거죠. 그런 당위적인 담론 수준의 인식을 전제로 대통령의 정략적 목표가 작용해 결정된 것이라고 봅니다. 주로 친미 외교·경제 관료들에 포위되어서 내린 결단이었다고 볼 수밖에 없습니다.

지　어떤 분들은 100년 전의 한일합방과 같은 비극적인 상황이 아니냐고 인식하기도 하구요. 한쪽에서는 그게 과장된 얘기라고 생각하는 것 같은데요.

심　"이것은 단순한 시장 개방이 아닌 경제 통합이고, 국가주권을 흔드는 문제"라고 얘기할 때, 특히 송영길 의원 같은 경우는 크게 반발하지 않습니까? 저는 오히려 송영길 의원의 한미FTA에 대한 인식이 대단히 부족하다고 봅니다. 한미FTA는 세 가지 측면이 있어요. 하나는 관세를 철폐해서 교역량 늘리는 건데, 주로 정부 여당이 얘기하는 거죠. 두 번째는 비관세 분야, 세 번째는 FTA의 원칙과 규범의 영역이에요.

　우선 첫째로 말씀드리고 싶은 것은 한미FTA는 단순히 관세 철폐로 교역량을 늘리는 그런 낮은 수준의 FTA가 아니라는 겁니다. 19개의 협상 분과 중에서 관세를 다루는 분과는 세 개밖에 없습니다.

나머지는 대부분 금융, 서비스 개방이라든지 지적 재산권, 노동, 환경 등등 비관세 장벽, 제도, 관행, 법을 바꾸는 그런 영역이었거든요. 첫 번째 관세 철폐 부분에서도 균형이익을 도출했는가를 주목해봐야 합니다.

저희가 중요하게 생각하는 부분은 두 번째 부분이에요. 미국 측의 요구가 가장 확실하게 일방적으로 관철된 분야가 비관세 분야라고 보거든요. 대표적으로 투자자와 정부의 제소권 문제인데, 이것은 미·호주FTA에서도 제외되었던 것입니다. 우리가 통합협정문 초안을 만들 때 이미 수용을 해서 사후적으로 부동산이나 조세를 예외로 한다고 했는데요. 그렇다고 해서 성공한 것이 아니에요. 부동산을 유보했다고 하지만 부동산 가격안정만 유보한 거죠. 예를 들어 도시계획이라든지 그린벨트 문제라든지 개발제한구역 문제라든지 이런 주택 정책과 관련된 분야는 사실은 유보된 것이 아닌 것 같거든요. 그것뿐 아니라 향후 우리 정부의 정책 및 입법, 사법 주권을 훼손할 수 있는 굉장히 위험한 조항이라고 보구요.

그것 외에도 약가의약품 의료기기위원회라든지, 위생검역위원회라든지 기술표준위원회라든지 각종 미국 측이 참여하는 위원회 구조를 우리가 다 수용했습니다. 그런데 그것은 정부가 이야기하는 것처럼 국내 경제개혁의 모멘텀이 될 선진 제도의 도입이 아닙니다. 미국의 다국적 제약회사의 이익을 관철시키고, 미국 자동차의 판매를 촉진시키고, 광우병이 우려되는 소고기나 유전자 조작 식품의 수입조건을 완화하기 위해 만들어진 것이죠. 그런 것이 대부분 우리나라의 법과 제도, 관행과 충돌하는데요. 미국식을 이식시킴으로써 미국의 이익을 장기적으로 극대화해나가는 이 분야에 대한 양보, 이것이 국가주권을 위협하는 것이라고 이야기한 겁니다.

세 번째가 더 중요한데요. FTA의 원칙과 규범과 관련해서 크게 문제가 되는 것이 세 가지예요. 첫째로 네거티브 리스트인데 이것은 앞으로 개발되는 서비스는 다 개방한다는 뜻입니다. 열거가 안 돼 있으니까요. 또 하나는 일명 래챗ratchet조항이라고 하는 건데요. 역진 방지 제도라는 겁니다. 예를 들어 우리가 스크린쿼터를 73일로 하기로 했잖아요? 이것을 더 축소하면 했지 늘리는 건 불가능하다는 거예요. 문제는 미국하고 우리하고 합의하는 데만 적용되는 게 아니라는 겁니다. 미국과의 합의와 상관없이 국내 정책의 필요에 의해서 늘릴 수도 있고 줄일 수도 있잖아요. 그런데 국내 정책의 필요에 의해 후퇴를 했을 경우에는 그 이상으로 다시는 못 올라가는 겁니다. 그러니까 국내 정책에도 구속력을 갖는 거죠.

그 다음에 MFN이라고 최혜국대우라는 원칙인데요. 최혜국대우가 뭐냐면 미국하고 우리하고의 관계뿐 아니라 한국이 앞으로 다른 나라와 FTA를 맺거나 거래를 할 때, 예를 들어 FTA를 맺으려고 하는 나라의 생산력 수준이 아주 낮은 분야 같은 경우, 다른 것을 더 얻기 위해서 왕창 개방할 수도 있는 것 아니겠습니까? 그런데 그렇게 낮춰놓으면 미국한테 그대로 적용되는 겁니다.

네거티브리스트나 래챗 조항이나 MFN 같은 것은 협상 체결로 종료되는 것이 아니라 FTA가 계속 살아 움직이면서 무제한적으로 확장되는 그런 원칙이에요. 이것이 정말 위험한 거죠. 이런 비관세 장벽을 허무는 문제라든지, 규범에 관한 원칙들은 미국식 FTA에만 있는 건데요. 기본적으로 모든 제도와 규범과 법을 미국식으로 바꿈으로써 우리나라의 정책 주권이나 사법 주권, 입법권이나 지방자치권까지도 사실상 심하게 훼손되는 것입니다. 그것은 절대 과장이 아니구요. 대단히 송구스러운 얘깁니다만, 그 분들이 한미FTA에 대해서 너무 모르시는 겁니다.

〔 이번 대선의 최대 경계는 신자유주의에 대한 찬반

지 한미FTA 체결에 대해 《조선일보》를 비롯해서 《국정 브리핑》, 한나라당 등 환영 일색인데요. 사실 대한제국이 일본에 병합되었을 때도 대다수의 국민들은 무관심하지 않았습니까? 이게 어떤 의미였는지 몰랐던 거였지만, 내심 원했던 거구요.

안중근 의사가 이토 히로부미를 암살했을 때도 "우리의 은인 이토 히로부미를 살해한 안중근을 잡아 죽이라"는 시위가 벌어지기도 했었다고 하던데요. 그것과 비슷한 상황이 아닌가 싶습니다. 오히려 기대하는 국민들도 많구요.

이런 상황에 어떻게 대처하실 건가요? 《한겨레》에서 실시한 여론조사에서도 잘했다는 의견이 훨씬 많고, 대통령의 지지율도 많이 올라갔지 않습니까?

심 일종의 여론조작이라고 보는데요. 이미 기대수준이 상당히 낮아진 상태에서 막판의 첨예한 쟁점들을 중심으로 정부가 상당히 포장을 하니까 국민들이 균형 있는 타결이 되었다고 오해하는 겁니다.

지 '쌀은 지켰다'든지 그런 것 말이죠.

심 그렇죠. 쌀은 아예 대상도 아니었지 않습니까? 개성공단을 반영하기로 했다든지 하는 부분은 문구를 가지고 잔재주를 부린 것에 불과하죠. 실제로 개성공단이 인정되었다고는 보기 어렵습니다. 자동차 관세 철폐도 우리는 8퍼센트를 진작에 철폐했는데, 미국의 즉시 철폐가 일부 포함이 되었다는 것 가지고도 감지덕지한 거죠. 그것조차도 이면에 더 파괴적인 여러 조항을 줬을 가능성이 제기되고 있지 않습니까? 섬유 같은 경우는 미국하고 FTA한 다른 나라들이 받는 수준만큼도 못 받았습니다. 그러면서 유전자조작 표시제한 같은 것들을 내줬을 가능성이 있구요. 사실 이 부분은 타결 내용을 정확하게 파악하고, 우리 국민들에게 정확하게 알려주는 것이 중요하다고 생각합니다.

지 민주노동당은 '불복종 운동과 함께 국민들에게 직접 묻는 국민투표운동을 펼쳐 나가겠다'는 입장이시죠. 그런데 언로가 왜곡된 상황에서 그것도 쉽지 않을 것 같은데요. 많은 사람들이 "UR때도, 한·칠레FTA 때도 나라 망한다고 했지만 안 망했지 않느냐?"고 주장하고 있지 않습니까? 우리의 일부 계층에서 벌어지는 참혹한 상황을 외면하고 있는 건데요. 모른 체하는 게 아니라 정말 모르는 사람이 많은 것 같습니다.

심 정부를 포함해서 거대 정당인 한나라당과 열린우리당이 졸속 타결에 뜻을 같이하고 있구요. 거기에다가 보수 언론들이 총가세해서 이른바 보수대단결, 보수대연합 체제로 밀고가고 있기 때문에 우리 국민들이 정확하게 판단하기 어려운 측면이 있습니다. 지금 50여 명의 의원으로 '한미FTA 졸속 타결에 반대하는 국회의원 비상시국회의'(이하 비상시국회의)가 구성되어 있는데요. 의원들과 전문가, 이해당사자, 시민사회계를 포함해서 범국민 검증위원회 구성을 촉구해나갈 생각합니다. 공식적인 국회 절차 과정을 통해서도 청문회와 국정조사를 관철해서 조사권을 갖고 어떤 비밀도 허용하지 않는 철저한 검증을 추진할 테구요. 그것을 비상시국회의에서 선도해서 결국 진실을 국민들에게 정확하게 알리고, 그 토대 위에 국민들의 뜻을 묻는 절차로 가야겠다는 생각을 하고 있습니다.

지 비상시국회의 간사를 맡고 계신데요. 앞으로 의원들이 더 늘어갈 가능성이 있다고 보십니까?

심 우선 농촌이 거의 공황 상태예요. 농촌 출신 의원들은 본인 의사와 상관없이 비준을 동의하기가 사실상 어려울 거라고 봅니다. 이런 분들은 참여할 거라고 보구요. 초반에 몇천 쪽 되는 협정문을 몇쪽으로 정리하면서 정부가 성과를 과대포장했기 때문에 구체적으로 타결 내용의 진실에 대해 아직 많은 국회의원들이 정확하게 모르고 있습니다. 그래서 그 결과가 속속 드러나는 대로 많은 의원들이 동참할 것이라고 생각합니다.

지 이번 대선 구도가 '한미FTA에 대한 찬성이나 반대냐'로 나눠질 것 같기도 한데요. 천정배 의원과 김근태 의원의 단식에 대해 "집권을 위한 고도의 정치적 쇼"라고 의심을 하는 견해들도 있지 않습니까? 단병호 의원께서도 비슷한 말씀을 하신 적이 있구요.

심 정치인이기 때문에 정치적인 목적을 갖고 정치적 행위를 할 수 있다고 봅니다. 그러나 한미FTA 같은 경우에는 연말까지 비준 과정이 걸쳐있고, 국민의 입장이 양분이 되어 있고, 첨예하게 살아 움직이는 현안이지 않습니까? 지금 한미FTA 반대로 단식까지 하신 분이 나중에 한미FTA를 찬성하는 측과 정치적인 합류를 하기는 매우 어렵다고 보구요. 그것은 국민들이 용납하기 어려울 겁니다. 그런 점에서 한미FTA 의제는 찬반전선밖에 없다고 생각합니다. 이른바 중도라든지 제3지대가 존재하지 않는 거죠. 그런 점에서 나아가 FTA찬반 논란은 범신자유주의 지지세력 대 신자유주의 반대세력으로 정치 세력을 양분하는 아주 중요한 현안이 될 것이구요. 한미FTA를 통한 여권의 재결집, 지금까지 정치적 주소를 투명하게 하지 않고, 중도라는 모호한 이름으로 공동의 정략적 목표로 결집한 이런 세력들의 재결집은 사실상 어렵게 되었다고 생각합니다.

지　여권에서 한미FTA를 반대하는 분들이 당을 만들면 그쪽하고 연대를 한다든지, 정책 연합을 하는 건 가능하다고 보십니까?

심　저희는 기본적으로 이번 대선이 신자유주의에 대한 찬반이 가장 큰 경계라고 봅니다. 신자유주의 전선의 가장 중심에 한미FTA 투쟁이 있습니다. 그뿐 아니라 비정규직에 관한 문제라든지 사회복지를 위한 증세 방안이라든지 몇 가지 신자유주의 극복을 위한 정책 대안에 대한 검증 과정을 거쳐서 연대 제휴의 폭과 방식이 결정되지 않을까 합니다.

지　반값 아파트라든지 민생이라는 의제를 한나라당이 선점하지 않았습니까? 물론 여러 가지 환경 탓도 있겠지만, 민주노동당에 희망을 가져야 할 계층들이 지금 한나라당 후보들에게 기대를 하고 있는데요.

심 민생 의제 선점을 한나라당에 빼앗긴 게 아닙니다. 민주노동당이 하는 게 결국 모두 다 민생 의제인데요. 한나라당에 빼앗겼다기보다는 민주노동당이 일관되게 주도하지 못했다는 표현이 더 맞을 것 같아요. 바꿔 얘기하면 민주노동당이 획득해야 할 민생 주체의 조직화 전략이 부재한 데서 비롯된 것이라고 봅니다. 서민과 관련해서 가장 중요한 비정규직 노동자 문제라든지 민생 주체들을 중심에 놓고 거기에 종합적인 정치 활동을 일관되게 배치하지 못한 것이 가장 큰 문제라고 생각합니다. 그래서 민생 의제들을 일상적으로 다루기는 했지만, 그것이 거대 정당들의 이슈정치를 뛰어넘어서 일관되고 지속적으로 서민들에게 관철되어 나가지 못했구요. 그것은 민주노동당의 조직 전략의 부재가 크게 작용한 것이라고 봅니다.

기득권을 위한 정치는 더 이상 우리의 미래가 될 수 없다

지 노무현 대통령이 '유연한 진보'라고 주장하면서 촉발시킨 이른바 진보 논쟁은 어떻게 보고 계십니까? 참여정부에 대해 "진보가 되고 싶은 욕심은 있는데, 진보에 대한 인식과 의지, 능력은 갖추지 못했다"고 지적하셨는데요.

심 '유연한 진보냐, 아니면 사이비 진보냐', 이것을 정확하게 국민들이 판단할 수 있도록 하는 것이 이번 대선에서 민주노동당의 최대 관건이라고 보거든요. 사실 여론조사를 해보면 진보를 희망하는 분들이 60퍼센트가 넘습니다. 수구보수를 빼고는 대부분 진보연하고 싶어하는 것 같아요. 중요한 것은 과연 진보라는 게 뭐냐는 건데요. 유연한 진보, 중도, 신진보, 이런 다양한 수식어들이 많이 있습니다만 그런 수식어야말로 진보답지 않은, 진보로부터 뭔가 얻으려는 태도라고 봅니다. 한마디로 얘기하면 그런 수식어가 붙은 진보는 사이비라고 봐요.

제가 생각하는 진보의 핵심적인 요체는 두 가지인데요. 하나는 '사회적 약자를 중심에 두었느냐' 하는 문제입니다. 사회경제적 민주주의의 핵심은 사회적 약자, 다수 서민들을 중심에 둔 민주주의냐, 아니면 지금까지 해왔던 것처럼 기득권층을 대변하는 부자들의 민주주의냐 하는 것입니다. 이것이 진보를 가르는 핵심적인 경계선, 구분선이라고 생각합니다. 노무현 대통령께서 당신이 생각하는 진보는 "탈권위와 지역주의 청산을 내용으로 하는 형식적 민주주의의 완성"이라고 말씀하셨는데 (진보라는 것이 상대적으로 평가되는 것이기는 하지만), 과연 탈권위와 지역주의가 현재 다수 국민들의 절실한 요구와 부합하느냐, 시대정신에 부합하느냐 하는 점이 판단의 핵심이라고 봅니다.

그런데 형식적 민주주의는 YS, DJ를 거치면서 사실은 공고화된 것입니다. 탈권위나 지역주의가 여전히 중요한 과제임에는 틀림없고 여전히 의미 있는 일임에는 분명하지만 '노무현 대통령에게 표를 준 다수 서민들의 가장 핵심적인 요구와 기대였느냐?' 라는 점에서는 전혀 아니라는 겁니다. 이미 형식적 민주주의가 공고화된 그 민주주의를 수단으로 해서 다수 서민의 먹고사는 문제에 대한 해결을 요구한 것이구요. 그것이 노무현 정부의 시대적 과제임에도 불구하고, 대통령은 오히려 자본의 전면적인 자유화를 도모하면서 서민의

삶을 더욱 더 벼랑 끝으로 내모는 그런 역할을 했습니다. 그런 점에
서 노무현 대통령이 얘기하는 '유연한 진보'는 사이비 진보고, 오히
려 신자유주의의 가장 적극적인 대변자로서 진보의 카운터 파트의
위치에 서 있는 것이 객관적인 사실이라고 말씀드리고 싶습니다.

지 　말씀하신 대로 일정하게 정치적 민주주의는 이루어졌는데,
사회경제적 민주주의는 요원한 것 같습니다.

심 　제가 볼 때는 대통령이나 민주개혁세력의 정치적 실패를 은
폐하고 포장하기 위한 그런 진보논쟁이라고 보는데요. 이것은 결코
유익하지 않습니다. 그럼에도 불구하고 진보진영 내에서 '과연 이
시대의 시대정신이 무엇이고, 그 시대정신을 책임질 수 있는 진보
의 콘텐츠가 뭐냐?' 하는 것에 대한 진지한 논쟁을 할 필요는 있구
요. 논쟁을 통해서 진보의 비전을 갖춰나갈 수 있는 논쟁은 더욱더
적극적으로 활성화할 필요가 있다고 봅니다.

지 　"10년 만에 논쟁이 돌아왔다"는 얘기가 나왔다가 좀 수그러
든 것 같은데요.

심 　진보진영의 위기를 논할 때 여러 가지 측면에서 얘기할 수 있
습니다만, 우선 우리 사회의 진보적 학계 인프라가 대단히 취약하
다는 겁니다. 취약한 인프라조차도 사실 노무현 정부와의 결합 속
에서 많이 굴절되어 있습니다. 사실 진보논쟁을 활성화하자는 취지
는 진보의 학계 인프라를 재구축하는 과정하고도 맞물려 있다는 생
각이 드는데요. 그런 재구축 과정은 진보정치의 실체로서 민주노동
당의 몫이기도 합니다.

지 참여정부, 열린우리당의 지지율이 하락한 이 상황이 진보진영 내지는 민주노동당의 위기라고 보십니까? 아니면 기회라고 보십니까? 지난 대선이 끝난 후 '한나라당이 퇴조하면서 열린우리당이 보수가 되고, 민주노동당이 진보가 되는 정치 상황'을 바랐는데요. 지금 보면 한나라당(심지어 열린우리당의 일부 세력이 결합된)에 맞서 민주노동당이 힘겨운 싸움을 해야 하는 상황이 될 것 같기도 합니다.

심 한나라당의 50퍼센트가 넘는 지지율은 사실 한나라당에 대한 신뢰라기보다는 중산층과 서민정치를 표방했던 노무현 정부의 실패에 대한 반대급부라고 봅니다. 참여정부의 실패로 인해 외형적으로는 개혁진보세력이 통째로 무능한 세력, 무능할 뿐 아니라 반서민적인 정치세력으로 국민들에게 인식된 측면이 있다고 봅니다. 위기와 기회는 항상 동전의 양면이에요. '어느 면을 살릴 것이냐' 하는 것은 주체적 능력과 주체적 노력에 달려 있는데요. 이번 대선에서 열린우리당의 참패를 민주노동당의 기회로 만드는 그런 도전에 실패한다면 민주노동당의 미래는 기약하기 어렵다고 봅니다. 서민정당으로서의 비전을 제시하고, 실력 있는 진보로의 과감한 변화를 통해서 서민 대안정치세력으로 거듭나야 합니다. 민주노동당은 진보의 가치를 벼르고, 시대교체를 책임질 수 있는 그런 비전과 실력을 갖춘 정당으로 과감하게 자기 변화를 도모해야 합니다. 그리고 이번 대선을 범한나라당 대 범민주노동당 전선으로 구축해낼 수 있을 때 위기를 기회로 만드는 데 성공할 수 있다고 봅니다.

지 지난번 선거 때는 국민통합이나 지역감정해소 같은 것이 화두가 되었는데요. 이번 대선의 화두는 무엇이 되리라고 보십니까?

대한민국, 이래는 삶이이 지배하는 나라 _ 심상정

245

심   이번 대선의 화두는 경제와 평화라고 봅니다. 우리 사회의 양극화가 수십 년에 걸쳐 이루어짐으로써 양극화의 한쪽으로 내몰린 서민들의 삶은 극도로 피폐해진 상황이에요. 수십 년간 한국 사회를 운영해왔던 가진 자들의 정치, 기득권 세력을 위한 정치는 더 이상 대한민국의 미래가 될 수 없다고 봅니다. 양극화에 내몰린 다수의 가난한 서민들은 진정한 그들의 정치적 대변자를 갈구하고 있다고 생각해요. 급변하는 한반도 정세는 우리 사회가 지금까지 경험하지 못했던 새로운 단계를 예고하고 있습니다. 그런 상황에서 냉전과 색깔론을 자양분으로 삼아 성장해왔던 수구보수 정치세력들은 이미 새로운 한반도 정세를 따라잡기 어렵다고 봅니다. 진정한 평화통일 정치세력의 주동적인 역할이 요구되는 상황이죠. 이런 측면, 특히 경제와 평화 두 측면에서 시대가 진보를 부르고 있습니다. 그리고 우리 국민들이 민주노동당을 지켜보고 있다고 생각합니다. 강한 민주노동당을 요구하고 있는 변화하는 시대의 요청에 대해서 민주노동당이 시대를 책임질 정치세력으로 거듭나는 것이 이번 대선의 핵심 과제라고 생각합니다.

지   어떤 여론조사에서는 가장 진보적인 후보로 이명박 전 시장을 지적하기도 했는데요.

심   지금 진보를 원하는 국민들이 다수인데, 누가 대통령이 되어야 하느냐고 물으면 이명박 전 시장의 지지가 가장 높지 않습니까? 많은 사람들이 진보를 원하는 이유는 먹고 사는 문제 때문입니다. 그게 가장 중심이라는 것을 의미하는 거죠. 그것은 서민경제를 파탄 낸 노무현 대통령이 아니라 이른바 CEO형 대통령으로 이미지가 형성된 이명박 씨가 경제 문제를 해결할 수 있을 것 같은 기대가 반영된 지지율이라고 봅니다. 실제로도 서민의 삶을 파탄낸 정치를 진보정치라고 할 수는 없는 것이죠. 진보정치가 승리하기 위해서는 다수 서민의 먹고 사는 문제, 다수 서민들에게 밥을 먹여주는 정치, 이 부분에서 확고한 신뢰를 획득하는 것이 중요하다고 봅니다. 이번에 한미FTA 반대 같은 경우도 민주노동당이 당의 명운을 걸고 하고 있는데요. 어느 나라나 진보 정당은 신자유주의 공세로부터 서민의 삶을 확고하게 지켜내야 할 역사적 소임이 있는 겁니다. 그렇게 서민들의 삶을 지켜낼 수 있을 때 서민 대안정치세력으로서의 자격이 부여될 수 있는 것이라고 저희는 생각합니다. 그래서 한미FTA 저지 투쟁은 반드시 승리해야 합니다. 그리고 여기에서 더 나아가 한미FTA 저지 투쟁을 통해 과연 서민들의 삶을 일관되게 지키고자 하는 정치세력은 누구이며, 서민들의 삶을 볼모로 해서 자신의 정치·경제적 이익을 추구하려는 세력들은 누구인지가 분명하게 될 것입니다.

이런 진보와 보수의 분별점을 토대로 서민경제의 대안과 비전을 제시함으로써 서민들이 희망을 갖는 정치세력으로 발전해나가야겠다는 생각을 하고 있습니다. 정말로 우리나라는 한 번도 진보 정권이 집권한 경험이 없지 않습니까? 그러다보니까 유럽처럼 보수당과 노동당이 번갈아가면서 정치를 할 때 나타나는 정치 노선의 구체적인 정책 효과 차이를 국민들이 체험해보지 못했습니다. 오직 개발, 성장 중심 정책 아래에서만 세례를 받았기 때문에 새로운 서민경제체제에 대한 확신을 만들어가는 과정은 그만큼 지난할 수밖에 없죠.

정세를 따라잡는 시대정신과 그 시대를 책임질 수 있는 비전

지　우리가 정치적 민주화를 이루는 데도 상당히 오랜 시간이 걸렸는데, 사회경제적 민주화를 이루는 데도 그만한 시간이 걸리지 않겠냐는 암울한 전망도 있습니다.

심　초기에 진보세력의 중심을 확고히 하는 데는 시간이 걸리겠지만, 진보진영이 일단 서민 대안정치세력으로서 신뢰를 얻고 뿌리를 내릴 수 있다면 진보정치세력의 집권은 빠른 시일 내에 이루어질 가능성도 있다고 생각합니다. 그만큼 우리 사회의 양극화가 심화되고 있고, 양극화로 인한 고통의 정도가 매우 깊기 때문인데요. 그래서 민주노동당의 어깨가 더욱 무거울 수밖에 없다는 생각이 듭니다.

지　무상교육, 무상의료 같이 국민들에게 어필할 수 있는 요소들을 설득해내는 데 실패한 이유는 뭔가요? 언제부턴가 민주노동당에서 그런 의제가 슬그머니 들어갔던 것 같습니다. 많은 분들이 사교육비나 의료비로 고통스러워하지 않습니까? 그런 점에서 민주노동당을 지지하는 유명인들을 통해 적극적으로 어필할 필요도 있었다고 보는데요.

심　무상교육, 무상의료, 주거안정 실현은 민주노동당의 기본 과제입니다. 이번 대선을 통해서 보다 심화된 양극화 정도를 반영한 서민복지정책으로 업그레이드해나갈 예정이에요.

지　대선 출마를 선언한 권영길, 노회찬 의원에 대해서는 어떻게 평가하십니까?

심 훌륭하다고 평가합니다. 의례적인 답변밖에 드릴 수가 없네요.(웃음)

지 김어준 씨가 진행한 라디오 프로그램에서는 "그 훌륭한 분들이 있는데 그분들이 하게 놔두시지, 왜 나오셨냐?"고 다그치던데요.(웃음)

심 두 분 다 민주노동당이 자랑하는 정치지도자들입니다. 그런데 이번 대선에서 승리하려면 우리 당원들과 민주노동당에 애정을 갖고 있는 국민들에게 긴장과 충격을 줄 정도의 과감한 변화, 역동적인 변화가 따라야 합니다. 그럴 때 민주노동당이 대선에서 승리할 수 있습니다. 이 두 분이 민주노동당을 대표하는 훌륭한 주자임에는 틀림없지만 이 두 분을 뛰어넘어야 한다고 생각하구요. 변화되는 정세를 따라잡는 시대정신과 그 시대를 책임질 수 있는 비전을 중심으로 당을 쇄신하고, 국민들에게 강한 민주노동당의 가능성을 보여주는 그런 과정을 거칠 때 우리가 승리할 수 있습니다. 그 역할에 제가 적임자가 아닌가 생각하고 있습니다.

지 당내 경선에 어떻게 임하실 생각인가요? 비례대표 때도 일등을 하시긴 했지만, 대중적인 인지도는 낮은 게 아닌가 싶은데요.

심 두 분이 국민적인 인지도나 대중적인 지지는 앞서는데요. 제가 이런 얘기를 할 때마다 히딩크의 말을 인용합니다. 과거에 몇 골을 넣었느냐가 중요한 것이 아니고 앞으로 경기를 어떻게 주도할 것이냐가 중요하다고 봅니다. 월드컵을 보셨으면 아시겠지만, 월드컵 시작할 때는 과거 스타들에 대한 기대가 높지만, 월드컵이 끝나면 새로운 역사가 쓰이지 않습니까? 그런 점에서 이번 대선 경선과정에서 새로운 역사가 쓰여야 우리가 승리할 수 있다고 생각합니다. 그렇기 때문에 제가 경선에서 이겨야 하구요.

이번 경선이 민주노동당의 승리로 연결되려면 8만 당원들이 주도하는 경선이 되어야 합니다. 그리고 처음부터 끝까지 후보들을 긴장시키는 선거가 되어야 하구요. 지금까지 많은 당내 선거를 지켜보면 사람은 뽑았을지는 모르지만 선거 과정에서 당이 남는 장사를 하지 못했습니다. 이번에 저는 후보들이 정파나 기존 질서에 의지해서 무임승차를 하려고 하면 안 된다고 봅니다. 당원들이 후보들에게 많은 것을 요구하고, 비전과 정책도 내놓고, 조직도 보태고, 인프라도 개척하고, 이런 것들을 꼼꼼히 따져서 평가하는 그런 경선이 되어야 한다고 생각합니다. 심상정의 경선 승리 전략의 핵심은 민주노동당의 기존의 인식과 질서와 관행을 과감하게 뒤흔들어서 새로운 미래를 향한 새로운 결속을 다져나가고, 민주노동당 내에 새로운 도약의 에네르기를 만드는 것입니다.

지　서민경제 살리는 데는 가장 적임자라고 말씀하시는데요.

심　가장 중요한 경제와 평화의 아젠다와 관련해 볼 때 서민경제에 대한 대안을 제시할 수 있고, 서민경제에 대한 경쟁력을 가지고 있다고 생각합니다. 또 평화와 관련해서도 제가 상당히 오랜 기간 새로운 한반도의 평화 비전을 제시해왔습니다. 향후의 평화는 경제거든요. 과거의 외교안보적인 쟁점에서 경제로 한반도의 아젠다가 이동될 겁니다. 그것에 대한 비전을 종합적으로 제시할 수 있는 유일한 후보라고 저는 자임을 하고, 실제 콘텐츠를 가지고 승부할 생각입니다.

지　언론을 보면 그 방법으로 삼박자 경제론을 내세우시던데요.

심　세 박자요.(웃음) 세 박자 경제론은 우선 한국 사회의 양극화를 해소해서 서민이 경제 대상이 아닌 경제 주체로 서는 '서민경제론', '한반도의 평화경제론', 미국 패권의 국제 질서가 아닌 동아시아 호혜협력의 경제공동체를 지향하는 '동아시아 호혜경제론' 세 부문으로 구성되어 있습니다. 이게 동시에 하나로 움직일 때 제 소리를 낼 수 있다고 봅니다.

　특히 한미FTA를 반대하니까 "그럼 개방을 반대하는 것이냐, 그러면 대안은 뭐냐" 이런 얘기를 많이 하시는데요. 사실 대외의존도가 70퍼센트인 나라에서 개방 안하고 어떻게 먹고 사느냐는 얘기를 대통령께서도 여러 번 했습니다. 미국의 이익을 배타적으로 강요하는 그런 국제무역질서에 대해서 각 대륙이 전부 블록경제로 대응하고 있지 않습니까? EU가 그렇고, 남미의 메르코수르가 그렇고, 중동도 마찬가지구요. 그런 조건에서 미국이 가장 만만하게 생각하는 곳이 동아시아, 그 중에서도 대한민국이에요. 사실은 대외의존도가 70퍼센트이고, 특히 미국의 의존도가 높기 때문에 거시경제의 변동성이 지나치게 큽니다. 이것이 경제의 위기 요인이거든요. 그런 점에서 일정하게 거시경제의 변동성을 줄이고, 내수경제를 활성화하기 위해서도 동아시아 차원의 경제공동체를 건설하기 위한 노력이 대단히 중요하다고 생각합니다.

지　어떤 분들은 "미국식의 팽창경제가 앞으로 지탱하기 힘든 것 아니냐, 우리가 난파선을 타는 것 아니냐"고 분석합니다. 그리고 지금 중국과의 무역량이 미국을 넘어서지 않았습니까?

심　정부는 "미국이 최대시장이니까 선점해야 한다"는 논리를 펴는데요. 사실 중국이 최대 교역국으로 부상한 지 10년밖에 되지 않았습니다. 동아시아 국가들이 세 군데만 빼고는 한국보다 인구가 많아요. 최근에 10퍼센트 대의 성장을 보이면서 사실은 시장 규모가 급속히 팽창할 가능성이 높고, 향후 세계경제의 중심으로 부상할 가능성도 높거든요. 그러므로 미국 패권에 대항하는 공동전선을 구축하고 동시에 동아시아의 큰 시장을 상호공존, 발전의 시장으로 변화시켜나가는 그런 노력은 대한민국의 미래를 위해서도 매우 중요한 것이라고 봅니다. 나아가 세계 경제의 발전을 위해서도 매우 중요하구요.

지　동아시아 경제공동체를 만드는 데 한미FTA의 졸속 타결이 상당히 걸림돌이 되지 않겠습니까?

심　저는 우리 대한민국의 발전과 세계의 호혜경제협력을 위해서도 미국과의 협력은 더 이상 유익하지 않다고 봅니다. 동쪽과의 협력보다는 서쪽과의 협력을 우선적으로 강화해야 한다는 것이죠. 동쪽과의 관계에 상대적으로 의존도가 높아져 있다는 것인데, 정부도 다자구도로 전환해야 한다는 얘기를 계속 해왔지 않습니까?

지　우리나라 안에 있는 미국에 대한 심리적 의존도도 큰 문제가 된다고 보거든요.

심　《한겨레》여론조사에서도 '한미FTA가 잘 됐느냐'는 질문에 57퍼센트가 잘 됐다고 했는데요. 내용적으로 보면 '미국 국익에 유리하다'가 52퍼센트거든요. 이 모순을 무엇으로 설명할 수 있겠습니까? 두 가지라고 봅니다. 하나는 개방 대세론과 시장만능주의, 이런 부분들이 거의 보편적인 이데올로기가 되어버렸다는 거구요. 또 하나는 경제적 측면 이외에 한반도 정세와 관련해서 미국으로부터의 여러 가지 위협적인 요소에 대한 불안이 내재된 것이라고 보고 있습니다.

지　노무현 대통령 역시 진보에 대한 의지는 있었다고 보는데요. 국민들도 일정하게는 좌파 정권이라고 생각합니다. 그런 면에서 민주노동당도 무능함의 딱지가 붙은 게 아니냐는 말씀을 하셨는데요. 그래서 민주노동당이 집권하더라도 관료들의 벽을 넘어서 잘할 수 있겠느냐는 우려 역시 있을 수밖에 없는데요.

심　민주노동당 내에서 그동안 의회주의에 대한 우려들이 많이 있지 않았습니까? "노무현 대통령의 실패를 변절로 보느냐, 좌절로 보느냐"는 질문도 많이 받았는데요. 변절과 좌절은 동전의 양면입니다. 노무현 대통령 자신도 공약을 내건 정도는 하고 싶었을 겁니다. 그러나 우리 사회는 반 발짝의 개혁만 하더라도 그것으로부터 손해를 보는 사람들이 있어요. 그런 개혁으로부터 손해를 볼 사람들은 대한민국에서 지금까지 단 한 번도 손해를 본 적이 없는 사람들이고, 모든 것을 관철해왔던 사람들이거든요. 그럴 때 노무현 대통령의 개혁에 필연적으로 뒤따르는 저항을 어떻게, 무슨 힘으로 제압할 것이냐는 겁니다. 사실 개혁은 개혁에 필연적으로 잇따르는 저항을 제압할 수 있는 힘과 수단을 갖고 있을 때 관철되는 것이라고 봅니다. 그런 점에서 노무현 대통령은 아주 낭만적인 개혁주의자였고, 그것이 현실 정치에서 초장에 여지없이 깨지면서 이제는 재벌과 외국자본의 연합정부가 되어 버린 것이죠.

제압할 힘이 없기 때문에 결국 저항세력들과 타협할 수밖에 없었고, 신자유주의의 첨병이 되면서 국민들로부터 철저히 외면받고 있는 것입니다. 그런 점에서 볼 때 민주노동당이 추구하는 진보적 개혁은 노무현 정부가 추구하는 개혁보다 훨씬 더 강도가 높은 것이입니다. 그렇다고 한다면 엄청난 기득권 세력의 저항이 따를 것 아닙니까? 그렇기 때문에 "민주노동당이 진보개혁에 필연적으로 뒤따르는 엄청난 저항을 무슨 힘으로 어떻게 제압할 것이냐?" 하는 것이 바로 집권을 준비하는 과정이라고 봅니다. 노무현 정부를 반면교사로 삼아 그런 정책 교훈을 깊이 새겨야 한다고 항상 생각을 하고 있죠. 그럴 때 '과연 기득권 세력의 저항을 원내 의석수로만 제압할 수 있느냐, 다수 의석을 확보한다고 해서 가능하느냐'는 의문을 가질 수 있습니다. 물론 다수 의석이 확고한 진보적인 의제 통일이 되어 있을 때 노무현 정부와 같은 그런 실수는 하지 않겠지만, 보다 중요한 것은 '그런 진보적 개혁을 뒷받침할 수 있는 사회 역량의 성숙이 필요하다'는 겁니다.

민주노동당의 진보는 각계각층, 각 분야별로 진보를 향한 일상 투쟁을 통해서, 진보개혁 사회에 대한 열망과 의지들을 키워나가는 사회운동의 성장과 맞물려서 성공할 수 있을 것이라고 생각합니다. 표현하기로는 '거대한 소수'라는 게 그런 개념인데요. 그만큼 아래로부터의 진보개혁의 에너지를 조직화해내는 이런 실천이 다른 야당들과 달리 진보정당이라는 이름을 가진 정당들의 의무이자 과제라고 보는 겁니다.

노무현의 비극은 다수서민을 철저하게 정치에서 배제한 데서 시작

지　예전에 한나라당의 어느 의원이 "민주노동당이 10석을 가지고 지나치게 국회를 좌지우지하려고 한다"는 비판을 했었는데요. 역설적으로 말해서 상당히 부담을 갖고 있다는 얘기도 됩니다. 그리고 결과적으로 보면 참여정부가 힘이 있을 때 할 수 있는 것들을 제대로 못함으로써 수구보수세력들에게 증오의 대상이 아니라 경멸의 대상이 되었던 것 같습니다. 민주노동당은 그걸 반면교사로 삼아야 할 것 같은데요.

심　그래야겠죠.

지　"내가 겪은 모피아들은 굉장히 유능한 확신범들이었다. 한국 경제를 주물러온 모피아의 실체를 봤다. 민주노동당이 원하는 것이 뭔지 확실히 파악한 다음 설득에 들어갔다"는 취지의 말씀도 하셨는데요. 참여정부가 이런 데 대한 인식이 부족했지 않나 싶기도 합니다.

심　참여정부를 보면요. 사실은 노무현 대통령의 철학과 노선이 사회운동적인 실천을 통해서 충분히 검증되거나 단련되지 못했어요. 감상적인 리버럴리스트 수준의 정치철학이었다고 봅니다. 참여정부 집권의 전 과정을 보면 이런 생각이 드는데요. 사실 관료는 정치를 보완하는, 정치를 뒷받침하는 행정의 영역인데, 수십 년 동안 하나의 족벌을 형성해온 그런 관벌화된 관료가 오히려 정치 위에 군림하는 형태로 참여정부의 감상적인 자유주의를 굴복시킨 것이라고 봅니다.

노무현 대통령이 진정으로 자신의 개혁의지를 관철하려고 했다면 저항세력을 제압할 수 있는 힘을 찾고 그 힘과 파트너십을 형성했어야 하지 않을까요? 그것이 참여의 진정한 의미가 되었어야 하는데, 예를 들어서 관료들을 제압하기 위해서 파트너를 찾았다면 공무원 노조와의 관계를 이렇게 적대시할 수 있었겠느냐 하는 겁니다. 교육 관료들의 저항을 제압하려고 했다면 가장 효과적인 교육 개혁의 파트너는 전교조가 아니겠어요? 이런 점에서 참여정부는 일부 시민운동, 학계의 엘리트들을 각종 위원회에 영입하는 그런 협소한 것으로 참여를 인식함으로써 결국 거대한 관료의 성벽을 뚫지 못했다는 겁니다.

지 그게 민주노동당과의 차이가 될 수 있을 것 같은데요. 열린우리당 같은 경우에는 계급적으로 취약한 부분이 있지 않습니까? 재경위에서 활동하시면서 '삼성 저격수'라는 별명도 얻으셨는데, 삼성의 압력은 별로 안 받으셨다고 들었습니다. 반면 열린우리당의 박영선 의원이나 X-파일의 이상호 기자에게는 엄청난 압박이 있었다고 하던데요.

심 글쎄요. 압력이라고 하는 것은 그 압력이 부담이 되는 사람들에게 가하는 것이 아니겠습니까? (웃음) 그런 점에서 저희한테는 보수 정치권의 압력으로 작용할 수 있는 수단이 통하지 않는다고 봤기 때문에 직접적인 접근은 하지 않았다고 봅니다. 다만 삼성의 고위 간부들로부터 "굉장히 위협적으로 느끼고 있다. 사실 8,000억 기부 이런 것들도 심 의원이 언론에 몇 마디 인터뷰하면 성과가 퇴색된다, 그래서 참으로 부담스럽다"는 식의 말은 건네들은 적이 있습니다. 뭔가 타협을 요구하는 재계 쪽에서 만나자고 할 때 제가 드린 말씀은 "민주노동당이 제1야당쯤 되면 만나자. 그때 가면 민주노동당의 비판이나 주문에 대해서 재계도 외면할 수 없을 것 아니냐. 그리고 집권을 앞둔 민주노동당으로서도 재계의 변화를 통한 재벌개혁을 위해서 직접적인 노력을 집중해야 될 때가 아니겠느냐. 그런데 지금 만나자고 하는 것은 결국은 재벌 개혁에 적극적인 민주노동당을 설득해보고자 하는 것인데, 지금 이 시기야말로 민주노동당의 역할은 삼성을 비롯한 재벌의 공과를 균형 있게 국민들에게 제시하는 것이라고 본다. 그런데 그 과제와 관련해서 공은 이미 보편적으로 알려져 있기 때문에 가려진 과를 드러내는 것이 민주노동당의 소임이라고 생각한다"고 얘기한 적은 있죠.

지 민주노동당의 대선 전략과 목표는 어떤 건가요? 1997년과 2002년 대통령 선거에서 민주노동당 후보의 위상이 달랐지 않습니까? 이번에는 어떠리라고 보십니까?

심 민주노동당의 목표는 이번 대선을 통해서 서민 대안정치세력으로 확고하게 자리매김하는 것입니다. 조직적 목표 측면에서 본다면 민주노총과 농민당을 넘어서서 우리사회 서민의 가장 다수를 차지하는 비정규직 정당으로까지 발돋움하는 것이라 생각합니다. 정리하면 서민 대안정치세력으로 확고히 서는 것, 서민경제를 비롯한 서민주체의 대한민국 미래상을 보다 분명하고 구체적으로 제시함으로써 비정규직 노동자의 정당으로 발돋움하는 것입니다. 그리고 평화통일 주도세력으로서의 비전을 명확히 하는 것이죠.

지 500만 표 득표라거나 2008년 총선에서의 제1야당 같은 현실적인 목표를 가져야 한다는 의견도 있는데요.

심 사실 수량적인 목표는 듣기는 쌈박하지만, 공허한 것이기 때문에 그런 방식은 잘 안 하는데요. 어쨌든 민주노동당에 최대 20퍼센트까지 지지를 보냈던 잠재적 지지층을 최대한 결집시키자는 것을 최소한의 목표로 생각하고 있습니다. 그것을 토대로 해서 2008년 총선에서 최소한 교섭단체 이상을 목표로 하고 있구요.

지 그동안 잠재적 지지 계층이라고 할 수 있는 영세 자영업자들의 지지를 얻는 노력이 부족하지 않았나 싶은데요. 한미FTA에 대해서도 영세 상인들이 기대감을 갖고 있는 것 같은데, 양극화가 심해지고, 서민경제가 어려워지면 영세 상인들도 같이 어려워지지 않겠습니까?

심 영세 자영업자들 같은 경우 그동안 보수정치의 이벤트나 이미지에 가장 많이 노출되어 있으면서 또 보수정치의 개방성장주의로부터 가장 피해를 입은 계층이죠. 그렇기 때문에 민주노동당의 전략적인 득표 대상이라고 봅니다. 그런 점에서 카드 수수료 인하 운동이라든지 대형 마트 규제 입법 활동 같은 자영업자들에게 가장 절박한 이슈들을 적극적으로 주도함으로써 영세 자영업자들의 광범위한 지지가 확산되고 있다고 생각합니다.

지 민주노동당의 분열을 통합해낼 자신은 있으십니까? NL과 PD의 갈등을 "상도동계나 동교동계처럼 특수한 인적 결합체와 다름이 없다"고 비판한 분도 계신데요.

심 제가 보기에도 우리 당원들에게 가장 익숙한 게 NL, PD 구분법인데요. 그게 현실이긴 합니다만 과거의 PD, NL 구도를 뛰어넘는 그런 시대정신과 또 그 시대를 책임질 수 있는 앞선 비전으로 민주노동당이 재무장함으로써 NL, PD의 전통적인 구도를 재편해나갈 수 있지 않을까 합니다. 그래서 이제 정파들도 '변화하는 시대를 앞서가는 인식과 능력을 제고하지 않으면 살아남기 어렵다'는 환경을 조성함으로써 이런 NL, PD라는 정파 구도의 부정적 측면을 해소해야 합니다. 그리고 좀더 콘텐츠 정파로 거듭남으로써 정파가 진보정당 발전에 활력이 될 수 있는 그런 계기로 이번 대선을 만들겠다는 생각을 하고 있습니다.

지 단병호 의원께서 지지의 글을 쓰시면서 "'심상정은 과격한 원론주의자다'는 비판과, 정반대로 '심상정은 원칙도 없는 실리주의자다'는 비판도 있습니다"라는 말씀을 하셨는데요.

심 후자의 평가는 제가 못 들어 봤어요.(웃음) 그것은 당의 보편적 기준을 가지고 말씀하셨다기보다 진보진영 내에서 또 당내 왼쪽을 차지하는 그런 분들의 문제 제기를 말씀하신 것이 아닌가 하는데요. 주로 당내에서는 원칙과 소신 있는 그런 후보로서의 신뢰를 받고 있고, 그런 평가가 가장 보편적이지 않을까 그렇게 생각하고 있습니다.(웃음)

지 서로에 대한 비판이 당을 건강하게 만들어주는 부분도 있을 텐데요. 한편으로는 칭찬할 사람은 칭찬하는 문화도 좀 강화했으면 좋겠구요. 진보정당 분들이 좀 지나칠 정도로 피곤하게 사는 건 아닌가 하는 생각이 들 때도 있거든요.(웃음)

심 제가 〈강한 민주노동당으로 가는 길〉이라는 글에서도 지적했는데요. 오랜 동안의 권위주의 문화에 대한 반권위문화가 진보진영에 상당히 많이 있습니다. 그래서 리더십을 세워나가는 기풍 이런 것들이 약한 측면이 있구요.

사실은 민주노동당도 리더십의 부재가 당이 해결해야 할 아주 중요한 과제로 되어 있기 때문에 우선 주도적인 위치에 있는 분들의 능동적인 헌신이 앞서 가면서 그런 분위기를 좀 바꿔나갈 필요가 있다고 봅니다.

지 "대통령의 말에서 나는 '농촌 부락이 일어나지 못하는 것은 그 부락민이 게으르기 때문'이라고 농민을 꾸짖던 희대의 훈육주의자 박정희 전 대통령을 떠올렸다"고 하신 적이 있으시구요. TV 토론에서 노무현 정권을 '약장수 정치'라고 비판을 하신 적도 있으신데요. 노무현 정부에 대한 전반적인 평가는 어떻게 하고 계십니까?

심 아까도 말씀드렸지만 노무현 대통령은 중산층과 서민의 지지를 받아서 대통령이 되었습니다. 그런데 아이러니컬하게도 그 중산층과 서민으로부터 가장 지탄을 받는 대통령이에요. 그리고 참여정부를 자임했지만 이땅의 다수 서민을 철저하게 정치에서 배제한 그런 정부로 남게 되었다는 점이 대단히 유감스럽구요. 노무현 정부는 시대정신, 시대적 과제, 시대적 소임에 대한 인식에 큰 오류가 있고, 대통령 권한을 행사하는 민주주의에 대한 인식도 대단히 반민주적이었습니다. 대통령 권한을 국민의 주권 위임으로 인식할 때는 국민들의 뜻을 수렴하는 민주적 절차를 대단히 중시하게 되지만, 대통령 권한을 대통령 개인의 독단적 권력으로 이해할 때는 대체로 독재자 대통령이 탄생했습니다. 그런 점에서 노무현 대통령은 대단히 유감스럽게도 독단적 권력의 행사 방식을 취했어요. 그런 민주주의에 대한 인식이 노무현 정부의 위기를 낳은 가장 핵심적인 요인이라고 봅니다.

〉 남북경협을 북한 경제의 남한화로 인식해서는 곤란

지　대선 때 쓸 캐치프레이즈는 생각해 두셨습니까?

심　그게 참 어렵더라구요.(웃음) 제가 중요하게 생각하는 것은 지금 대한민국 사회는 시대의 교체를 요구하고 있다는 겁니다. 가장 핵심적으로는 "그동안의 부자들을 위한 정치에서 서민들을 위한 정치시대로 전환되어야 한다. 냉전의 시대에서 실제 진정한 평화통일의 시대로 전환되어야 한다. 신자유주의, 약육강식의 시대에서 상호호혜협력의 국제 질서로 전환되어야 한다"는 겁니다. 가난한 사람의 민주주의를 실현하기 위한 시대교체가 요구되고, 이 시대교체의 소임을 제대로 수행하기 위해서는 강한 민주노동당이 되어야 한다는 것이 당내 경선 차원에서의 슬로건이구요. 본선으로 가면 우리 국민들을 상대로 한 슬로건들을 정비해야 할 텐데요. 가장 핵심은 '서민의 정부를 탄생시키는 그런 대선이 되어야 한다'는 것으로 집약되어야 하지 않나 생각합니다.

지　지난번 출마 선언을 할 때 보니까 많은 분들이 지지 성명을 발표했던데요. 단병호 의원, 홍세화 선생, 임종인 의원 등이 축하 메시지를 전했고, 정태인 전 비서관이 경제 전문가로 캠프에 합류했던데요.

심　흔히 정치권에서 지지할 때는 그 배경이 학연이라든지, 지연이라든지, 정치적인 이해관계에 많이 연루되어 있지만 저를 지지해주신 분들은 대체로 함께 정치활동을 하는 과정에서 형성된 신뢰 때문이라는 점에서 자부심을 갖고 있구요. 공개된 분들 외에도 많은 분들이 자발적인 조력을 해주고 계십니다. 보수는 보수답고 진보는 진보다워야 한다는 측면에서 민주노동당의 가장 적임자라는 확신 속에 지원을 해주신 것이라 믿고 많은 지지자들의 뜻이 국민들에게 광범위하게 전달될 수 있도록 후보로서 최선을 다할 생각입니다.

지　많은 조사에서 의정 활동 1위로 선정된 적이 있는데요. 스스로는 어떻게 평가하십니까?

심　의정 활동과 관련해서는⋯⋯ 옛 말에 잘 모르면 용감하다고 하지 않습니까? 기존의 의원들이 의정 활동을 어떻게 해왔는지 모르는 상태에서 무모할 정도로(보좌관들과 함께 민주노동당 의원으로서의 소임을 다하기 위해) 최선을 다했다고 생각합니다. 다른 당 의원들과 비교해보니까 무모할 정도로 달려든 측면이 있더라구요. 그런 점에서 여전히 민주노동당의 목소리가 작고, 국민들로부터 충분한 평가를 받고 있지 못한 아쉬움과 안타까움은 있습니다만, 개인적으로 최선을 다했다, 아니 최선을 다하려고 했다는 자부심은 있습니다.

지 제일 보람이 있었거나 아쉬운 점은 어떤 건가요?

심 제일 아쉬웠던 것은 결국 경험과 정보가 전무한 상태에서 국정 전반을 이해하는 데 너무 많은 에너지를 소모됐다는 점입니다. 또 하나는 당이 서민들과 밀도 있게 다가갈 수 있는 그런 조직 전략, 당의 조직 전략과 의정 활동이 밀도 있게 연결되지 못했다는 점이에요. 보람 있었던 것은, 제가 주로 경제 파트를 담당했는데요, 신용불량자나 영세 상인의 대형마트 규제라든지 민생 현안, 민생 주체들과 두루두루 접촉할 수 있었어요. 그 다음에 삼성을 비롯한 재벌과 론스타와 같은 외국 자본들과의 투쟁 과정 속에서 이른바 모피아, 관벌의 핵심이죠. 그들과 맞서 싸우면서 우리 사회의 지배 구조에 대해 아주 실물적인 인식을 하게 되었다는 점이에요.

지 이건희 회장의 국정감사 증인 채택을 취소하는 성명을 발표하시면서 눈물을 흘리기도 하셨는데요. 그렇게 반대가 심한가요?

심 1년차, 2년차, 3년차가 크게 변화하는 걸 보면서 한계를 절감했었는데요. 1년차 때는 이건희 회장의 증인 채택이 쉽게 가결됐습니다. 그런데 이건희 회장이 출국을 해서 안 들어왔죠. 2년차 때는 이건희 회장이 상당히 시간을 끌었고, 난항을 거듭하다가 결국 이건희 회장이 외국으로 출국을 한 이후에 가결을 시켰습니다. 작년 3년차 때는 아예 이건희 회장의 증인 채택이 부결됐고, 이건희 회장이 출국해버렸습니다. 대한민국 국회조차도 재벌이라는 성역에

263

무릎을 꿇은 그런 생생한 현장이었죠. 앞으로 '재벌 및 기득권 세력의 개혁을 관철해내기 위해서 과연 우리가 무엇을 얼마나 준비해야 할 것이냐'고 할 때 "갈 길이 많이 남았다. 갈 길이 멀다"는 것을 절감한 자리였습니다.

지 보수의 반격 내지는 그들이 상당히 준비할 수 있는 시간을 준 셈인가요?

심 제가 볼 때는 17대 국회는 3분의 2가 초선 아닙니까? 정치 물을 모를 때는 용감했다가, 결국은 재계를 비롯한 기득권 세력들이 정치를 포섭해가는 그런 과정이 있었다고 보는 거죠.

지 국회에 들어가서서 활동하신 것하고, 밖에서 노동운동을 하셨을 때하고의 가장 큰 차이가 무엇인가요?

심 노동운동이 아직까지 기업별 노조의 틀 아닙니까? 기업별 노조의 틀에서는 노동운동이 많은 한계를 느끼지만, 정치에 오면 우리 사회 기득권 세력의 강고한 힘 이런 것들을 훨씬 더 정확하게, 생생하게 확인할 수 있습니다. 그런 점에서 더 힘에 부치기도 했고요. 하지만 또 한편으로는 '우리 사회 변화의 가장 효과적인 공간이 정치구나' 하는 판단을 하게 됐어요. 정치가 바뀌어야 우리 사회의 변화가 가능하다는 그런 확신이 생겼는데요. 사회운동은 계속 적극적으로 활성화되어야 하고 진보정치의 강화와 맞물려야 할 것입니다. 지금까지는 대중운동이나 시민운동이 각 부분별로는 상당히 빠른 속도로 발전해왔지만 진보정치의 구심이 형성되지는 못한 것 같습니다. 민주노동당이 만들어진 지 7년밖에 안됐잖아요. 진보정치

구심의 부재와 약화, 진보정치의 구심이 뒤늦게 형성된 데서 오는 힘의 소진이 많았다고 생각이 됩니다.

지   오늘 개성에는 어떤 이유로 갔다 오셨습니까?

심   내일 식목일을 맞이해서 나무 심기 행사 차 갔었는데요. 개성 가보신 분들은 그 황량함에 다들 서늘한 느낌을 받았을 겁니다. 개성의 황량함에서 우리 분단 역사의 아픔을 상징적으로 느꼈을 거예요. 오늘 나무를 심으면서 다들 한마음이었겠지만 '황량하고 추웠던 오랜 냉전의 시대를 종식시키고, 이제 녹색의 평화와 생명이 넘쳐나는 한반도로 빨리 달려가자, 그 길에 우리 민주노동당이 조금 더 적극적이고, 주동적인 역할을 해야겠다'는 다짐도 해봤습니다.

지   개성을 아침에 가서 저녁때 온다는 것도 얼마 전에는 생각지도 못했을 일인데요.

심   한반도 해빙 무드가 강화되면서 개성을 중심으로 한 남북경협의 의미도 이제는 좀 질적으로 달라져야 한다고 생각합니다. DJ정부로부터 이어져온 햇볕정책에서 경협이라고 하는 것은 남북의 군사안보적인 문제 해결을 위한 지렛대로서의 역할을 해왔지만, 이제는 한반도 평화경제공동체로 나가는 그런 추춧돌로 인식이 확장되어야 한다고 보구요. 항상 제가 비판을 많이 했습니다만 세계화를 미국화로 착각할 때 우리 사회에 많은 어려움을 초래하듯이, 남북경협을 남한의 경제를 북한에 이식하는 것으로, 북한을 남한화하는 것으로 인식해서는 곤란하다는 것입니다. 남북 경제체제의 장점을 잘 살려내면서 한반도 경제공동체로서의 비전을 창조적으로 일

귀가는 것이 필요하겠다는 생각을 합니다. 그 점이 햇볕정책을 주도해온 김대중·노무현 정부와 민주노동당의 기본 철학의 차이라고 봅니다. 이번 대선에서 그런 비전을 한반도 평화경제론으로 구체화해서 이후 평화통일을 주도하는 정치세력으로서의 자리매김을 분명하게 하겠다는 생각을 하고 있습니다.

미국의 이중적인 태도가 다자간협상을 더디게 하는 요인

지　한국 경제의 해외의존도가 70퍼센트라고 하셨는데 결국 한국 경제는 계속 대외 개방을 추진할 수밖에 없는 건가요? 과연 한국의 경제관료들은 이에 대해 어떤 생각을 가지고 있다고 생각하십니까?

심　대외의존도가 미국이 21퍼센트, 일본이 24퍼센트라는 사실을 감안하면 한국경제의 대외의존도는 지나치게 높습니다. 1997년 경제위기 직전의 50퍼센트에서 20퍼센트나 더 오른 것인데요. 대외의존도가 높다고 해서, 또는 높아지고 있다고 해서 그것이 바람직한 현상이라고 할 수는 없습니다. 대외의존도가 높다는 사실이 한국 경제의 성장과 어떤 관련성이 있는지, 서민들의 삶과는 어떻게 연계되는지를 구체적으로 설명하지 못하는 한 현재의 대외의존도가 높기 때문에 더 높이자는 논리는 억지죠. 그런데 일부 통상관료들은 개방을 마치 신주단지 모시듯 하고 있는데요. 논리적인 인과관계를 따져서 그렇게 한 것이 아니죠.

지　한국 역시 다자간무역협정을 추진했는데 잘 진척이 안 되었습니다. 그래서 정부가 FTA 협상을 우선 추진했다는 분석이 있는데요. 다자간 무역협정이 생각보다 잘 진척되지 않았던 이유는 뭐라고 생각하십니까?

심　농산품, 지적재산권, 서비스 등 모든 상품의 시장개방을 요구하면서도 자국의 민감한 산업은 보호하려는 선진국, 특히 미국의 이중적인 태도가 다자간협상을 더디게 하는 요인입니다. 미국은 자국의 농업에 막대한 보조금을 지급하면서도 다른 나라에 대해서는 예외 없는 개방과 산업지원 철폐를 주장하고 있습니다. 그런데 이번 한미FTA에서 우리 쪽은 미국의 보조금에 대해 문제 제기조차 못했습니다.

지　노무현 정부가 한미FTA 체결을 급하게 서둘렀던 이유가 뭐라고 생각하십니까?

심　두 가지죠. 하나는 미국의 압력이에요. 한중FTA를 추진하던 2005년 초반에 미국은 노무현 정부에 강력한 압박을 가했습니다. 미국은 한중FTA가 성사되면 동아시아에 개입할 여지가 줄어들 것이라고 생각한 것 같아요. 같은 맥락에서 미국은 한미FTA를 동아시아 개입력을 확대할 수단으로 여겼을 것입니다. 다른 하나는 노무현 정권의 개혁 실패인데요. 노무현 정권은 개혁의 실패를 사회 세력의 반발에 돌리고 있습니다. 그래서 개혁을 추진하기 위해서는 외부의 힘에 의존하지 않을 수 없다는 논리를 만들어낸 거죠. 외부 충격을 통한 내부개혁론이 바로 그것입니다.

지 한미FTA가 국회에서 비준을 받지 못한다면 미국의 보복을 예상해볼 수도 있을 듯한데요. 어떤 보복이 있을까요? 그 후유증은 없을까요?

심 국회 비준은 무조건 해야 하는 것이 아닙니다. 협상 결과가 만족스럽지 못하면 당연히 비준동의를 해서는 안 되죠. 한 쪽에서 비준이 이뤄지지 않았다고 해서 다른 쪽이 보복한다는 일이 있을 성싶지 않구요. 어떻게든 한미FTA 비준동의안을 통과시키려는 사람들이 상대방 보복을 과장해서 얘기하는 것이라고 봅니다. 지금까지 국회는 비준동의안에 대해 내용 검토 없이 통과시켜주는 거수기 역할만 했는데, 그것이 진짜 문제예요. 이번엔 그런 일이 다시 일어나선 안 됩니다.

지 한미FTA로 한국 사회에서 가장 이익을 볼 세력과 손해를 볼 세력은 어디일까요?

심 FTA는 국내 정치 문제입니다. 이익을 볼 세력과 손해를 볼 세력이 명확하게 갈리기 때문인데요. 따라서 찬반도 명확하게 갈리지 않습니까? 산업, 기업, 사회세력별로 손익을 살펴볼 수 있는데요. 산업별로는 농어업, 제약업, 정밀기계업, 석유화학업이 손해를 볼 것이고, 산업 내에서는 대기업에 비해 중소기업이 피해를 볼 것입니다. 사회세력별로 보았을 때는 노동자, 농민, 자영업자들이 피해를 볼 것이고 특히 영세 자영업자들의 큰 피해가 예상됩니다. 이익을 보는 세력은 수출 대기업, 부동산을 대부분 보유하고 있는 상위 계층이겠죠.

지 한미FTA가 한국 사회에 불러올 가장 큰 문제점은 무엇인가요?

심 양극화를 훨씬 가속화할 것이라는 점이 가장 큰 문제라고 봅니다. 주류 경제이론도 FTA가 양극화를 가속화할 것으로 설명하는데요. 자유무역론의 대명사라 불리는 미국의 바그와티Bhagwati 교수도 FTA가 양극화를 가속화할 것이라는 사실을 인정하고 있어요. 정부는 손해보는 계층에 대한 지원 대책을 내놓고 있는데요. 이익 보는 계층에서 그 이익을 어떻게 손해보는 계층으로 흘러가게 할 것인가에 대한 구체적인 프로그램이 없는 한 이는 말장난에 지나지 않습니다. 지금 우리사회는 1997년 경제위기로 깊어진 양극화 문제를 어떻게 해결하느냐에 최대한의 역량을 모아야 합니다. 그런데 참여정부는 오히려 사회적 과제에 역행해서 한미FTA를 추진한 셈이죠.

지 정부가 한미FTA 협정 체결 이후 한국 사회에 불어닥칠 변화에 대해 준비한 것들이 있는데요. 여기에 대해 어떠한 평가를 하시겠습니까?

심 정부는 무대책이 상대책이라고 생각한 것 같습니다. 한마디로 대책이 없어요. FTA는 법, 제도, 관행 등에서 많은 변화를 불러올 것입니다. 엄청난 구조조정도 기다리고 있구요. 그렇기 때문에 한미 FTA는 많은 준비가 필요한 사안입니다. 특히 사후 대책이 아니라 사전대책이 필요합니다. 그러나 정부의 사전적인 대책이 없었죠. 협상이 타결된 이후에야 피해대책이라고 정부가 발표를 한 것이 있는데, 이것들은 대부분 현재 정부가 운용하고 있는 예산을 재포장한 것에 지나지 않습니다.

지 만약 한미FTA가 국회를 통과한다면 이후 대책은 있습니까?

심 그럴 일이 없도록 최대한 노력하겠습니다. 실제로 국회를 통과하기도 쉽지 않을 것이구요. 정부는 협상 타결 직후 협상 성적을 부풀려서 적극적으로 홍보하고 있는데요. 행정력을 총동원하고 있는 것도 모자라 산하단체들까지 동원하고 있습니다. 한미FTA를 반대하는 시민단체에 대해서는 지원금을 삭감하겠다고도 하구요. 이 때문에 찬성 여론이 다소 높아진 것은 사실입니다. 그러나 협정문이 공개되고 협상의 실태가 낱낱이 밝혀지면 반대 여론이 급격히 높아질 것으로 확신합니다. 국민들의 반대 여론을 국회가 무시하기는 쉽지 않을 겁니다.

지 한미FTA 타결 이후에 양극화 문제가 더욱 심각하게 드러날 텐데요. 심 의원님이 생각하고 계신 양극화 해소 방안은 어떤 것들이 있는지요?

심 앞서 얘기한 대로 양극화가 더욱 심해질 것입니다. 양극화 해소를 위해서는 국가 발전 정책, 재정, 금융, 지역 개발, 비정규직 문제, 영세 소상인 문제 등을 포괄하는 다면적인 대책이 필요합니다. 저는 이미 서민경제론, 한반도 평화경제론, 동아시아 호혜경제론을 아우르는 세 박자 경제론을 제시한 바 있구요. 여기에는 양극화 해법에 대한 윤곽이 담겨 있습니다.

지 요즘 FTA문제도 있고, 오늘 개성에도 다녀오셔서 피곤하실 텐데요. 마지막으로 해주실 말씀은 없으신가요?

심 이번 대선에서 민주노동당의 힘찬 재도약을 주목해주십시오.

민주노동당이 8만 당원뿐 아니라 이 땅의 진보와 개혁을 희망하고, 그를 위해서 노력하는 모든 분들의 정당으로 새롭게 태어남으로서 명실상부한 서민 대안정치세력으로서 우뚝서 나가겠다는 말씀을 드리고 싶습니다. 그리고 중심 플레이어로서 제가 최선의 역할을 다하겠습니다.

(인터뷰는 10시쯤 끝났는데, 임종인 의원이 FTA 반대 단식 중 쓰러져 병원에 있다는 소식을 들은 심상정 의원은 퇴근하는 길에 다녀와야겠다는 말을 하면서 보좌관들과 밀린 업무에 관한 이야기를 하고 있었다.)

(2007년 4월 4일, 심상정 의원실에서)

대한민국, 정염이 태양처럼 빛나는 나라

진중권

● 1963년 서울 출생. 서울대 미학과 졸업. 독일 베를린 자유대학에서 미학, 해석학, 언어철학을 공부하고 현재 미학자, 시사평론가, 방송진행자로서 다양한 활동을 펼치고 있다. 그리고 《아웃사이더》 편집위원을 역임했다. 조갑제의 박정희론을 패러디한 《네 무덤에 침을 뱉으마》는 공전의 히트를 기록했으며, 《미학 오디세이 1, 2, 3》 은 《한국일보》에서 선정한 우리 시대의 고전 50권에 꼽히기도 했다. 현재 중앙대학교 겸임 교수로 재직 중이며, 저서로 《춤추는 죽음》 《진중권의 현대미학강의》 《호모 코리아니쿠스》 등이 있다.

"

(노무현 정권은) 경제 정책에서 한나라당하고 차이가 없잖아요. 그러니까 허구적이라는 거죠. 사회적 양극화를 심화시켰어요. 노무현 정권은 성공한 거예요. 실패한 것이 아니라 성공했고, 그 결과를 우리가 지금 보는 겁니다. 당선될 때부터 했던 얘기잖아요. 노빠들만 실망했지, 나머지는 실망하지 않았어요. 노빠들만 환상을 갖고 있었던 거죠. 제가 그때 노무현을 옹호하고 그런 측면들이 있었지만, 노무현을 찍지 않았던 것은 그런 이유죠. 내 표는 절대 그 사람에게 줄 수가 없었던 이유가 바로 그겁니다. 사람들이 지도자에 대한 환상이 있었던 거죠. 성공했고 우리는 그 결과를 보고 있고, 한나라당이 집권하면 더하면 더했지 덜하지는 않을 거라는 거죠.

"

진중권

● 언젠가 진중권은 "오늘날 지식인은 과거에 누렸던 '권위'를 잃어 버렸다. 이것은 진보적이다. 하지만 그들의 권위가 무너지면서 '논리'의 권위도 사라졌다. 이것은 반동적이다. 오늘날 대중은 과거에 누리지 못한 '힘'을 획득했다. 이것은 진보적이다. 하지만 그 힘은 '논리'로 뒷받침되지 못하고 있다. 그것은 쪽수의 물리량과 익명성의 보호막 위에 서 있다. 이것은 반동적이다. 하여튼 재미있는 현상이다. 오늘날 인터넷이라는 초현대적인 미디어를 통해 흐르는 것은 논리의 빈곤, 열정의 과잉과 같은 전근대적 에너지다. 발달한 기술과 미발달한 인성 사이의 간극. 그 간극의 크기만큼 사회는 우익적이다. 보수정치는 양팔을 벌려 그 간극을 넓히려 한다"고 얘기한 바 있다. 보면 볼수록 지금의 한국 사회를 진단하는 탁월한 성찰이라는 생각이 든다.

조승희의 총기 난사 사건은 여러모로 의혹투성이였음에도 불구하고, 대다수의 한국인들은 거기에 대한 이성적인 의혹을 제기하는 것조차 막아왔다. 초등학교 2학년 때 미국으로 이민 간 1.5세 한국인의 범행에 대해 금식 참회기도를 해야 한다는 주미대사의 오버는 소름이 끼칠 정도였다. 그렇다면 한국 사회에서 비슷하게 벌어지는 범죄는 어떻게 할 것인가? 애도가 필요하고, 대책이 필요한 일일 수는 있어도 참회를 할 일은 아니다.

이 인터뷰는 시사적인(?) 문제를 가지고 하는 진중권의 마지막 인터뷰가 될지도 모른다. 그는 지난 10년 동안 한국 사회에 대해 수많은 발언을 해왔고, 그것은 한국 사회로서는 유용했지만, 그 자신에게는 그다지 좋았던 것만은 아닌 듯하다. 그는 앞으로는 미학과 관련된 활동에 주력하겠다고 했다.

(PS) 좋아할 일인지, 아닌지 모르겠지만 그는 〈디워〉 논쟁을 통해서 시사적인 문제에 대해 다시 발언을 했다. 그것을 기존 언론들은 386 지식인과 포스트 386 세대인 소위 88만원 세대와의 갈등을 부추기는 데 활용했다. 그리고 상당수의 지식인들이 그 사안을 진중권을 공격하는 데 이용했다. 그런데 그렇게 수많은 집중포화를 맞으면서도 진중권은 살아 있다. 그는 어떻게 이런 폄하 속에서도 꿋꿋이 살아남아 나름의 문화적 영향력까지 갖고 있을까? 내가보기엔 일관성과 실력 때문인 것 같다. 이 둘의 조화는 필수다. 그리고 한 가지 덧붙이자면 자기가 지금 할 수 있는 것 외에 다른 것에는 관심도 욕심도 없다는 것이다. 그는 이해관계에 얽매임 없이 자기 생각을 거침없이 말한다. 그것 때문에 받는 불이익과 욕은 안중에도 없다. 이거 생각보다 쉽지 않다.

{ ## 지식인은 대중이 '듣고싶어 하는' 얘기가 아니라 '들어야 하는' 얘기를 해야

지승호(이하 **지**)　요즘 어떻게 지내셨나요?

진중권(이하 **진**)　뭐, 그럭저럭 지냈어요.

지　이번에 최장집 교수로부터 시동이 걸려서 노무현 대통령이 촉발한 진보논쟁에 대해서 어떻게 생각하십니까?

진　뭐 추적하지는 않았구요. 대통령이 쓸데없는 말씀을 하신 것 같은데요.(웃음) 안 하셔도 될 논쟁을, 국사에 바쁘신 분이.

지　10년 만에 논쟁이 돌아왔다는 얘기도 있는데요.

진　허탈한 논쟁 아니에요? 허탈한 논쟁이고, 할 필요가 있는 논쟁

인가 하는 생각이 많이 들어요. 나보고도 어디선가 한번 오라고 했는데 안 갔어요. 정치적인 부분은 은퇴를 했으니까.(웃음) 요즘은 신문을 거의 안 봐요. 방송 끝난 다음에는 일부러 안 보구요. 포털을 열면 눈에 띄는 기사들, 읽으려고 해서 읽는 게 아니라 읽히는 기사들이니까 읽고, 들으려고 해서 듣는 게 아니라 버스 타고 가다가 듣고, 택시 타고 가다가 듣고, 집에서 멍하니 있다가 TV 뉴스 보고 이런 식이죠.

지 황우석 사태가 선생님의 공적인 활동이나 사고에 일정한 영향을 준 것 같다는 생각이 드는데요.

진 그 전에 제가 좀 망가졌던 것 같아요. 다른 때라면 이겨낼 수 있었을 텐데요. 황우석 사태 이전에는 보통 둘로 나뉘잖아요. 열린우리당 편 아니면 한나라당 편. 진보 아니면 보수 이렇게 나뉘는데요. 그때는 진보니, 보수니, 열린우리당이니, 한나라당이니 모두 황빠가 되어서 인구의 90퍼센트가 덤벼들었잖아요. 그때 좀 뭐랄까, 대중에 대한 믿음 같은 것이 많이 망가졌습니다. 그것 자체가 파시즘의 일종이잖아요. 대중들의 언론 탄압, 이런 생각도 들었고요. 그때 좀 충격을 받았죠.

지 그동안은 역사는 진보한다는 믿음도 있었고, 대중에 대한 신뢰감도 있지 않았습니까? 그 사태가 지식인들 사이에서 대중들에 대한 공포감을 새삼 느끼게 한 계기였던 것 같은데요.

진 그랬던 것 같아요.

지　'노빠'와 '박빠'가 '황빠'로 뭉쳐서 한목소리를 냈다는 말씀도 하셨죠.

진　90퍼센트라는 것은 압도적인 다수거든요. 절대적인 숫자죠. 나머지 10퍼센트는 '황우석이 누구야?' 이런 사람들이거든요.(웃음) 그런 일에 관심 없는 사람들인 거죠. 무섭더라구요. 논객 생활을 하면서도 무섭다는 생각을 안 해봤는데, 그땐 솔직히 무서웠어요.

지　앞으로도 이런 상황이 재현될 가능성이 있다고 보십니까?

진　이번에 한번 학습효과를 거둔 건데, 한두 번의 학습으로 체화되는 건 아니라고 생각하거든요. 그러니까 유사한 사태가 있으면 또 벌어질 거라고 봐요. 몇 번 반복해서 그게 아니라는 게 분명해지면 그때는 사회가 성숙해지겠죠.

지　그걸 부추기는 정치세력도 있지 않았습니까?

진　그건 정치세력이 부추긴 게 아니라 편승한 문제라고 봐요. 진보·보수를 떠나서, 열린우리당이나 한나라당을 떠나서, 밑에 깔려있는 아무도 건드리지 않는 한국인들의 멘탈리티가 있잖아요. 그게 문제가 된 거거든요. 정치인들은 거기에 일정 정도 편승하려고 했던 거죠. 정치인들이 조장했다기보다는 오히려 한국 사회의 일반적인 멘탈리티와 센서빌리티(감각), 사고방식과 감정구조, 이것이 문제가 되었다고 생각하구요. 오히려 정치권은 약간 편승해먹었다고 해야 되나요? 정치인들이 조장한 건 아니라고 생각해요. 그렇다면 문제는 오히려 간단하죠. 그놈들을 욕하면 되니까.

지　말씀처럼 그렇게 간단하지는 않았던 것 같습니다. 정치권뿐 아니라 상당수의 언론들도 편승을 했는데요. 어떻게 보면 독자들을 거스르지 않으려는 심정도 있었고, 결국은 경제적인 문제와도 연결이 되는 것 같은데요.

진　그렇죠. 자기들도 그렇게 생각했구요. 설사 그렇게 생각하지 않았다고 하더라도 신문은 독자들이 읽으려는 얘기를 쓰려고 하거든요. 제가 옛날에 얘기했듯이 지식인들은 대중들이 듣고 싶어하는 얘기가 아니라 들어야 할 얘기를 해야 한다고 했잖아요. 신문에 대해서도 마찬가지 요구를 할 수 있는 건데, 일단 신문은 팔아야 되니까 들어야 할 얘기보다는 듣고 싶은 얘기를 하는 거죠.

지　황우석 사태 때 그것을 파시즘의 전조로 우려하는 시각에 대해 김어준 씨는 낡은 진보라고 일갈했는데요. 그 점에 대해서는 어떻게 생각하세요?

진　김어준 씨 같은 경우는 황당했죠, 좀 쿨할 줄 알았는데. 그 사람이 먹고사는 구조가 아마 대중의존적일 거예요. 저는 그렇게 이해를 해요. 그 사람의 생각까지 그랬을지는 잘 모르겠구요. '딴지'라든지 이런 것들이 대중매체잖아요. 대중을 거스르기는 힘들었을 거예요. 거기에 모호한 포지선을 취하다가 스타일이 구겨져버린 거죠. 아예 말을 안 해버리면 괜찮은데.

지　나중에는 "니네들 얘기가 맞았는지는 몰라도 방법이 틀렸어"라고 하는 것 같던데요.(웃음)

진　자기 정당화죠.

지　그 사건을 보면서 "인터넷은 민주주의를 확장시킬 수도 있지만, 군중독재의 도구로 쓰일 수도 있다"고 진단하셨지요.

진　다른 가능성이 나타난 거죠. 왜 그러냐 하면 인터넷 초기만 해도 인터넷이란 최첨단 매체와 결합된 사람들이 약간은 엘리트 계층이었던 것 같아요. 그다음에 정치 토론을 하던 사람들도 애초부터 거기에 관심이 있었던 사람들이고. 그래서 일정 정도 수준이 담보가 되었는데요. 인터넷이란 매체 자체가 굉장히 대중화된 거죠. 초딩, 중딩부터 조갑제류의 할아버지까지 다 하게 되면서 일정 정도의 질적 저하가 나타난 거예요. 문제는 그 사람들이 다수라는 거죠. 그러니까 노사모가 나타나기 이전인 인터넷 초기에 우리가 안티조선 운동을 할 때의 건강함, 그 활기들, 그때의 놀이정신이라고 해야 할까요, 그런 게 없어졌어요. 비판을 하지만 목에 핏대 세우는 게 아니라 즐겨가면서 하던 그런 시대가 지나간 것 같아요. 어쩔 수 없는 거죠. 초딩, 중딩, 고딩이든 대딩이든, 조갑제류의 할아버지든 간에 그 사람들이 말할 기회가 생겼다는 것은 진보적인 현상이거든요. 그것 자체를 부정할 필요는 없죠. 거쳐야 할 과정이라고 생각합니다.

지　어떤 면에서 수준 낮은 악플이 달리면 '초딩'이라고 얘기하는데, 제가 알기로는 배울 만큼 배운 사람들이 훨씬 더 악의적인 리플을 달거든요.

진　대학교수도 있고.(웃음)

지　우리가 예전에 하이텔 시절에도 비교적 어린 친구들이 그런 문화를 빨리 접하지 않았습니까? 중·고등학생들이 많았는데도 그

때는 지금처럼 이렇지는 않았던 것 같거든요.

진 그 사이에 노년층들이 많이 들어온 것 같아요. 초딩, 중딩, 대딩은 정치에 관심이 없으니까 중요한 문제는 아닌 것 같고, 보수층들이 많이 들어오면서 인터넷 공간에서 진보의 퇴조라고 할까, 보수의 득세라고 하는 현상을 초래한 것 같아요.

지 "빅 브러더가 모두를 감시하는 게 아니라 스몰 브러더가 서로를 감시하는 체제를 보여줬다. 다른 곳에서는 안 일어나는 일이다. 이론적으로 해명할 일이 많다"고 하셨는데요. 사람들이 감시하기 힘든 거대한 부분에 대해서는 관심이 없고, 자기 눈에 띄는 주위 사람들의 사소하다면 사소할 수 있는 문제들에 대해 고발하는 것이 정의인 것처럼 생각하는 경향이 있지 않습니까? 이게 근본적으로 예전의 감시체제보다 훨씬 더 무서울 수도 있는 게 아닌가 합니다. 연예인들의 자살 같은 경우에도 그게 전부는 아니겠지만 일정한 영향을 줄 수 있다고 생각하거든요.

진 요인이 될 수도 있지만 악플 때문이라고 얘기하고 싶지는 않아요. 자살하는 사람은 자기 내적 근거가 있어요. 밖에서 욕한다고 죽는 사람은 없거든요. 사람이 무너질 때는 자기 내부에서부터 무너지니까. 악플을 하면 안 되겠지만, 아직까지는 내성을 기르는 게 좋다고 생각해요. 그것은 없앨 수가 없는 거거든요. 우리가 무균실에서 살 수는 없잖아요. 사회 전체를 무균실로 만들 수는 없으니까, 균을 죽이는 것보다는 내성을 기르는 게 낫다는 생각이 들어요.

지 그런 악플을 많이 경험하셨잖아요.

진　저 같은 경우에는 악플이 달려도 별로 신경을 안 썼어요. 악플을 보면서 즐거워했던 사람이거든요. 저런 악플을 달기 위해서는 저 사람 상태는 이래야 된다는 것을 미루어 추정하면서 즐겼죠. 이런 욕을 하는 것을 보면 저 사람이 이렇게 생각하는 것임에 틀림없다고 하면서 비웃어줬죠. 이런 게 내성이 아닌가 싶어요. 같은 수준으로 대응하는 게 아니라 약간 풍자적으로 대응하는.

　　또 하나의 방법은 악플은 보지 말고 칭찬만 들으면 됩니다.(웃음) 칭찬하는 사람들은 굉장히 진지한 사람들이지만 악플을 다는 사람들은 그런 진지한 의도가 없거든요. 그걸 같은 급으로 취급하면 안 되죠. 거기서 스트레스를 받는 것 같아요.

진보가 그것이 비판하는 사회보다 더 낙후된 것이 문제

지　"좋지 않은 일에는 '원인'을 찾기보다는 '범인'을 찾고, 좋은 일에는 '원인' 대신 '은인'을 찾는다"는 말이 인상적이었는데요. 우리가 사람 하나를 단죄한다고 해서 문제가 해결되지 않는데, 황우석 사태만 해도 그것을 통해 그다지 얻은 게 많아 보이지 않습니다. 다시 기회를 줘야 된다고 생각하거나, 황우석이란 이름을 다시는 듣고 싶어하지 않는 두 극단으로 나뉘는 것 같은데요.

진　저는 황우석한테 기회를 줘야 한다고 생각해요. 6개월 만에 다시 만들어보라는 겁니다. 그래야 사람들의 환상이 깨지거든요. 과학이라는 것, 테크놀로지라는 것은 예술이 아니잖아요. 재현 가능성이 있어야 하고 반복 가능성이 있어야 하죠. 황우석이 정말 그 기술을 가지고 있었다고 한다면(논문으로 발표까지 되지 않았습니까?) 다른 곳에서 재현이 되어야 되는데, 재현이 안 된다는 겁니다. 몇 개월이 지났습니까? 차라리 한번 해보라는 겁니다. 난자 제공할 사람들 많잖아요. 6개월 동안 해봐서 안 되면 환상이 깨질 텐데…… 하긴 그래도 안 될 겁니다. 3개월만 더 달라 이러겠죠. 우리한테는 사고방식의 합리성이라는 게 없어요. 은인, 범인 얘기도 합리성의 문제거든요. 원인을 찾아서 해결해야 하는데 원인은 가만히 놔두고 범인 잡아서 족치거나 은인에게 감사하거나 그런 식이라는 거죠. 그래서 사회가 발전하겠느냐는 겁니다.

지 창원대 강연 때 황우석 지지자들에게 감금되기도 하셨지 않습니까?

진 그때는 사태가 끝났을 때였어요. 사태가 끝났기 때문에 오히려 상황을 즐겼어요. 더 큰 문제는 그전에 불확실한 상황이 있었잖아요. 그때가 힘들었죠. 12월 초였던 것으로 기억하거든요. 방송하면서 멘트는 날려야 하는데 위에서는 안 좋아하고. 저는 멘트를 날리면서도 사태를 모르는 거잖아요. 그쪽에서 나한테는 아무 정보도 주지 않았어요. 막막했죠. 할 수 있는 선에서 최소한의 방어를 해야 한다는 생각까지만 했구요. 그때가 제일 긴장했었고, 제일 힘들었습니다. 4월쯤에는 거의 끝난 상황이었어요. 잔당들이 날뛴 덕분에 VIP처럼 전경 중대 병력의 호위도 받아보고 9시 뉴스에도 나와 보고 했죠.(웃음)

지 "진보가 그것이 비판하는 사회보다 더 낙후된 것이 문제"라는 지적을 많이 하셨구요. "지금 이 사회의 진보는 문자문화란 낡은 패러다임 위에 서 있다"는 비판도 하셨는데, 진보가 어떻게 변해야 한다고 보십니까?

진 거기에 대한 답변을 제가 가지고 있는 건 아니에요. 잣대를 제시하는 것이 제 임무가 아니고, 저는 상황을 읽을 뿐이거든요. 상황을 읽을 뿐인데, 우리가 분명히 해야 할 것은 진보라는 것이 사실은 문자문화의 산물이라는 겁니다. 소명적인 것이고, 역사에는 처음과 중간과 끝이 있다는 것이구요. 역사의 목적, 텔로스라고 하는데, 최종목적이죠. 그게 공산주의 사회건, 인간해방이 된 사회건, 진정한 의미에서의 민주주의 사회건 간에 그런 텔로스를 설정하고 삶의 모든 의미를 끄집어내는 시대가 지났다는 겁니다. 역사의 텔로스가 끝이 없는 시대, 역사주의의 종말이라는 것을 생각해야 한다는 거죠. 진보니 보수니 하는 이런 자체가 낡은 것이 될 수도 있다는 가능성, 그 구분법 자체가 그렇게 될 수도 있다는 건데요. 우린 그걸 신세대들에게서 보고 있어요.

그런 현상들을 우리가 목도해야 하고 그럼에도 불구하고, 아니 그렇기 때문에 이념적으로 규정된 목표라기보다 아주 실질적이면서도 개별적으로 접근해서 해결해야 할 문제점이 있으면 개별 문제점들을 해결하는 쪽으로 진보 개념을 바꿔야 한다는 거죠. "사회보장제도가 있어야 하는 것 아니냐, 환경 문제가 있어야 하는 것 아니냐" 이렇게 얘기해야죠. 최종적으로 해방된 사회의 상을 그리고 나머지 운동들을 그쪽으로 나가게 하기 위한 수단으로 보는 것이 아니라, 개별 문제들을 해결하는 것 자체가 목적이 될 수 있다는 거죠. 이 분들의 사고방식 자체가 산업사회 패러다임이잖아요. 농민 계급이 몰락했죠. 예전에는 90퍼센트였다가 지금은 10퍼센트도 안 되잖아요. 계속 몰락해가고 있고, 산업 프로레타리아트도 몰락할 거라는 겁니다, 그 계급 자체가. 그러면 정보 프로레타리아트라든 지 이런 식의 개념이 나오거든요, 그런 패러다임의 변화를 목도해 야 되고 말입니다. 제가 요즘 생각하는 것들이 그런 거예요.

지   진보 지식인들 사이에서는 젊은이들의 사회의식이 없어지는 것에 대한 우려가 많은데요.

진   우려는 되죠.

지   "대학생들에게 '사회의식을 가져라'라고 말해서 되는 게 아니 다. 그들의 몸과 정신상태는 (과거 세대와) 아주 다르다는 것을 직 시해야 한다"는 말씀도 하셨는데, 그들과 어떻게 소통해야 한다고 보십니까?

진   인정해야 된다는 거죠. 문제는 뭐냐 하면 폴리티컬, 소셜, 히 스토리컬, 정치적, 사회적, 역사적인 것이 소멸하는 그 현상이 있다 는 겁니다. 이미 서구 사회에서는 그런 것들을 겪었고, 우리도 이미 그런 시대가 시작됐잖아요. 그런 상태 속에서 그들에게 요구만 해 서는 안 된다는 거예요. 그들은 그들 나름대로 고통을 받고 있거든 요. 굉장히 어려운 과제죠, 사실은. 저도 거기에 대한 답변이 있는 것은 아니에요. 제가 답변을 마련해야 할 사람도 아닌 것 같구요.

지   이번에 《호모 코레아니쿠스》를 두고 그런 평들도 있는 것 같더라구요. 그전의 다른 책에서 일정한 결론과 대안을 냈던 것에 비해 이번에는 그런 게 없었다는 건데요.

진 노머티브한 부분으로 제가 그동안은 얘기했잖아요. 그런데 이번에는 디스크립티브descriptive하게 접근했기 때문에 현상을 있는 그대로, 있는 그대로인지 제가 생각하는 대로인지는 모르겠지만, 가능하면 디스크립티브하게 기술記述적으로 접근을 하려고 했어요. 그 다음에 거기서 해답을 찾아야 한다면 기술에서부터 해답을 찾아 나가야 하지 않겠느냐는 거예요. 해답을 발견하기 위해서는 일단 상황부터 분석해야 되잖아요. 그런 상황들을 분석하려고 했던 것뿐이고 '이래야 된다, 저래야 된다'는 마지막에 한마디 정도 했을 겁니다.

제가 메트릭 얘기를 했잖아요. 우리가 전근대나 근대, 탈근대에서 어떤 점이 문제였는지 그리고 어떤 장점과 단점을 가지고 있는지를 얘기했기 때문에 '새로운 배치가 필요하다' 이정도 선에서만 다룬 거죠. 강하게 누구를 비판하거나 이런 의도로 쓴 건 아니거든요. 특정 정치세력을 비판하는 그런 표현들이 간간히 등장하지만 그게 목적이 아니니까……

지 〈유토피아 디스토피아〉 고별 칼럼에서 "규점을 말하고 지키는 논객이 아니라, 그냥 사실을 기술하는 기록자나 허구를 늘어놓는 이야기꾼이고 싶다"고 하셨는데요. 앞으로는 그런 작업들 위주로 하실 건가요?

진 이건 기록자 역할이죠. 제가 해야 할 일이 그거예요. 논객은 제가 하려고 해서 한 게 아니잖아요. 이인화라는 사람 때문에 얼떨결에 들어와서 10년을 하게 된 건데, 모르겠어요, 그 생활을 한 게 저한테 개인적으로 얼마나 도움이 됐는지는. 그 시간에 다른 걸 했다면 돈도 더 많이 벌었을 것 같고, 인심도 안 잃었을 것 같구요. 누가 정치적인 글을 안 쓰냐고 묻기에 제가 "논객을 해봐야 돈을 만드는 게 아니라 적만 만든다"고 했죠.(웃음)

{ 우리나라의 정치의식이라는 건 봉건적인 파당의식

지   2006년 7월에 쓴 《첩첩상식》 서문에서 "원래 내 성격은 수줍고 소심하고 내성적인 편에 속한다. 그동안 공적 글쓰기를 위해 성격 자체를 대범하고 외향적으로 고쳐서 살아왔는데, 거기에도 한계가 있는 모양이다. 그동안 사회의 문제를 분석하는 데에 신경을 쓰다가 정작 내 자신의 문제는 잊고 있었던 모양이다. 지금 나는 썩어가고 있다. 이제 내 자신을 배려해야 한다"고 쓰셨는데요. 논객을 하면서 어떤 점이 가장 힘들었나요?

진   논객을 하면서 힘든 건 없었어요. 힘든 건 개인적인 문제였어요. 황우석 사건이 스트레스를 엄청나게 주긴 했지만 결정적인 것은 아니었던 것 같고, 외적인 조건에 불과했어요. 제가 그동안 약간 우울했어요. 약도 좀 먹었구요.

지   요즘은 어떠세요?

진   요즘 많이 나아졌어요. 앞으로는 옛날의 조증 상태에 도달하지는 못할 것 같아요. 늘 들떠 있고, 가장 많은 글들이 나오고, 뭘 해도 재미있고, 뭘 해도 자신 있는 이런 상태가 언제 돌아올지 모르겠네요. 그때쯤 되면 논객을 다시 하고 싶어질지도 모르겠어요.(웃음)

지 강준만 교수도 논객으로서의 글쓰기의 원천이 분노라고 했는데요. 그분도 지금 논객으로서의 글쓰기보다는 역사나 문화 쪽의 기록 작업을 더 많이 하고 계시지 않습니까?

진 3년 전인가 제가 "이미 논객의 시대는 갔다"고 얘기한 적이 있었을 거예요. 그때 누가 "너만 갔다"고 했는데……(웃음) 변희재 씨였는지 누군지 기억은 안 나네요.

지 한국이 인터넷 강국인 것이 구술문화의 습속 때문이라고 하셨는데요. "구술문화가 강한 곳에서는 인터넷 사용도 남다르다. 문자문화에서 인터넷 사용이 '정보적'이라면, 구술문화가 강한 곳에서의 인터넷 사용은 '친교적'"라고 하셨습니다. 사형제에 대한 인터넷에서의 찬반토론을 예로 드셨는데요. 사실 인터넷 리플들을 보면 정말 비이성적이지 않습니까? 얼마 전 어린이 유괴범 기사에 "그 놈 아들하고 같이 수장시켜라"는 댓글이 꽤 있었거든요. 화를 낼 만한 일이지만 그런 식으로 감정을 표출하면서 그걸 정의라고 생각하는 건 섬뜩하더라구요. 인터넷이 실체가 없다고도 하지만, 그렇지 않거든요. 그게 현실과 충분히 연결될 수 있고요. 황우석 사태 때처럼 그게 오프라인에서의 물리적인 힘으로 연결될 수도 있지 않습니까?

진 그게 쓸데없는 과도한 폭력성으로 흐르니까…… 저는 그 사람들이 나쁜 사람이라고 생각지 않고, 순진한 사람들일 수 있다고 생각해요. 순진한 사람들이 잔인할 수 있어요, 자기감정에 충실하다보면. 뭐랄까 까진 사람들이라고 해야 되나, 그런 사람들은 그러지 않죠. 6.25 때 죽창 들고 사람 찔러 죽인 사람들은 대부분 순박한 농민들이에요.

지　일종의 정의감일 수는 있는데요. 누군가가 어떤 아이를 왕따 시키면서 때렸다고 하면, 그 때린 놈을 더 때리라는 리플이 달리지 않습니까?

진　복수심, 보복심은 원시적인 감정이잖아요. 그것이 위험하니까 통제하라고 하느님이 달아주신 게 머리인데, 머리를 액세서리로 활용하는 거죠.

지　"감정의 양이 상당히 많은 편이라고 생각하는 나도 뜨거운 정념이 태양처럼 빛나는 한국에선 가끔 '냉혈동물'이라는 비난을 받는다"고 하신 적도 있으시잖아요.(웃음)

진　피도 눈물도 없는 놈이라고 하니까.(웃음)

지　사람들이 너무 뜨겁지 않습니까?

진　과도하게 뜨겁죠. 장점도 있어요. 약간 크레이지한 측면들이 있잖아요. 술 먹을 때도 되게 재미있어요. 이게 어떤 때가 문제냐하면 폭력적으로 나올 때거든요, 공격적으로 나타날 때. 사실 장단점이 다 있어요. 감정이 풍부하다는 것 자체가 나쁘다고 생각하지 않거든요. 어떤 면에서는 좋은 거죠. 독일 애들은 감정이 없다는 것에 대해서 나름대로 열등의식이 있어요. 문제는 감정의 뜨거움이라는 것이 이성을 마비시키거나 논쟁을 해야 할 곳에서 분노한다든지, 너무 지나쳐서 타인에 대한 공격으로 나타나는 거죠. 이런 것은 안 좋은 거예요. 감정이 풍부하다는 게 문제가 아니라 풍부한 감정의 사용 방법이 문제가 되는 겁니다. 감정이 풍부하다는 것 자체는 좋은 현상이라고 봐요. 원래 인간이라는 게 희로애락을 가진 동물이잖아요. 생명활동이 풍부하다는 얘기이기도 하니까요.

지 월터 옹의 "구술문화에서 대화는 '감정이입적' 성격을 띤다"는 말을 인용하셨는데요. 실제로 한국의 논쟁이 그렇지 않습니까? 논쟁이 감정이입적으로 진행되다가, 논쟁에서 패하면 "니 얘기는 옳은데, 제기하는 방식이 싸가지가 없었어"라고 하는데요. 건전한 논쟁을 통한 사회의 발전 가능성은 낮다고 봐야 하나요?

진 우리가 그게 약하죠. 그게 우리 사회의 문제예요. 우리가 발전을 해야 하는데, 발전한다는 것은 사회에 문제가 있으면 합리적인 솔루션을 찾아야 하는 거잖아요. 그런데 합리적으로 논쟁이 진행되는 게 아니라 굉장히 감정적으로 진행되니까 즉흥적이 된단 말이죠. 그때그때 원칙 없이 흔들리게 되고, 결과적으로 지불해야 할 사회적 비용이 늘어나는 거구요. 모든 문제에서 우리가 좀 그렇잖아요. 이거 했다가, 저거 했다가. 합리적으로 냉정하게 사태를 보고 '이것은 이렇게 해결해야 된다'고 사회적으로 합의를 이루어내야 하잖아요. 선진국이란 게 별 것 아닙니다. 커뮤니케이션의 문제거든요. 선진국이라는 것은 사회적 커뮤니케이션이 잘 되는 사회라는 겁니다. 우리는 안 되잖아요. 가만있으면 될 일도 정치권에만 들어가면 난장판이 돼요. 원래는 정치권으로 그걸 끌고 들어가서 합리적으로 해결해야 되는데, 놔두면 멀쩡하게 해결될 문제도 정치 문제가 되면 해결이 안 된단 말이죠. 그런 태도가 우리나라 사람들의 태도이기도 하구요.

지 아까도 정치권이 황우석에 편승했다고 하셨는데요. 그러다보면 결국 이 사회에서 서로가 어떤 부분에서 진실을 찾는다기보다 어떤 일이 벌어지면 추인을 해주는 방식이 되지 않을까요?

진 당파적으로 변하잖아요. 우리나라 정치의식이라는 것이 봉건적인 파당의식이거든요. 니 편이냐 내 편이냐를 가르고, 어떤 직위가 있으면 직위를 따먹는 식으로 정치를 이해하지, 우리 사회에 어떤 문제가 있느냐, 이 문제를 어떻게 해결해야 하느냐를 고민하는 게 아니잖아요. 만약 그런 식으로 해서 해결책이 나오게 되면 정권이 바뀐다고 해도 어떤 일관성이 생기잖아요. 근데 그런 게 없어요. 한나라당만 해도 북핵 문제가 터졌을 때 당장 쳐들어가자는 분위기였다가 분위기 바뀌니까 유화적 제스처로 나가잖아요. 뭘 해도 정책에 일관성이 없어요. 남북경협 다 했는데 한나라당이 끊자고 하면 뭐가 되는 겁니까? 예컨대 독일 같은 경우에는 사민당이 했던 동방정책이라는 게 기민련이 집권해도 그대로 이어져요. 그 성과를 누가 차지하느냐 하면 보수당이 하거든요, 콜 수상이. 그게 멋있는 거 아닙니까. 잘사는 사회가 괜히 잘사는 게 아니거든요. 인간과 자연과의 관계에서 테크놀러지가 발달한 측면이 있을 것이고, 또 하나는 인간 대 인간 사이의 커뮤니케이션이 발달한 측면이 있는 거거든요.

우리의 사회보장은 '과잉'이 아니라
'결핍'을 고민할 때

지　민주노동당의 북핵 문제에 대한 대응방식을 비판하셨죠.

진　거기 주사파 애들이 있어서 그래요. 옛날에 반전반핵 얘기하다가 북한에 핵이 있다니까 '핵은 자위수단'이라고 얘기하는 거잖아요. 어느 나라 진보정당이 핵을 인정합니까? 걔네들은 진보가 아니라 원래는 파쇼들이죠, 붉은 파쇼들.

지　"농담 아닌 농담을 하자면 만약에 진보정당이 집권해서 노동자의 가족생활을 보호한답시고 영업시간을 제한한다면, 그날로 당장 부르주아 혁명이 일어나 시민들 손에 타도당할 것"이라는 얘기도 하셨는데요. "영업의 자유, 아니면 죽음을 달라!" 이런 자발적인 선택이 진보를 더 어렵게 만들기도 하는 것 같습니다.

진　그만큼 진보가 필요하다는 얘기예요. 왜냐하면 사람들이 고통을 몸으로 느끼니까. 우리나라는 사회보장이 없는 대신 고용보장이 있었잖아요. 지금은 사회보장도 없는데 고용보장마저도 흩어지는 거 아닙니까, 중산층이 몰락하고. 사람들은 사회가 이렇게 된 것이 자기 책임이라는 생각을 해야 해거든요. 자기 사고방식의 책임인데, 그런 생각을 안 해요. 교육 문제가 왜 안 풀리냐 하면 학부모들의 머리가 썩었기 때문이에요. '우리 아이들을 다같이 잘 키우자'가 아니라 '내 아이만 잘 키우자'는 거거든요. 모든 사람이 다 그러니까 해결이 안 되는 겁니다. '다른 아이는 어떻게 되어도 좋고, 내 아이만 잘되면 된다'고 모든 사람들이 생각하는 사회에서 교육이라는 게 있을 수 없는 거 아닙니까? 그러면서 맨날 요구만 한단 말이죠. 누구하나 뽑아놓으면 해결될 것처럼 생각하는 게 얼마나 비합리적인 겁니까?

지   일부 진보진영에서는 쿠바나 중남미 쪽에 관심을 가지고 있지 않습니까?

진   그들 사회보다 우리 사회가 더 발전했기 때문에 복잡한 거예요. 그런 모델을 참조한다는 게 과연 진보적일까라는 생각이 들어요.

지   쿠바의 의료시스템 같은 것들은 참조할 만하지 않습니까?

진   물론 있어야 되죠. 우리보다 나은 부분들이 분명히 있지만, 그것만 가지고 되는 것은 아니잖아요. 그것 때문에 다른 부분들을 희생하기도 하구요. 종합적으로 고려해야죠. 쿠바라든지 남미는 비교적 단순한 사회예요. 민중주의 전통이 굉장히 강한 사회고, 어떤 면에서는 우리보다 훨씬 구술적인 사회라는 겁니다.

지   지금 한국 사회의 욕망을 다 채워줄 수는 없지 않습니까? 모두들 타워팰리스에 살고, 1000만 원짜리 옷을 입을 수는 없는데요. 그런 면에서 생태에 관심을 가지는 분들도 있는 것 같구요. "'인도주의 의사협회'에서 낸 노숙자에 관한 보고서를 본 적이 있다. 거기에는 6개월 안에 이들을 사회로 복귀시키지 못한다면 이른바 '방랑기'가 들어 영원히 노숙을 면할 수 없게 된다고 나와 있었다. 멀쩡한 사람이 6개월 만에 일생에 걸쳐 체득한 습속을 일거에 잃어버린다. 이것만 봐도 훈육을 통한 인간 개조가 실은 얼마나 불안한 바탕

위에 서 있는지 알 수 있다. 어쩌면 '방랑기가 든다'는 말보다 '노동기가 빠진다'는 표현이 더 적합할지 모르겠다"고 하셨는데요. 사람이 변화될 수 없을 것 같지만, 이런 얘기를 보면 역설적으로 변화된 삶을 실험할 수 있는 희망이 될 수도 있을 것 같은데요.

진　변하려면 오래 걸리죠. 쿠바 같은 모델이 아니라 내가 볼 때는 사실 유럽 모델밖에 없거든요. 유럽은 어떤 문제점에 봉착했느냐 하면 사회보장제도가 구축되었을 때만 해도 거의 완전고용 상태였어요. 노동하는 사람들이 연금 받는 사람보다 훨씬 더 많았구요. 그런데 고령화 문제라든지 이런 것 때문에 복지 시스템 자체가 흔들리는 상황이에요. 우리가 그걸 고민할 때는 아닌 것 같아요. 왜냐하면 우리는 전혀 없잖아요. 과잉을 고민할 때는 전혀 아닌 것 같구요. 특히 양극화가 심화되고 있다는 것은 사회가 불안해진다는 얘기거든요. 그래서 사회적 차원에서 보장제도를 확대할 수밖에 없는 상황이라는 거예요.

지　보수 신문들은 북유럽이 일부 사회보장을 줄인 것에 대해서 "북유럽식 사회보장제도는 실패했다"고 선전하지 않습니까?

진　그건 말도 안 되는 거죠. 유럽 같은 경우 사회보장제도의 유지에 대해서는 좌나 우나 진보나 보수나 일정한 사회적 합의가 있어요. 그걸 포기하겠다고 하면 선거에서 뽑히지 못해요. 그만큼 사람들이 그걸 누려봤단 말이죠. 그게 몸의 기억으로 남아 있는 사회라는 겁니다. 그렇기 때문에 사회보장제도를 지속가능하게 만드는 논의를 하는 거라고 봐야지, 아메리카 식이라든지, 일본 식이라든지 이런 식으로 다운그레이드하자는 논의로 이해해서는 안 된다는 거죠. 그러면 지금 미국은 안 흔들려요? 쌍둥이 적자 때문에. 그렇게 적자 내면서 달러 안 찍으면 못 버틸걸요.

지　실제로 스웨덴 같은 경우도 우파 정권이 집권하면서 '지속가능한 복지'를 내걸었는데, 거기서 줄인 예산이 상위층 소수에게만 돌아가는 상황이라고 하던데요.

진　경제신문들이 왜곡보도를 많이 하잖아요. 유학할 때 한국 신문들이 옵니다. 거기서 유럽 얘기를 하는데 무슨 얘긴지 모르겠더라구요.(웃음) 완전히 다른 얘기를 하고 있더라니까요. 거짓말을 하는 거죠. 거짓말인지, 정말 모르는 건지 모르겠어요.

지　그렇게 믿고 싶어 하는 건지.(웃음)

진　대개 신문이라는 것은 광고로 먹고 사는데, 광고는 기업이 주는 거니까 그쪽 입맛에 맞춰야 할 부분들이 있죠. 그런 가운데 공론을 왜곡시키는 부분들, 시장의 공론을 왜곡시키는 부분들이 많아졌죠.

지　"유학을 마치고 돌아오니 모든 게 불편하기 짝이 없다. 일을 처리하는 방식, 사회가 돌아가는 속도, 인간과 인간 사이의 거리, 모든 것이 달라 처음에는 거리를 걷는 것마저 짜증의 연속이었다. 그렇게 오감이 피곤한 상태에서 다시 5년을 지내고 나니, 이제는 여기에 익숙해져 외려 독일에 가면 짜증이 난다. 몸이란 게 이렇게 간사하기 짝이 없다"는 글이 있었는데요. 한국에 오셨을 때 어떤 것들이 가장 불편하셨나요?

진 다 불편하죠. 왜냐하면 속도감이 안 맞아요. 버스탈 때 기다리고 있는 사람들한테 다 새치기 당하고, 지하철에서 표살 때 약간 떨어져 있잖아요. 그 사이를 못 참고 사람들이 내 앞에 가서 표를 사기도 하고, 나는 가능하면 몸을 안 부딪히려고 하는데 펑펑 치고. 지하철을 타고 있으면 사람들이 나를 안 봐요. 나를 뚫고 관통해서 저 뒤의 자리를 봐요. 할머니 쿼터백, 아줌마 쿼터백 난리가 나거든요.(웃음) 버스에서 내리는데 내 발이 떨어지기도 전에 문을 닫고 출발한다든지 택시 탈 때 시외에 나가자고 하면 흥정해야 되는 게 있잖아요. 그런 것들이 불편했죠.

지 반대로 여기 익숙해져 있다가 독일 가면 불편한 게 있으셨을 텐데요.

진 나도 빨리 빨리 안 나오느냐는 얘기를 하고 있더라구요.(웃음) 독일에 가면 이 사람들이 도대체 장사를 할 의지가 있는 건지 의심이 될 경우가 있어요. "내가 이 물건을 사도 돼요?"라고 물어봐야 할 것 같은 분위기 있잖아요. 그래서 한국 사람들은 무시당했다고 오해를 하는데요. 걔들은 원래 그렇거든요. 그런 것들에 스트레스 받죠. 옛날에 독일에서 루프트한자 스튜어디스를 알게 됐는데요. 자기들이 온갖 노선을 다 다니는데 불평하는 나라는 한국하고 일본이래요. "우리가 뭘 잘못했냐"고 물어보는데, 속으로 웃었죠. 일본은 완전히 서비스가 잘 돼 있는 나라잖아요. 가끔 비행기 타면 한국 사람들 중에 그런 사람들이 있어요. 담배 피우지 말라고 방송을 하는데도 화장실에 가서 담배 피우는 놈들이요. 그건 그렇다 쳐도, 독일 말로 욕하는 소리가 들리거든요. 아무리 그래도 한국 사람들

대한민국, 정영이 테이처럼 빛나는 나라_진중권

295

에 대해 모욕적으로 들리잖아요. 그래서 한번은 싸웠어요. 내가 그런 것을 못 참잖아.(웃음) 한번은 스튜어디스만 들어갈 수 있는 곳인가 봐요. 커튼이 반쯤 열려 있고 거기 물이 있더라구요. 그래서 물을 마시고 있는데 스튜어디스가 들어오더니 "당신 여기서 뭐하는 거야?"라고 하더라구요. "물 마신다"고 했더니 "여기는 금지된 곳인데"라고 해요. 그래서 "여기 아무것도 안 쓰여 있는데, 당신 뭐하냐는 말은 스튜어디스로부터 들을 수 있는 마지막 말이라고 생각한다"고 했죠. 간단하게 "여긴 들어오시면 안 됩니다"라고 얘기하면 되잖아요. 되게 스트레스받더라구요, 걔네들은 일상적으로 그러는지 몰라도.

{ 사람들은 미래를 못 보니까 자꾸 과거를 본다

지 사실 일각에서는 진보진영의 위기가 아니라 대한민국의 위기라고 보는 시각도 많은데요. 그간 진보진영이 제기했던 의제들이 일정하게 한국 사회를 발전시키지 않았습니까?
진 여전히 의미가 있는 거죠. 아직 해결이 안 되었는데요. 지금 대한민국의 위기예요.

지 사람들은 이명박을 진보라고 생각하지 않습니까?
진 이명박은 진보가 아니에요, 정치적인 입장도 보수고. 또 하나는 패러다임 자체가 낡은 겁니다. 카리스마 있는 지도자가 나타나서 명령을 하고, 그 명령에 따라 삽질을 하면 선진국가가 된다는 거잖아요. 얼마나 황당하냐는 거죠. 하천 파서 자갈 팔아 돈 마련하고, 유람선 떠워서 관광사업 진행하는 이런 어처구니없는 프로젝트가 사람들에게 어필한다는 것이 황당한 겁니다.

지 진보, 보수의 개념이 혼란스러워진 것에는 참여정부와 진보진영의 갈등도 한 몫을 한 것 같은데요.

진 그게 아니라 지금의 패러다임이 그래요. 그건 어쩔 수 없는 겁니다. 장기적인 패러다임 자체가 그렇게 변해가는 거예요. 포스트모던에서 맨날 떠드는 게 그거잖아요. 역사의 종말, 정치적인 소멸, 이런 얘기를 하는데 그 현상이 우리에게도 나타나고 있어요. 서구에서 20년 전에 나타난 그런 현상이 급속하게 퍼지고 있는 거죠.

지 정치권에서 나온 진보논쟁이 그러면……

진 제가 볼 때는 허구적이라고 봐요. 패러다임의 변화에 대해서 사람들이 실감을 못하는 느낌이 있어요.

지 대통령이 했던 '좌파 신자유주의'라는 규정에 대해서는 어떻게 생각하세요? 박명림 교수 같은 경우 일정하게 진보적인 의제를 실현한 정권이라는 평가도 하고 있구요. 지금 정부는 진보라는 의제에 계속 관심은 두고 있는 것 같습니다.

진 진보정권은 아니죠. 예컨대 정치학적 개념의 진보정권은 분명히 아니라는 거예요. 가장 중요한 건 경제 정책이에요. 경제 정책에서 한나라당하고 차이가 없잖아요. 그러니까 허구적이라는 거죠. 사회적 양극화를 심화시켰어요. 노무현 정권은 성공한 거예요. 실패한 것이 아니라 성공했고, 그 결과를 우리가 지금 보는 겁니다. 당선될 때부터 했던 얘기잖아요. 노빠들만 실망했지, 나머지는 실망하지 않았어요. 노빠들만 환상을 갖고 있었던 거죠. 제가 그때 노무현을 옹호하고 그런 측면들이 있었지만, 노무현을 찍지 않았던 것은 그런 이유죠. 내 표는 절대 그 사람에게 줄 수가 없었던 이유가 바로 그겁니다. 사람들이 지도자에 대한 환상이 있었던 거죠. 성공했고 우리는 그 결과를 보고 있고, 한나라당이 집권하면 더하면 더했지 덜하지는 않을 거라는 거죠.

지　한나라당이 집권하게 될 것 같습니까?

진　할 수 없죠. 어떻게 하겠어요? 국민들의 정치의식을 따라가는 문제잖아요. 그걸 높이는 수밖에 없다는 거죠. 예컨대 이런 경험들을 했잖아요. 그 사람들 다음에 또 찍어요. 전혀 문제가 안 풀린다니까요. 이제 뻔한 거 아니에요. 또 반한나라당 정서, 그짓 할 거란 말이에요.

지　이번 대선 때 정치적으로 의견을 내실 생각은 없으신가요?

진　전혀 없어요. 정치적인 입장은 갖겠지만, 칼럼으로 쓰거나 하지는 않을 거예요. 87년 이후에는 어떤 선거에서든 보수정당에는 한 표도 준 적이 없어요. 앞으로도 줄 생각 없기 때문에 진보정당에 투표는 하겠죠.

지　대선 결과를 어떻게 예상하세요?

진　맨날 얘기하잖아요. 정치에서 6개월은 조선왕조 500년의 기간이라니까요. 그 사이에 어떤 일이 벌어질지는 아무도 몰라요.

지　손학규 전 지사가 한나라당을 탈당하고, 노무현 대통령은 그걸 비판하기도 했는데요.

진　그래야 손학규가 더 편하지 않을까요? (웃음)

지　'세계적인 신자유주의 흐름은 막을 수 없다'는 생각을 가진 사람들이 많은 것 같습니다.

진　아니 그렇지 않아요. 효과가 다 나타나고 있잖아요. 미국에서도 나타나고 있고, 일본에서도 중산층이 다 몰락했잖아요. 한국도 다 몰락하고 있고. 사람들이 계속 이렇게 살고 싶겠어요? 사람들이 어떤 욕망을 갖게 될지는 미리 예측할 수는 없지만요.

지　지금 양극화와 어려운 경제에 대한 해법을 더 많은 개발을 하는 것으로 돌파하려는 것 같습니다. 이명박에 대한 지지도 그렇고.

진　그런 시대는 지났죠. 우리가 중국인가요? 그때는 완전고용 상태였잖아요. 성장률이 두 자리대였던 때에 대한 노스탤지아가 있는 건데, 우리가 그 시대로 돌아가려면 간단해요. 우리나라 경제를 중국 수준으로 만들면 됩니다.

　사람들이 미래를 못 보니까 자꾸 과거를 보는 거예요. 미래에 대한 프로젝트가 없으니까 기껏 정치권에서 나온 유일한 프로젝트가 운하를 파겠다는 거잖아요. 독일에도 운하가 있는데요. 석탄 나르는 것 외에는 다른 용도로 사용되지 않아요. 그런데 요즘 같은 시대에 서울에서 부산까지 석탄 나를 일은 없잖아요. 그렇다고 우리가 독일

대한민국, 절망이 태양처럼 빛나는 나라_진중권

처럼 바다가 없는 나라도 아니고, 3면이 바다인데 바다로 다니면 될 일을 말입니다.

지　참여정부의 개혁이 일정한 성과가 있었다고 보십니까? 아니면 의도와는 상관없이 결과적으로 돌이킬 수 없는 상황을 만들었다고 보십니까?

진　되다 만 것들이 많았죠. 먹고사는 문제가 해결되지 않으니까. 그 문제만 해결됐다면 어느 정도 평가가 됐을 거예요. 그렇다고 전혀 성과가 없는 것은 아니거든요. 그 성과들을 이미 주변에서 보고 있잖아요. 권위주의의 해체 같은 거요. 하다못해 방송국에서도 달라졌다고 하는데요. 변화는 분명히 있죠. 그런 변화가 한국의 경제 시스템 운영에 조응하는 측면이 있다는 겁니다. 그런 의미에서 리버럴라이즈한 성과들이 있어요.

그런데 왜 빛을 못 보느냐 하면 먹고살기 힘드니까요. 간단해요. 노무현 스스로 자신 있어 하는 부분은 바로 그거라는 거예요. 그건 맞아요. 그건 맞는데 먹고사는 문제가 해결되지 않으면 말짱 도로묵이라는 거죠. 노무현 대통령 입장에서는 '그러면 어쩌자는 얘기냐?'고 할 수 있죠. 경제 정책에 대해서 국민들이 찬성을 했거든요. 그런데 결과가 이렇게 나온다는 거예요. 그건 국민들 문제죠. 자기들은 그런 정책을 반대했는데 노무현이 강행해서 이렇게 됐다고 하면 욕 먹을 만하잖아요. 어차피 한나라당이나 열린우리당이나 7퍼센트 경제 성장 같은 말도 안 되는 걸 따라가거든요. 상황 자체가 답답한 거예요. 사람들은 자기 수준에 맞는 정부를 갖게 되어 있어요.

{ 사람들은 남들하고 다른 것을 자꾸 불안하게 생각한다

지 김규항 선생은 다시 《한겨레21》에 칼럼을 쓰기로 했는데요. 그러면서 좌파 감수성을 가진 사람들이 더 적극적으로 활동해야 하지 않겠느냐는 주문을 하던데요.

진 저는 제 개인적인 문제도 해결을 못하는데 뭘 하겠어요?

지 당분간은 글을 안 쓰시는 건가요?

진 당분간이 아니라 영원히가 될지도 모르겠어요. 제 개인적인 야심이 있고 해야 할 일이 있거든요. 제가 논객 해서 뭐합니까, 사실은 제 적성에 맞는 부분도 아니구요. 내가 하고 싶었던 부분도 아니고 얼떨결에 한 게 10년인데 충분하다고 생각해요. 충분히 시끄러웠잖아요. 제 역할은 다 했다고 생각해요. 다음 사람들이 하면 되는 거지.

지 그런 것들 때문에 미학자로서의 성과가 폄하되었던 것 같기도 한데요. 《한국일보》에서 뽑은 우리 시대의 고전 50권 중에 《미학 오딧세이》가 선정되었더라구요.

진 그런 쪽으로만 계속 작업을 했으면 지금쯤은 뭔가 나와도 나왔을 텐데……(웃음) 주로 제가 관심이 있는 부분이 기술미학 쪽인데요. 미학적 인류학이라고 할까요. 《호모 코레아니쿠스》는 살짝 맛보기로 시도한 거예요. 시간이 없어서 많은 얘기를 못했는데, 미디어의 발전이라는 게 인간의 몸과 신체와 정신을 어떻게 바꿀 이

대한민국 청년이 태양처럼 빛나는 나라_진중권

며, 지각 방식을 어떻게 바꿀 것이며, 그때 인간 존재 양상이 어떻게 변하는가 하는 것을 다룬 겁니다. 전사형 인간에서 예술가형 인간으로 간다는 것, 이런 거 있잖아요. 할 얘기가 굉장히 많아요. '상상력이 생산력이 되는 시대인데, 상상력이라는 것을 어떻게 발전시킬 것인가' 이런 조건들을 밝혀야 되는 거고, 그것을 위한 교육학적 준비라고 해야 되나요? 그런 것을 하고 있죠, 사회를 위해서. 사회를 위해서가 아니라 사실은 나를 위해서 하는 거죠. 내가 재밌어서 하는 거고. "사회를 위해서"라고 하니까 너무 거창하네요.(웃음)

지　'한국 사회에서 사람들이 전사형 인간에서 예술가형 인간으로 발전하고 있다'는 생각을 했었는데, 요즘 보니까 아닌 것 같습니다.(웃음)

진　아직도 패러다임 자체가 낡은 것들에 사로잡혀 있기 때문에 해방이 안 되는 겁니다. 그게 우리 사회의 위기예요. 그걸 돌파해야 하는데 한 사람만 똑똑하다고 해서 창의적으로 되는 문제가 아니라는 거예요. 창의성을 발휘될 수 있도록 사회적인 조건을 마련해 줘야죠. 내 생각과 다른 얘기를 해도 참아주는 거 있잖아요. 엉뚱한 발상을 해도 들어주는 거, 방송에 나가서 옷 좀 벗어도 봐주는 거. 그런데 그런 거 좀 하면 완전히 조져버리잖아요. 이런 상황에서 무서워서 누가 발언하겠어요? 이건 한 개인의 창의성 문제가 아니라 시스템의 문제고, 분위기의 문제예요. 이런 현상들이거든요. 이걸 깨야 한다는 거죠.

　한국 사람들의 창의성이 떨어진다고 생각하지는 않아요. 사람들은 자꾸 남들하고 다른 것을 불안하게 생각하잖아요. 포토저널리즘

하는 사람이 그런 얘기를 하더라구요. 외국에서는 다른 신문사와 똑같이 찍어오면 데스크한테 욕을 먹는다구요. 우리나라에서는 다르게 찍어오면 욕먹는 거예요. 그러니까 지들끼리 사진을 빌려준대요. 이게 있을 수 있는 일입니까? 책을 빌려주는 거랑 마찬가지잖아요. '이번에 내 책 니가 내' 하는 거랑 똑같죠. 사람들이 남들과 다르다는 걸 두려워하고, 무서워하는 이런 나라에서 창의성이 있을 수 없다는 거죠. 주변에서 그런 것들을 보니까 똑똑한 애들도 소용없는 겁니다. 그러니까 공부한다는 게 죄 영어잖아요. 인구의 99퍼센트가 영어 해서 뭐해요. 자기 직업상 필요해서 하는 거라면 좋은데, 그게 아니잖아요. 재는 거잖아요, 성적으로 자르는 거. 일종의 과거 시험처럼 아무 짝에도 쓸모없는 걸 하는 거죠. 자기가 필요한 분야에서 정보를 얻는 데 필요한 만큼의 어학실력만 있으면 되는 건데요. 거기에 신경쓸 게 아니라 다른 걸 잘해야 된다는 거죠. 사람들이 영어를 유창하게 해도 무식할 수 있다는 생각을 해야 돼요. 그런데 그런 생각을 안 하잖아요. 발음 막 굴리는 무식한 애들 있잖아요.(웃음)

지 낸시랭에 대해 얘기하시면서 욕망에 솔직해진 사회를 언급하셨는데요. 인권위원회에서 나온 만화 중에 일상적으로 일어나는 차별을 솔직하게 법제화한 사회의 끔찍함을 지적한 게 있었습니다. TV에서 외모에 대한 부분도 그렇고, 돈 없으면 찌질이라는 얘기를 너무나 당당하게 노골적으로 하는 사회가 되어버린 것 같은데요.

진 앞으로 더 심해지겠죠. 패러다임 자체가 문자 문화에서 영상 문화로 바뀌었죠. 옛날에는 똑똑한 거 이런 걸 봤잖아요. 요즘은 그

대한민국 잡놈이 테일에런 받나는 나라_진중권

게 아니라 루키즘 같은 것들이 나와서 외모를 보죠. 《주간동아》를 보니까 그게 중년 남자들한테까지 왔더라구요. 필연적 현상이라는 거예요. 문제는 뭐냐 하면 그걸 하면서 자기도 힘들다는 생각을 해야 하거든요. 자기 자신을 차별하는 거잖아요. 그 논리에 따르면 인간은 그 누구보다는 못생겼거든.(웃음) 남들을 무시하는 가운데 자기도 무시당하는 건데, 왜 그래야 하는지 모르겠어요.

지 낸시랭 씨하고 파워인터뷰 패널도 같이 하셨잖아요. 옆에 있으면 얼굴 크게 보인다고 떨어져서 앉게 해달라고 했다면서요.(웃음)
진 크다고 하니까 그때 알겠더라구요. 언어의 힘이 그렇게 무서워.(웃음) 규정하는 순간 정말 그렇게 보이더라구요. 그게 그 사람 인생이고 가치관이니까 거기에 대해서 평가할 주제는 못된다고 생각해요. 나보고 그렇게 살라고 하면 그렇게 살지는 않겠지만.

지 요즘 젊은사람들이 훨씬 보수화되어가는 경향도 있는 것 같습니다. 그러면서도 스스로는 쿨하다고 생각하는 것이 훨씬 위험한 것 같다는 생각도 드는데요.
진 다른 의미에서 보수화되는 거예요. 과거와 같은 보수화가 아니라 진보도 아니고 보수도 아닌 그런 상태에서의 보수거든요. 박정희를 찬양하는 젊은애들 있잖아요. 걔네들은 박정희 밑에서는 못 사는 애들이에요. 나처럼 박정희를 싫어하는 인간은 박정희 밑에서 살 수 있어요. 왜냐하면 우리 같은 경우 신체 코드가 익숙하니까. 그렇기 때문에 크게 개의치 않아요. 안 살아봐서 그런 거니까.

지　신세대들의 보수성에 관해서 "신세대들은 이미지의 세대이며, 이미지는 비선형적인 시간의식을 의미하고, 이 비선형적인 시간의식이 선형적 시간의식을 근간으로 하는 역사의식의 결여를 낳는다"고 분석하셨는데요. 그럼 이런 흐름은 계속 돌이킬 수 없는 건가요? 홍세화 선생 같은 경우에는 요즘 젊은사람들의 사회의식 없음에 대해 많이 걱정을 하시는데요.

진　저도 걱정을 많이 해요. 왜냐하면 지금 우리가 갖고 있는 영상 문화라는 것이 옛날처럼 문자 없는 시대의 주술적인 의식이 아니잖아요. 그게 아니라 문자 언어를 바탕으로 하기 때문에 문자 문화와 영상 문화의 관계를 아는 사람은 프로그래머가 되는 것이고 매트릭스를 짓는 아키텍트가 되는 거예요. 그렇지 않을 경우에는 메트릭스의 주민이 되어서 영상의 소비자로 떨어지는 거죠. 문제는 한국 사회에서 프로그래머, 디자이너, 아키텍트가 얼마나 많은 비율을 차지하고 있느냐죠. 그게 생산력이잖아요. 그런 것들이 안타깝죠.

　단지 기업만의 문제가 아니에요. 사회과학이나 인문과학적인 지식에서도 마찬가지거든요. 거기에서도 프로젝트가 있는데 '인간 사회를 어떻게 조직할 것인가?' 하는 문제에서 '프로그래머가 되느냐, 프로그래밍 당한 상태로 살아가느냐?'의 두 가지 경우가 생기잖아요. 예컨대 핀란드 같은 사회는 그런 비율이 높아요. 우리 같은 경우 PC방 가면 다 게임만 합니다. 인터넷 인프라가 발달했다는 것은 굉장히 좋은 조건이지만, 그걸로 무엇을 하느냐가 중요한 것 같아요.

지　방송은 왜 그만두셨나요?

진 1년 했으면 충분하잖아요. 개인적인 상황도 아니었고, 2월부터인가 완전히 다운 돼가지고 굉장히 힘들었구요.

지 "선거 때 개혁과 진보를 말하는 대중들도 평소에 제기되는 중요한 사회적 사안에는 무관심하거나, 때로는 그 의제 설정에 적대적인 태도를 보이기까지 하는 모순된 태도에도 주목한다"고 하셨는데요.

진 그 놈들이 그 놈들이잖아요. 정확하게 보여준 거예요. 어차피 황빠나 박빠나 노빠나.(웃음)

지 마지막으로 해주실 말씀은 없으십니까?

진 요즘은 뭐가 뭔지 잘 모르겠어요. 가끔가다 집에서 나오면 이 모든 것이 뭘 의미하는지 모르겠다는 생각이 들어요.

(2007년 3월 21일, cafe Flower people에서)

대한민국, 새로운 상상력이 필요한 나라

손석춘

● 1960년에 태어났다. 《동아일보》 기자, 《한겨레》 논설위원, 언론개혁시민연대 창립공동대표를 지냈고, 언론학 박사로 연세대 신문방송학과 겸임교수이다. 한국 언론의 문제점을 줄기차게 지적하고 있는 언론학자이자 언론운동가로서 주요 저서는 《신문읽기의 혁명》 《여론읽기의 혁명》 《부자 신문 가난한 독자》 《어느 저널리스트의 죽음》 《우리 언론, 무엇으로 다시 살 것인가?》 등이 있으며, 장편소설 《아름다운 집》 《유령의 사랑》 《마흔아홉 통의 편지》 3부작의 작가이기도 하다. 현재는 진보진영의 대안 싱크탱크인 '새로운 사회를 여는 연구원' 원장을 맡고 있다.

《조선일보》의 논리에 알게 모르게 젖어가면서도 자기는《조선일보》에 반대한다고 생각하는 사람들의 전형적인 모습이 다름 아닌 노무현 대통령이라고 생각합니다. 노무현 대통령이 추진해온 가장 굵직한 정책들을 보면 말입니다. 이라크 파병 문제, 비정규직에 대한 정책 문제, 평택 미군기지 확장 문제, 가장 크게는 한미FTA 강행…… 이런 것들은《조선일보》의 논리하고 아주 똑같거든요. 똑같으면서도 자기는《조선일보》와 아주 극과 극에 있다고 주장을 해요. 취재 지원 시스템에서도 언론과의 전쟁을 이야기하고 있는데요. 노무현 대통령은 언론과의 전투에서는 잘 싸웠지만 전쟁에서는 완전히 패한 거예요.

ⓒ 문종석

손석춘

● 손석춘은 언론 비평가이자 언론 운동가이다. 《미디어미래》가 신년호 특집으로 마련한 '누가 미디어업계를 움직이는가' 란 설문조사에서 국내 미디어분야 전문가 100명은 가장 신뢰하는 언론인으로 손석희, 엄기영에 이어 손석춘을 꼽았다. 이는 언론 비평가이자 운동가로서 손석춘의 위상을 증명해주는 일이기도 했다.

《신문편집의 철학》《신문 읽기 혁명》《여론 읽기 혁명》《부자 신문 가난한 독자》《한국 공론장의 구조 변동》《어느 저널리스트의 죽음》 등의 저서를 통해 매체를 분석·비평하고, 그 매체를 어떻게 개혁할 것인가에 대해 꾸준히 문제를 제기해온 손석춘은 지난해부터 한국 진보진영의 구체적 정책 대안들을 마련하기 위한 '새로운 사회를 여는 연구원' (이하 새사연)을 개설해 원장으로 일하고 있다.

손석춘 원장은 이라크 파병, 김선일 씨 피살사건, 평택 미군기지 확장, 한미FTA 등의 문제에 대해 노무현 정부를 강력하게 비판했고, 그런 비판은 개혁진영과의 갈등이 되기도 했다.

손 원장은 "한국 저널리즘의 위기를 한국 사회의 중대 문제로 인식해야 하는 것은, 그것이 비단 신문사나 방송사의 위기만이 아니라 공론장의 위기이자 민주주의의 위기이기 때문"이라고 지적하면서 "우리 사회가 관심을 갖고 톺아봐야 할 의제들이 미디어 공론장에서 제대로 다뤄지지 않을 때, 민주주의의 과제이든 사회 발전의 과제이든 진척될 수 없다는 것은 애써 말할 필요가 없을 것"이라고 강조하고 있다.

'실제로 오늘날 한국 미디어 공론장의 위기는 이 땅에서 살아가는 사람들의 구체적 삶의 현실에서 비이성적 갈등과 분열과 심화, 민중의 고통으로 나타나고 있다는 것' 이고, '공론장을 어떻게 살려낼 것인가는 저널리즘의 문제만이 아니라 한국 민주주의의 숙제' 라는 것이다.

손석춘 원장은 정책 대안뿐 아니라 실제로 새로운 사회를 열기 위한 상상력과 행동이 필요함을 강조했다. 청년 실업에 관해서도 "등록금은 계속 오르고 취업은 어렵다. 수천만 원씩 들여 대학을 다녔지만, 취업이 되지 않아 자살하는 대학생들이 많다. 학생운동이 침체해 있을 상황이 아니다. 국회의사당 앞에 10만 명이 모여 시위해 보라. 달라질 것이다. 정치인들이 청년 실업 문제 해결을 위해 적극적으로 나설 수밖에 없다. 그런데 안 모인다, 공차기 응원에는 수십만 명씩 모이면서도. 신자유주의 사회와 다른 사회를 왜 상상하지 못하는가. 지금보다 훨씬 나은 사회를 만들 수 있다는 끈을 놓지 말자. 힘을 합치면 충분히 구현할 수 있다"고 호소하고 있다.

《조선일보》의 논리를 가장 충실하게 이행해온 대통령 노무현

지승호(이하 **지**)　지금 일련의 진보적 싱크탱크들이 나오고 있는데요. 어떤 활동을 하는지가 대중들에게 전달되지 않은 것 같습니다.

손석춘(이하 **손**)　보통 "진보세력들은 구체적인 정책 대안들이 없다, 구호만 있다"는 얘기들을 하시는데요. 그렇지 않다는 것을 보여주기 위해서 만들었구요. 실제로 저희들 '새사연'에서 내놓은 책 두 권이 있거든요. 그래서 진보진영 안에서는 '새사연 모델' 이런 이야기들이 나오고 있고, FTA 반대 토론을 할 때도 '새사연 모델'이 여러 가지 모델 중 하나로 논의될 만큼 조금씩은 정착되어가고 있지 않나 생각하고 있습니다.

지 두 번째 책이 《베네수엘라, 혁명의 역사를 다시 쓰다》(시대의 창)인데요. 차베스에 대해 주목하시는 것 같은데, 남미의 상황과 우리의 상황은 좀 다르지 않습니까? 우리가 거기서 뭘 배워야 한다고 생각하십니까?

손 저희 연구소에서 생각하고 있는 모델은 기존에 있는 어떤 모델이 아니죠. 이를테면 소련, 동구가 몰락했고, 북쪽도 어려운 상황이에요. 그래서 기존의 변혁 운동진영에서 가져왔던 막연한 모델에서는 벗어나야겠다는 생각이 있구요. 우리가 차베스의 실험에 주목했던 이유는 스웨덴 모델 못지않게 제3세계에서 베네수엘라 모델이 시사하는 바가 있다고 생각했기 때문인데요. 예를 들면 차베스는 국민들과 더불어 선거혁명을 이뤄나가고 있는데, 그게 과거의 무장혁명 개념과는 다릅니다. 베네수엘라 기득권 세력들의 반발이 상당히 조직적으로 이루어지고 있는데도 불구하고 선거를 통해서 끝없이 베네수엘라 민중들의 정치적인 의지를 결집시켜 나가는 데 성공하고 있다는 점을 주목하고 있어요. 그리고 베네수엘라 언론 대다수가 한국의 언론 지형보다도 심하게 저항하곤 했는데, 그것 역시 효과적으로 극복하고 있다는 점에서 이른바 수구언론이 여론시장을 독과점하고 있는 한국 사회에 시사하는 바는 크다고 생각합니다.

지 요즘 한국에서는 언론의 문제도 심각하지만 대중들에 대한 신뢰를 가질 수 있느냐는 의문도 제기되는데요. 예전에는 열사가 나타나면 대중들이 권력의 의도를 간파하는 각성의 계기가 되기도 했잖아요. 그런데 지금은 "택시 기사가 뭘 알아서 분신을 해"라는 반응이 나오지 않습니까? 역사는 발전한다는 믿음을 가질 수 있는 상황일까요?

손　노무현 정권이 들어서면서 나타난 특이한 현상이라고 생각합니다. 노무현 정권이 만들어진 데는 사실 인터넷을 통한 네티즌들의 활동이 컸거든요. 그분들 가운데 모두는 아니지만, 적어도 상당수는 자신들이 뽑은 대통령이라는 데 대한 애정이 너무 컸던 것 같아요. 그런 점에서 노무현 대통령의 지난 5년에 대해서 무조건 옹호하려는 모습이 나타나고 있습니다. 노무현 대통령의 거듭된 실정, 지지 세력에 대한 거듭된 배신에도 불구하고, 거기에 대해서 인정하지 않으려고 하구요. 그러다보니까 이를테면 허세욱 씨의 분신이나 FTA 문제에 대해서도 소극적이거나 냉소적인 반응을 보이고 있는데요. 저는 역사가 발전되어가는 과정에서 잠깐 동안 나타나는 지체현상이라고 생각하고 있지, 대중에 대한 불신까지는 생각하지 못했습니다. 왜 그러냐 하면 한국의 민중들은 혹독한 정권 아래에서도 4월 혁명을 만들어냈고, 5월 민주화 운동이나 6월 항쟁을 일궈왔어요. 많은 지식인들이 이회창이 될 것이라 생각하고 포기하고 있을 때도 이회창의 당선을 저지했거든요. 노무현 정부가 많은 실망을 주고 있기 때문에 문제이긴 하지만, 지난 수십여 년 동안 축적되어 온, 길게 보면 갑오농민전쟁 이후 한 세기가 넘도록 이어져 온 민중의식의 성숙, 성장 과정에서 본다면 그것을 반전시킬 만한 현상이라고까지는 아직 생각하고 있지 않습니다.

지　신뢰도 조사를 해보면 조·중·동의 신뢰도는 대단히 낮습니다. 그런데 많은 사람들이 그 신문을 보지 않습니까? 그러면서도 "나

313

는 《조선일보》를 믿지 않아"라고 말을 합니다. 그런데 사고는 《조선일보》의 논조대로 하면서 스스로 그렇게 생각하는 것처럼 믿는 모순이 더 위험한 것 같습니다. 그 얘기를 믿었다가 그게 사실이 아니란 게 밝혀지면 "어, 속았네" 하면서 변화의 계기가 될 수 있겠지만 "나는 이 신문에 속지 않아"라고 하면서도 그것을 토대로 세상을 판단하는 경우가 많은 것 같습니다. 그 지점이 위험해 보이는데요.

손　글쎄요. 저는 두 가지로 나눠서 말씀드리고 싶어요. 먼저 《조선일보》의 영향력이 여전히 크다는 것에 대해서는 토를 달고 싶습니다. 왜 그러냐 하면 《조선일보》가 안티조선 운동이 활발히 벌어졌음에도 불구하고 발행부수 1위를 하지 않았냐고 하는데, 그것은 조금 더 정확하게 볼 필요가 있습니다. 제가 알고 있는 한 최근 3~4년간 《조선일보》의 판매부수는 조금 과하게 얘기를 한다면 반 토막이 난 것으로 알고 있습니다. 그런데 여전히 1위인 이유는 《중앙일보》와 《동아일보》도 반 토막났기 때문이에요. 그렇기 때문에 《조선일보》의 의제 설정력, 아젠다 세팅 능력은 서서히 떨어져왔습니다. 서서히 변해가고 있으니까 우리가 느끼지 못할 뿐이지 과거 4~5년 전에 비해서는 현저히 떨어져 있는 것은 사실이에요. 이 점을 분명히 얘기해야 할 것 같아요.

두 번째는 《조선일보》의 논리에 알게 모르게 젖어가면서도 자기는 《조선일보》에 반대한다고 생각하는 사람들의 전형적인 모습이 다름 아닌 노무현 대통령이라고 생각합니다. 노무현 대통령이 추진해 온 가장 굵직한 정책들을 보면 말입니다. 이라크 파병 문제, 비정규직에 대한 정책 문제, 평택 미군기지 확장 문제, 가장 크게는 한미FTA 강행…… 이런 것들은 《조선일보》의 논리하고 아주 똑같거든요. 똑같으면서도 자기는 《조선일보》와 아주 극과 극에 있다고 주장을 해요. 취재 지원 시스템에서도 언론과의 전쟁을 이야기하고 있는데요. 노무현 대통령은 언론과의 전투에서는 잘 싸웠지만 전쟁에서는 완전히 패한 거예요. 노무현 대통령을 상징하는 모습이 노무현 대통령을 지지하는 많은 사람들에게서도 나타나고 있어요. 이런 착시현상은 어쩔 수 없을 것 같아요. 자기가 뽑은 대통령이라는 애정 때문에 그런 것 같은데요. 언젠가는 극복될 수밖에 없다고 생각합니다.

지 예전에 비해서 안티조선 운동이 힘을 많이 잃은 게 사실인데요. 안티조선 운동을 정권 차원으로 끌어들여서 좌절시킨 측면도 있는 것 같습니다.

손 말씀하신 대로 안티조선운동이 상당히 희화화되고 있습니다. 노무현 정권 시기에 언론운동을 해온 사람으로서 아픔이 있는데요. 언론운동이 불신받기 시작했다는 느낌이 어쩔 수 없이 듭니다. 거기에는 여러 가지 이유가 있겠습니다만, 어찌됐든 노무현 대통령과 그 지지자들에게도 책임이 있다고 생각해요. 시민언론운동이 상당히 많이 붕괴되다시피 했는데, 이런 상황을 넘어서려면 시민언론운동의 재건이 필요합니다. 추슬러나간다면 언론 개혁운동의 본디 목적인 신문사 소유구조의 개혁 같은 문제를 전선으로 내세울 수 있지 않을까 합니다. 그런 준비 작업을 해야 한다고 보구요. 운동진영에서 해나가리라 생각하고 있습니다.

참된 희망을 주지 못하므로 가짜 희망이라도 붙들고 싶어 한다

지 　한미FTA 타결 과정을 보면서 어떤 생각이 드셨습니까? 협정 타결을 반대하는 사람들 중에서도 국익이라는 테두리를 벗어나지 못하는 것 같은데요. 예전 같으면 "왜 정부가 정보를 공개하지 않지?" 라고 했을 사람들이 "협상이란 건 어쩔 수 없이 그런 측면이 있다"고 정부를 무작정 옹호하고 있지 않습니까? 그러다보니까 문제 제기를 하기가 더 어려워졌고요. 파시즘이라는 게 대중의 동의를 전제로 하기 때문에 위험한 상황이 올 수도 있지 않나 하는 우려가 되는데요.

손 　글쎄 저는 파시즘까지는 생각을 안 했구요. 김대중 정권이나 노무현 정권의 실패라고 생각합니다. 김대중 정권에 대해서도 많이 잊고 있지만, 집권 말기에 두 아들이 구속되지 않았습니까? 그래서 지지도가 뚝 떨어졌는데 저는 김대중 정권이나 노무현 정권이 기대보다 못 미쳤던 가장 큰 이유는 무조건 지지 세력의 문제라고 봅니다. 그게 우리 정치 현상이 가지고 있는 독특함 때문이라고 생각해요. 어떤 정책이나 정치인의 이념보다는 그 사람의 지역이나 감정적 선호의 문제, 이런 걸로 지지세력이 만들어졌기 때문에 그 안에서 이성적인 논의가 이루어질 수 없었던 거죠. 무조건 지지가 그런 현상으로 나타났구요.

　노사모는 한국의 정치사에서 아주 위대한 실험이었어요. 노사모 활동을 했던 상당수가 떨어져나간 데서도 확인이 되지만, 노사모는 정치사적 성공 못지않게 실패 사례로도 이야기 될 것 같습니다. 어떤 정치세력에 대한 지지가 이성적이고, 담론에 근거해 있고 정책에 기반을 둔 이런 형태로 전환되어가는 과정에서 노사모의 모습은 참 많은 교훈을 주지 않을까 생각하고 있어요.

지　올해 초《한겨레》비상임 논설위원에서 해촉되셨는데요. 노무현 대통령에 대한 비판 칼럼이 조직과 갈등을 일으킨 건 아닌가 하고 생각하는 분들도 계신 것 같습니다.

손　제가 칼럼을 쓸 때 당시 주필로부터 전화는 한 번 받았어요. 칼럼을 쓸 때 정치인 김대중, 노무현 이렇게 많이 쓰잖아요. 그런데 대통령을 안 붙였다고 전화가 온 거예요. 주필이 고치겠다고 했는데, 제가 해촉된 이유가 거기에 있다고 생각할 만한 근거는 없는 것 같아요. 제가 왜 해촉됐는지는 사실은 잘 몰라요. 무능하니까 해촉됐겠죠.(웃음)

지　강준만 교수도 늘 지적하는 것처럼 노무현 정권에 대해서 지지자들이 너무 비판을 하지 않았는데요. 맹목적 비판보다 지지가 더 나쁜 이유는, 맹목적 비판은 일말의 진실은 담겨 있을 수 있고 자기반성을 할 근거를 마련해 줄 수 있는 반면, 맹목적 지지는 자기교정능력을 상실하게 만들기 때문 아닙니까?《한겨레》나《오마이뉴스》조차도 "다른 사람들이 비판을 많이 하는데"라면서 비판을 하지 않은 측면도 있구요.

손　저는 노사모에 계신 분들을 초기에 뵌 적이 있었어요. 노무현 대통령이 당선되고 나서 처음 노사모 회의가 원주 근처에서 있었습니다. 거기서 초청을 하더군요. 제 칼럼이 노무현 당선에 기여를 했다고 생각한 모양이에요. 유시민 씨하고 제가 강연을 했어요. 저는 그때 광주에 강연이 있어서 들렀다가 광주에서 노사모 활동을 하시던 분과 같은 차를 타고 회의장으로 가는 중이었어요. 그분은 가족을 다 데리고 가더라구요. 그분은 말 그대로 우리 사회의 서민이었어요. 자기 수입도 별로 없고 (이렇게 말씀드리는 게 결례가 아닐지 모르겠지만), 넉넉한 생활 형편이 아닌데도 아낌없이 노무현 당선을 위해 돈을 쏟아부었던 분이죠.

사실은 노사모의 초기 멤버들 상당수가 그런 분들이잖아요. 그런데 노무현 대통령의 정책은 그 사람들의 이익을 전혀 대변하지 않고 오히려 거꾸로 간 정책이었구요. 그분들 입장에서 본다면 '내가 이렇게 모든 것을 쏟아부어서 만들었는데' 이것을 부정하기 싫은 게 아닌가 하는 생각이 들어요. 맹목적 지지의 모습을 보이는 분들의 댓글을 보면 오히려 마음 아플 때가 많아요. 하지만 그건 시간이 지나야 해결될 것 같구요. 결국은 노무현 대통령이 자신들을 배반했다는 것을 언젠가는 알 수 있을 거라고 생각합니다. 비판은 안 하더라도 맹목적인 지지가 노무현을 망칠 수 있다는 것에 대해, 대통령 선거가 6개월 남아 있는 시점에서 조금은 성찰해 봤으면 합니다. 이런 말 했다가 맞아죽는 거 아닌가요?(웃음)

지 예전에 어머님 치료비로 쓸 돈까지 '희망돼지'에 냈던 사람들은 자신의 선택에 대해 비판적인 생각을 하기 힘들 것 같긴 합니다. 하지만 노무현 대통령이 양극화 해소를 정권의 아젠다로 내세우면서도 정책은 반대로 갔는데요. 이게 이성적인 부분이라면 토론이 가능할 텐데, 감성적인 부분이라 설득이 불가능한 것 같습니다.

손　전적으로 동의하구요. 그 연장선상에서 얘기하자면 자기한테 소중한 돈을 아낌없이 노무현 후보의 당선을 위해 바쳤던 사람들에게 노무현 대통령이 마지막 남은 6개월이라도 보답을 했으면 좋겠어요. 이런 것까지 얘기해도 될지 모르겠지만 돼지저금통을 낸 사람들을 생각해서 말씀을 드린다면, 노무현 대통령이 대통령 재직 기간 동안 꼬박꼬박 월급을 저축해 모은 돈이 3억 원이 넘는 것으로 알고 있는데요. 남아 있는 노사모 분들에게 전액을 희사한다든지 하는 모습을 보였으면 합니다. 그런데 그럴 생각은 전혀 없는 것 같아요.

지　그 수준으로는 감당이 안 될 것 같은데요.(웃음) 노무현 정권은 싸우면서 닮아간다고 할까요? 조 · 중 · 동으로부터 욕을 안 먹기 위해 싸우는데, 결국 그 사람들의 프레임 안에서 싸우고 있는 것 같다는 생각도 듭니다. 알게 모르게 그들의 의도대로 된 게 아닌가 하는데, 본인들은 모르고 있는 것 같거든요.

손　모르고 있죠. 전쟁에서는 패했으면서도 전투에서는 열심히 싸우고 있다고 생각하는 건데요.《조선일보》와 노무현 대통령이 닮은 게 하나 있습니다. 단순논리죠. 상대의 논리를 단순화시켜서 반박을 하는 행태가 똑같아요. FTA를 반대하는 사람들을 개방에 반대하는 사람으로 몰아가는 게 똑같은 모습입니다. 공개적으로 얘기하고 있지 않습니까? "쇄국하자는 거냐?"고. 이런 것이 전형적인 단순논리이죠.《조선일보》식 논리인데요. 노무현 대통령은 그 점에서 본다면《조선일보》와 꼭 닮았죠. 그런 단순논리를 무조건 지지하는 사람들과 노무현 정권이 정서상 부합이 되면서 문제가 점점 더 꼬여 회복할 수 없는 실패로 나타나고 있는 것 같아요.

지　지난번 황우석 사태 때 언론의 문제가 많이 노출되었는데요. 그것을 파시즘의 전조로 우려하는 일부 좌파 지식인들의 시각에 대해서 김어준 씨는 낡은 진보라고 일갈했습니다. 그 점에 대해서는 어떻게 생각하세요?

손　저는 김어준 씨 맥락을 잘 몰라서 코멘트하기 그렇구요. 황우석 사태를 보면서 한 가지 반성을 하게 됐어요. 그때가 새사연을 준비하는 시절이었는데, 우리 민중에게 황우석은 희망이었잖아요. 황우석이 우리의 살 길이라는 기대도 있었구요. 그때 '한국의 힘없고 가난하고 절망 속에 잠겨 있는 분들이 이렇게 희망에 목말라 하고 있구나' 하는 생각이 들어서 저를 자괴감에 빠지게 했죠. 황우석이 희망이었기 때문에 쏠려갔던 거거든요. 그래서 지금 고통받고 있는 비정규직이나 농민이나 청년실업자들에게 제대로 된 비전을 누군가가 빨리 만들어주고, 이것이 삶이 나아질 수 있는 유일한 길, 유일하게 가능성 있는 길이라는 것을 빨리 보여줘야겠다는 생각이 들었습니다. 황우석의 거짓과 위선이 다 드러났음에도 불구하고 인정하지 않으려고 하는 모습에서 희망을 놓치지 않으려는 갈망이 엿보였어요. 이분들에게 제대로 된, 그리고 실현 가능한, 논리가 정연한 희망을 빨리 제시하는 게 오늘을 살아가는 지식인의 의무라는 생각이 들었죠. 황우석이 저한테 준 교훈은 가짜 희망이 아니라 참된 희망을 빨리 만들어야 한다는 것이었습니다.

네티즌들의 정파적 반응은 조선일보식 반응

지   희망을 만들어가는 것도 중요하지만, 잘못된 일에 대해서 문제를 제기하는 것도 언론의 역할인데요. 한국 사람들이 정치에 대해서도 그렇지만, 언론에 대해서도 모순적인 태도를 가지고 있다고 생각합니다. 기자라는 게 한국 사회에서 경멸당하는 직업 중 하나지 않습니까? 그렇다면 좋은 기자가 나오면 격려해주고 칭찬해줘야 되거든요. 한학수 PD 같은 경우 더 이상 정치적으로 민감한 프로그램을 만들지 못하게 될 것 같은데요. 내부 고발자의 경우도 마찬가지 아닙니까? 그 사람들을 보호해주지 않으면 그 다음 사람들은 "저 사람들 저거 하고 나서 인생 종쳤네"라고 하지 않겠습니까? 아무도 내부 고발이나 사회 비판에 엄두도 못 낼 텐데요.

손   인터넷 시대가 되면서 많은 사람들이 기대했던 건 쌍방향 소통이 이루어지고, 공론장이 활성화되고, 새로운 지평이 열릴 것이라는 생각이었죠. 저는 아직 그 실험이 끝나지 않았다고 생각합니다. 물론 우리가 초기에 걸었던 과도한 낙관은 실제로 찾아보기 어려워요. 진보적인 언론 학자들 가운데 제가 토론회에서 본 어떤 분은 인터넷의 공론장 기능에 대해서 아주 심각한 회의를 하더군요. 오히려 부정적인 이야기를 하던데요. 저는 인터넷에서 정치적인 칼럼을 지금도 쓰고 있어요. 《오마이뉴스》에 쓰면서 댓글들을 읽어봅니다. 그러면 정치적 성향으로 제가 어느 당인지 어느 정치를 선호하는지를 구분하려고 합니다. 예를 들면 제 글이 민주노동당 이야기라고 하거든요. '뭐가 옳고, 뭐가 그르냐'보다는 언론인이 쓰는 글에 대해서, 지식인이 쓴 글에 대해서 아예 정치적 재단을 하는 거죠. 그런데 지식인이나 언론인은 정치인이 아니거든요. 정치적인 목적을 가지고 글을 쓰는 게 아니구요. '무엇이 옳은가, 그른가'를 가지고 이야기하는 건데, 인터넷 시대가 정치 과잉이 되면서 그런 언론인들과 지식인의 영역이 좁아지고 있는 거죠. 모든 게 정치화 되다보니까 뭐가 옳고 그르다는 얘기는 담론이 형성되지 않고, 토론이 되지 않아요. 이런 게 가장 큰 문제로 나타나고 있습니다.

　말씀하신 한학수 PD의 문제도 그렇죠. 한 PD는 방송인으로서 훌륭한 태도를 보인 건데, 이런 것에 대해서도 자꾸 정치적 판단을 하는 겁니다. 이게 민주주의의 위기까지 이어질 수 있다는 생각이 들기도 합니다. 네티즌들이 지식인이나 언론인의 글에 대해 정파적 판단을 하기 이전에 '무엇이 옳고 그른가'라는 생각을 해야 하지 않을까 합니다.

지　《미디어미래》 신년호 특집으로 마련한 '누가 미디어업계를 움직이는가'란 설문조사에서 국내 미디어 분야 전문가 100명은 가장 신뢰하는 언론인으로 손석희, 엄기영에 이어 손석춘을 꼽았는데요. 언론인에 대한 대중의 신뢰감도 점점 떨어지는 것 같습니다. 말씀하신 것처럼 정파적으로만 판단하는 것 같구요. 그것도 자기 이익이 뭔지를 제대로만 알면 타협의 가능성이 있는데, 감성적인 수준에서 비판을 하는 경향이 있잖아요. 언론을 건드리지 않고는 그것을 개선하기 힘들 텐데, 암담하다는 생각이 듭니다.

손　사실은 아까 말씀드렸던 그런 네티즌들의 정파적 반응은 《조선일보》식 반응이거든요. 《조선일보》식 문화인 거죠. 그런 점을 하나 말씀드리고 싶구요. 이것을 극복해나갈 수 있는 방법은 어쩔 수 없이 신문사 소유구조 개혁이라는 문제를 시민단체에서 제기하는 것밖에 없을 것 같습니다.

그래서 저희 연구원은 이스트플랫폼eplatform.or.kr이라는 사이트를 만들었어요. 토론을 상당히 중시하는 공간이거든요. 이런 토론 공간을 자꾸 만들어나갈 필요가 있는 것 같구요. 인터넷이 가지고 있는 지금 현재의 부정적인 모습을 극복할 수 있는 새로운 형태의 토론 공간을 누군가는 실험해야 한다고 생각합니다. 이스트플랫폼도 그중의 하나예요. 그런 공간이 알려지면 많은 사람들이 들어오게 될 거구요. 수기 민주주의가 가능한, 토론 민주주의가 가능한 그런 실험을 해나가야 하겠죠. 웹 2.0시대에 대한 새로운 모색이 필요할 것 같습니다. 그런 게 어떤 형태로든 정착될 수 있지 않을까 하는 희망을 품고 있습니다.

지 "가장 큰 문제는 한국 미디어가 아직 오지 않은 미래마저 제약하는 데 있다. 미디어 개혁의 당위성과 절박성은 바로 여기에 있다. 민주주의의 밑절미인 공론장이 뒤틀린 상황에서 사회 발전은 불가능하다"는 말씀을 하셨는데요. 예전에 〈KBS 스페셜〉과 〈PD수첩〉에서 관련 프로그램을 방영한 이후 여론이 한미FTA 졸속 추진 반대로 돌아섰던 적도 있는데, 요즘은 공중파에서도 FTA 같은 큰 문제에 대한 분석프로그램을 내지 못하고 있는 것 같습니다. 이런 상황에서 많은 국민들은 FTA가 대세라고 생각하고 있는데요.

손 사실은 FTA 문제나 한국의 공론장이 아직 오지 않은 미래까지 제약하는 것은 조·중·동만의 문제는 아니라고 생각해요. 어찌됐든 한국의 민주시민들의 노력으로 KBS나 MBC는 상당히 개혁적인 인물들이 사장이 되어 있거든요. 그런데 아시다시피 보여주고 있는 모습은 전혀 그렇지 못하죠. 이를테면《한겨레》논설주간으로 있었던 정연주 씨가《한겨레》에서 썼던 논조가 KBS 가서는 사라져 버렸어요. MBC 최문순 씨도 언론노동운동을 했던 사람인데, MBC 에서는 그런 모습이 나타나지 않아요. 저는 이런 것들이 민주화 운동에 나섰던 사람들 일반이 가지고 있는 공통점이라 생각해요. 어느 자리에 가면 그 논리에 흡수되고 마는 거죠. 그 자리로 그 사람들이 갈 수 있었던 데에는(여기에는 노무현까지 포함이 되는 거죠) 민중들과 민주시민들의 역할이 컸는데, 지금 이 사람들에 대한 배반이 이루어지고 있는 거죠. 이것은 조 · 중 · 동만의 문제가 아니라고 봅니다. KBS, MBC에 대해서도 더 적극적인 수용자 운동이 필요할 때라고 생각해요. 그런데 정작 그 일을 감당해야 할 사람들이 그쪽으로 넘어가 있거나 한자리씩을 차지하고 있어서 운동이 활성화되지 못하죠. 개인적으로는 최민희 씨가 방송위원회에 간 게 참 안타까워요, 그렇게 갈 일이 아니었는데.

지　코드 인사라는 비판도 많았는데요. 말을 조심하고, 액션은 과감하게 했어야 하는데 그 반대였다는 것이 노무현 정권의 실패 요인 중 하나라고 생각합니다. 말을 앞세움으로서 개혁의 대상들에게 경계심만 심어줬고요. 그래서 방송을 개혁하는데 그 점이 제약이 될 수도 있었을 것 같은데요.

손　이를테면 KBS 정연주 사장의 모습은 역대 KBS 사장의 모습과 비슷하다고 생각해요. 이를테면 전두환 정권 때의 KBS 사장은 전두환과 닮은꼴이었거든요. 노태우 시대 때는 노태우와 닮은꼴이죠. 김대중 정권 시절 KBS 사장을 5년간 맡은 박권상 씨 역시 김대중하고 아주 닮은 사람입니다. 지금 KBS 사장을 하고 있는 정연주의 논리도 노무현하고 굉장히 비슷해요. 사실은《한겨레》논설위원실에 3년 동안 같이 있으면서 저하고는 맞지가 않았어요. 제 칼럼을 어느 순간에 없애버리더라구요.(웃음) 그런 걸 좀 넘어서야 하는데 말입니다. 그런 점에서 본다면 방송민주화도 갈 길이 멀죠. 정권과 무관한, 정권의 이해관계로부터 독립되어 있는 사람들이 사장이 돼야 합니다. 그런데 어떤 정권도 그렇지 않은 것 같아요. 최소한 자기와 비슷한 사람을 앉혀 놓는 겁니다. 그렇기 때문에 박권상 씨나 정연주 씨를 전두환·노태우 시대의 KBS 사장들하고 별 차이가 없다고까지 말하는 겁니다. 제가 너무 심하게 얘기하나요?(웃음)

노동중심경제를 발판으로 통일민족경제를 이끌어야

지 　새사연에서는 통일민족경제 모델, 국민직접정치 모델, 노동주도형 국민경제 모델 등을 내세우고 있는데요.

손 　거기서 가장 핵심이 되는 것은 노동중심 경제모델입니다. 신자유주의하면 글로벌 스탠다드라고 생각하거든요. 그것은 다름 아닌 한국의 수구 언론들이 만들어놓은 틀이죠. 신자유주의가 글로벌 스탠다드라는 것 자체가 사실이 아니구요. 저는 한국 사회에서 사람들이 의지할 데 없는 절망 속에 잠겨 있고, 대통령 선거 정국에 어떤 흥미도 못 느끼고 있는 이유가 새로운 대안이 보이지 않는다는

데 있다고 생각해요. 사실 노무현이나 한나라당이 경제 대연정을 하고 있는 것 아닙니까? 차이가 없죠. 그래서 살림살이가 새롭게 나아질 수 있는 희망, 가능성을 보여준다면 한국 정치 지형도 상당히 흔들릴 수밖에 없다고 생각하구요. 그런 점에서 가장 중요한 것은 '신자유주의를 넘어서서 한국 경제를 어떻게 재편할 수 있느냐' 하는 거예요. 막연하게 신자유주의 반대, FTA 반대가 아니라 그것들을 넘어서서 민주진보세력이 집권을 한다면 한국 경제를 어떻게 바꿔갈 수 있느냐 하는 구체적인 대안이 있어야 한다는 겁니다.

저희는 그런 정책 대안들을 여러 개 만들었습니다. 이를테면 기업 소유구조를 개편하고, 주식회사법을 바꾸고, 은행 공공화 법안을 다시 만들고, 노동자 이사 제도를 도입하는 것들이 그것이죠. 이런 식의 구체적인 경제 대안들을 뭉뚱그려서 노동중심경제론으로 제기해 놓은 거구요. 통일 문제도 마찬가지라고 생각해요. 퍼주기다, 인도주의다 하는 담론에서 이제는 벗어나야 한다고 생각합니다. 인도주의가 얼마나 설득력 있겠어요? 설득력이 없을 것 같아요. '통일이 남쪽 경제에도 도움이 된다. 통일이 신자유주의를 넘어서기 위한 한국 경제의 활로일 수도 있다'는 각도에서 접근을 하는 거죠. 노동중심경제가 전제된 통일경제를 통일민족경제론으로 얘기하고 있는 거구요. 그런 걸 해나가기 위해서는 국민들이 직접 정치에 참여해야 한다는 것이 세 번째의 국민직접정치라는 논리구조로 연결되는 겁니다.

지　정주영 전 현대그룹 회장 같은 사람들이 경제적인 차원에서 접근했는데요. 그런 면은 수구냉전세력보다는 진보적이었습니다.

그렇지만 진보개혁세력이라고 하는 사람들의 입에서도 북한의 저임금 노동력을 성장 동력으로 삼아야 한다는 의견도 많은데요. 그렇게 된다면 통일을 하더라도 북한주민의 최하층계급화 같은 문제가 발생할 텐데요.

손 그런 우려 때문에 저희의 통일민족경제는 노동중심경제가 전제가 되어 있다는 건데요. 정주영 씨의 접근하고는 아주 뚜렷한 차이가 있죠. 정주영 씨는 현대라는 대기업 체제를 온존한 채로 남북경제통합을 서서히 해나가자는 거였구요. 저희는 그렇지 않고, 남쪽의 신자유주의 경제체제를 변화, 변혁시켜 나가는 연장선상에서 통일민족경제를 이야기하고 있는 겁니다. 그렇기 때문에 차이가 뚜렷하다고 생각합니다. 그렇게 되었을 때 북쪽의 민중들이 남쪽의 2등 국민이 되는 그런 일은 없을 겁니다. 그런 것을 막기 위해서 노동중심경제를 핵심에 두고, 그 연장선에 통일민족경제를 이야기하고 있는 거구요. 그렇게 되는 것은 막아야죠.

지 재벌 중심 경제의 문제는 언론의 문제와도 연결되는데요. 신문에서 삼성에 대한 비판 기사는 거의 볼 수 없습니다. 이마트의 예도 드셨지만, 아주 극악한 노동 탄압 행위가 벌어진 것은 전혀 기사화하지 않고, 오히려 그 날짜에 이마트를 찬양(?)하는 기사가 게재되는 식 아닙니까? 한화 김승연 회장의 사건도 언론이 초기에 적극적으로 다루지 않았던 것 같은데요.

손 저는 언론개혁시민연대를 창립할 때 창립공동대표였고, 창립선언문도 썼거든요. 그때 주로 내세웠던 것이 구조개혁이었어요. 입법운동이었구요. 최근에 들어서는 병행해나가고 있습니다. 기자정신을 강조해나가고 있어요. 《어느 저널리스트의 죽음》(후마니타스)이 사실은 그런 의미를 담은 책인데, 제가 신문사 소유구조의 문제만을 이야기해 왔더니 많은 언론인들이 그것을 소유구조 탓으로 돌리고, 정작 자기 자신은 아무 노력도 하지 않고 있죠. 저널리스트들의 직업윤리 자체가 무너져가고 있다는 느낌이 들었어요. 그런 운동을 같이 병행해야 한다는 생각을 하고 있구요. 앞으로도 그런 주제로 글을 써나갈 겁니다.

또 한 가지 지적하신 것, 여전히 언론들이 그런 비판을 막고 있는데, 신자유주의를 넘어선 새로운 사회를 만들어나가는 과정은 언론 개혁운동하고 맞물려있다고 생각해요. 한국 언론을 개혁해나가는 과정은 사람들이 잘못된 사실인식에서 벗어나 진실을 알게 되는 과정이고, 그런 과정 자체가 그 사람들의 정치의식이 성숙해가는 과정이에요. 바로 그런 사람들이 정치에 참여함으로써 이루어낼 수 있는 것이 노동중심경제이고, 통일민족경제라고 생각합니다. 그렇기 때문에 새사연을 통해 대안을 만들고, 이스트플랫폼을 통해 확산시키는 거예요. 지금까지의 언론 개혁에 대한 이야기는 그 점에서 이어져있다고 생각합니다.

지 새사연은 어떻게 운영되나요?

손 회원 120명이 십일조를 내서 해나가고 있구요. 그래서 상근 직원이 12명입니다.(웃음) 십일조를 내는 분들 가운데 운동권에 계시는 분들도 있는데, 그 분들의 십일조는 적을 수밖에 없잖아요. 그래서 이것 가지고는 운영이 안 되기 때문에 정책 회원제를 하고 있습니다. 이스트플랫폼 사이트의 정책회원은 월 만원씩만 내면 돼요. 저희는 본격적인 회원 확장운동을 하지 않는데, 자연적으로 늘어나고 있어요. 그게 너무 고마워요. 우리 새사연에 희망을 주시는 분들이 많아서 매주 체크를 합니다. 많을 때는 10명, 적을 때는 5명씩 늘어나고 있어요. 그분들을 생각하면 어깨가 더 무거워지죠.

지　시대의창에서 계속 책을 내시나요?

손　시대의창 김성실 대표가 저희 십일조 회원이에요. 그러다보니까 그 출판사하고 애기를 해봤구요. 선뜻 동의가 돼서 저희 연구 성과는 거기서 앞으로 계속 내기로 했어요. 지금 낸 책 두 권은 새사연 신서구요. 더 작은 책으로 총서를 내요. 총서(나중에 '지식 캠프'로 바뀜—편집자) 1권이 다음 주에 나옵니다. 그게 제가 쓴 언론 개혁 문제입니다(6.14에 《우리 언론, 무엇으로 다시 살 것인가》로 출간됨—편집자). 노무현 정권에 들어와서 언론 개혁이라는 말 자체가 사람들로 하여금 완전히 이상하게 받아들여지게 됐는데, 언론 개혁 전선을 다시 추스르기 위한 책입니다. 새사연 연구총서로도 의미 있는 일 같구요. 올해 안에 연구 총서로만 다섯 권 정도 나올 예정입니다(7.16에 지식캠프 002 《우리 농업, 희망의 대안》이 출간됨—편집자). 분야별 정책 대안을 만들어내는 거죠.

지　그 책의 핵심 내용은 뭔가요?

손　소유구조 개혁 문제이구요. 기자운동, 저널리즘 문제를 다루고 있어요. 그리고 언론 개혁 문제를 정치세력들이 자신들이 정치적 이해관계 속에서 이야기해서는 안 된다는 것을 강조하고 있구요. 미디어 위원회를 구성할 것을 제안하고 있습니다.

{ 강자를 제어하고 약자를 부추기는 것이 기자정신

지   "강자를 제어하고 약자를 부추기는 것이 기자정신"이라고 하셨는데요. 그런 기자정신이 얼마나 남아 있다고 생각하십니까? 기자들 중에 그런 기자정신을 가진 사람을 점점 찾아보기 힘든 것 같은데요.

손   저는 기자들의 충원제도에 문제가 있다고 생각해요.《한겨레》노조위원장 시절에는 기자충원제도에 대해 논의를 한 적이 있어요. 예를 들어 시민사회단체에서 운동경험이 있는 사람들, 간사 활동을 한 사람들에 대해서는 특채 형식의 기자 선발을 해야 하지 않겠느냐는 제의도 했는데요. 아직 현실화되지는 못한 것 같습니다. 기자충원제도가 가지고 있는 문제점이 있구요.《한겨레》만 보더라도 그 지적에 동의할 수밖에 없습니다. 창간 초에 사람들이 가지고 있었던 그런 정신들이 많이 사라져가는 것도 사실이거든요. 이 문제는 기자들 운동이 필요하죠. 언론노동조합이나 기자협회, PD협회가 구조개혁 문제를 떠나서 기자정신이나 저널리즘 회복운동에도 조직적으로 나서줬으면 하는 바람이 있습니다.

지   정치에 대한 비판은 많이 하고 있는데요. 재벌에 대한 비판은 적은 것 같습니다. "언론은 2005년 9월 '맥아더 동상 철거 논란'에서 여러 입장 간의 갈등을 해소하기는커녕 동상 철거를 주장하는 단체들에 대해 '적화통일이 되지 않은 것을 아쉬워하는 것'(중앙일보)이라거나 '인천상륙작전과 맥아더를 부인하는 것은 자유 대한민국의 정체성을 부인하는 것이나 다름없는 행위'(세계일보)로 몰아갔다. 나아가 '맥아더를 공격하는 것이 역사청산과 닮았다'(동아일보), '이 나라를 송두리째 끝장내려는 분명한 의도를 가진 세력이 엄존하고 있음을 실증하는 두 가지 사례가 맥아더 동상 철거와 삼성 때리기'(중앙일보)라고 주장했다. 결국 맥아더 동상 사수나 옹호는 어느새 '과거청산'에 반대하고 삼성을 옹호하는 논리로 둔갑했다"는 글도 쓰셨는데, 이념적인 비판을 재벌에 대한 비판으로 연결시키는 게 문제 같습니다. 《시사저널》사태 같은 것도 있지 않았습니까?

손   저는 인쇄 매체에 대해서는 국가지원이 필요하다고 생각해요. 제가 신문법을 누더기 신문법이라고 혹평한 이유는 단순한 소유구조를 빼놓았기 때문이 아니라 신문유통원이나 공동배달 문제, 신문 발전기금 문제를 너무나 축소시켜놓았기 때문이에요. 사실은 신문발전위원회 이런 것을 현행 신문법보다 대폭 강화하는 형태로 개정을 해야 하구요. 그래서 공공적인 지원이 필요하다고 생각해요. 그렇지 않으면 말씀하신 데로 인쇄 매체가 계속 광고에 의존할 수밖에 없거든요. 이런 것에 대한 국가적인 지원, 공공 지원이 저는 필요하다고 생각해요. 그런 것에 대한 입법운동이 신문법 재개정 운동을 통해서 좀 구체적인 운동 목표로 나타나야 한다고 봅니다.

지   이를테면 신자유주의란 말도 진보진영에서는 극히 혐오스러운 의미로 사용하지만, 일반 국민들에게 크게 와닿지는 않는 것 같은데요. 새롭다는 말도 좋은 거고, 자유라는 말도 좋은 거 아닙니까?

손   신자유주의라는 게 사실은 우리만 그 표현을 쓰지 않는다고 해서 될 문제는 아니잖아요. 세계적으로 쓰고 있는 용어이기 때문에. 말씀하신 대로 그 용어를 만든 사람들은 신자유주의자들이거든요. 자신들의 자본의 이익만 대변하려고 하는 사람들이에요. 저희 연구원에서는 신자유주의라는 말보다는 주주자본주의라고 얘기해요. 그 얘기도 일반 독자들이나 사람들한테는 잘 와닿지가 않죠. 어려운 문제인 것 같습니다.

지 자신이 주식투자를 하는 사람 입장에서는 주가가 오르면 좋을 테니까요.

손 두 가지 점을 생각해야 할 것 같아요. 노동중심경제나 주주자본주의 같은 새로운 대안 용어들이 대중적이지 않은 데에는 두 가지 측면이 있다고 생각해요. 대중적이지 않은 측면도 있지만, 기존 언론들이 그 문제를 계속 확산시키지 않는다는 거죠. 쓰지를 않으니까 사람들은 접할 수가 없어요. 이 문제는 거듭 강조하지만, 언론을 바꿔가는 문제하고 연결되어 있다고 생각합니다. 대신 조금 더 참신한 얘기로 해나가려는 노력이 끊임없이 있어야 겠죠.

지 용어 규정이 대단히 중요한 것 같은데요. 선생님께서는 삼성의 '무노조경영'에 대해 '전투적 노동통제'라고 해야 정확한 표현이라고 하셨는데, 언론에서는 삼성에서 얘기하는 '무노조경영' 이라는 말을 그대로 받아쓰지 않습니까? 그런 것을 바로잡기 위한 운동도 필요할 것 같은데요.

손 제 글을 많이 보고 오셔서 긴장이 되네요. 인터뷰를 많이 했어도 이렇게 다 얘기하시는 분은 처음 봤는데요.(웃음)

그렇게 해야 하겠죠. 새로운 말, 새로운 용어를 자꾸 운동해나가는 쪽에서 만들어야 한다고 생각하구요. 같이 만들어 가야죠.

진보가 집권해서 국민경제를 꾸려갈 능력이 있다는 믿음을 보여줘야

지 새사연과 희망제작소, 세교연구소의 차이는 무엇인가요?

손 박원순 변호사에게 같이 하자고 했어요. 같이 하자고 두 차례에 걸쳐서 정중하게 제의를 했는데요. 차이는 있어 보여. 박 변호사의 표현으로 차이를 말씀드린다면 박 변호사는 "자신이 하려고 하는 연구소는 시민 중심이고, 손 위원이 하려는 연구원은 기층민중 중심인 것 같다"는 얘기를 하더군요. "한국 사회를 바꾸려면 시민운동과 기층민중운동이 서로 만나야 되지 않겠느냐"는 얘기를 했는데, 박 변호사는 좀 부담이 됐던 모양이에요. 지금 봐도 희망제작소와 저희 연구소의 차이는 좀 있어 보여요. 세교 연구소는 교수들 중심이구요. 저희 연구소는 교수들 중심은 아닌 것 같아요. 저희는 그런 생각을 해요. 한국 사회에서 교수들이 진보적인 담론을 만들어나가는 데 기여해나가는 분들도 많지만, 교수 분들이 가지고 있는 느긋함이 있어요. 자신들이 가지고 있는 신분상의 혜택이 있잖아요, 한국 사회에서 교수로 살아가는. 그래서 대안을 만드는데 절박성이 없다고 생각해요.

저희는 좋은 교수님들과는 손잡겠지만, 새사연을 교수 중심의 진보 씽크탱크로 만들 생각은 없어요. 오히려 경계해야 될 부분이라고 생각하구요. 실제로 80년대의 수많은 담론도 교수들이 만들었다기보다 진보적인 젊은 사람들이 만들었다고 생각해요. 그런 전통을 이어나가고 싶어요.

지 사실 그런 문제를 힘 있게 제기할 수 있는 지식인의 수가 많아 보이지는 않는데요. 그런 사람들을 늘려가고 세력화해야 할 텐데요.

손 저는 연구소 차원에서는 성공회대의 조희연 교수가 하고 있는 민주주의 연구소와 긴밀한 연계을 맺어가고 있습니다. 그리고 저희 연구소는 아시다시피 진보적인 연구를 생산해내고, 이스트플랫폼을 통해서 확대해나가는 것 못지않게 중요한 것이(그런 과정 자체하고 연결이 되어 있습니다만) 민주시민들을 조직화해나가는 과정이기도 하거든요. 십일조를 내는 것은 사실 자기 인생의 결단이에요. 쉬운 일이 아니잖아요. 한의사인데, 많이 내시는 분은 150만 원을 냅니다. 이런 사람들은 한국 사회를 변화시키고 싶었던 젊은 날의 꿈을 무덤까지는 가지고 가지 않겠다는 결의를 보이고 있는 거죠. 그런 결의를 모아나가는 사람들을 십일조 운영위원이라고 합니다. 그런 동지적 관계도 계속 늘려갈 거구요.

그러나 뜻은 같이 하지만, 부담이 되시는 분들은 월 만원 정책회원으로 끝없이 확대해나갈 겁니다. 저는 이것이 일종의 조직운동이라고 봅니다. 새사연이 가지고 있는 대안에 공감하고 동의하는 사람들이 조직화되면 될수록 그만큼 한국 사회의 변화에도 기여할 수 있다고 생각하구요. 새로운 대안을 만드는 것과 동시에 조직화도 해나가고 있다고 말씀드릴 수 있어요.

지 "진보정치 세력이 표를 얻지 못하는 것은 대중이 진보의 말을 믿지 못하는 탓도 있다"는 말씀을 하지 않으셨습니까? 왜 믿지 못하게 됐다고 생각하십니까?

손 제가 새사연에 매진하게 된 결정적인 이유 중 하나인데요. '비정규직 노동자나 농민들이나 청년 실업자들이 왜 민주노동당에 투표하지 않을까?' 여기에는 두 가지가 있다고 생각해요. 하나는 언론이 민주노동당에 대한 얘기를 전혀 하지 않고 왜곡해왔기 때문인데요. 사실 그 탓만 해서는 진보정치세력의 미래는 없다고 생각합니다. 저는 비정규직 노동자, 농민들, 청년실업자, 영세 자영업자들이 '진보정치세력이 집권을 해서 과연 한국 경제를 관리할 능력이 있을까?'에 대해 회의하고 있다고 생각하거든요. 만약에 진보세력이 집권을 했다고 했을 때 자칫 '이나마 먹고 살고 있는 생활벌이조차 망가지지 않을까' 하는 불안감이 있는 거예요. 민중들의 그런 판단은 옳다고 생각해요. 사실은 진보세력은 거기에 대한 이야기를 못했어요. '저 사람들이 집권해서 한국 경제를 관리할 능력이 있을까'라는 사람들의 질문에 제대로 대답하지 못했던 거죠. 이제는 그런 대답을 해야 한다는 생각이 들었고, 저희는 그런 대답을 하겠다는 거구요. 저희의 이런 대답이 진보정치세력이 세상을 바꿔나가는 데 무기가 될 수 있다면 더 이상 바랄 게 없습니다.

지 "논의를 한데 모아도 모자란 판에 누군가가 먼저 한 얘기는 절대 따라하지 않겠다는 식의 문화가 진보진영에 만연하다"는 말씀도 하셨는데, 진보진영의 이런 태도는 좀 문제가 있어 보입니다. 경제적인 이득을 취하지 않으니까 정신적인 우위는 가지겠다는 태도는 좋은데, 그게 자칫 편협하거나 배타적으로 나타나게 되는 것 같습니다. 박수를 쳐주는 문화도 필요할 것 같은데, 팔짱 끼고 '니가 얼마나 잘하는지 보자' 이런 것들이 좀 있지 않습니까?(웃음)

손 맞아요. 사실은 진보정치세력이 크게는 두 갈래로 나눠서 선거 때마다 갈등을 빚고 있고, 그런 것이 민주노동당 선거나 민주노총 선거에 나타나서 많은 사람들의 눈살을 찌푸리게 하는 것도 사실이죠. 저희는 시작할 때 NL과 PD의 결합을 얘기했구요. 거창한 어떤 이데올로기보다는 구체적인 정책을 가지고 이야기를 해나가면 단결을 이룰 수 있지 않을까 라는 생각을 여전히 가지고 있어요. 그렇다고 해서 새사연 중심으로 단결하자고 얘기하는 것은 건방진 거구요. 겸손하게 일을 해나가면서 그런 것에 대한 진정성이 많은 사람들에게 받아들여진다면 서서히 진보세력의 대동단결에 기여하는 바가 있지 않을까 합니다. 그런 생각으로 겸손하게 일을 해나가려고 합니다.

{ 가난한 독자들이 왜 부자 신문을 볼까

지 《부자 신문, 가난한 독자》라는 책도 쓰셨는데요. 왜 가난한 독자들이 부자 신문을 볼까요?(웃음) 부자 신문이라는 게 신문이 부자라는 의미도 있을 거고, 부자 계급을 옹호한다는 의미도 있을 텐데요. 노숙자 입장에서는 《조선일보》가 두꺼워서 덮고 자기는 좋겠지만, 그 외에는 가난한 독자들에게 좋은 점은 없는 것 같은데요.

손 들머리에 안티조선운동의 성과를 말씀드렸는데요. 많은 사람들이 안 보고 있다고 생각해요. 반 토막 난 것은 중요하거든요. 언론재단에서 신문구독률을 조사한 것에서도 나타나는데, 신문정기구독률이 30퍼센트대까지 떨어져 있어요. 부자 신문에 대한 경계, 본질을 폭로해나가는 것이 앞으로도 필요하죠. 부자 신문의 힘보다는 그 신문들이 대변하고 있는 기득권 세력과의 싸움이 더 중요한 것 같구요. 거기에만 국한되지 않고, 조금 더 넓게 전선을 확대해나가야 한다고 생각합니다. 언론운동과 새로운 사회를 건설하는 운동을 같이해나가면 어떨까, 단순한 안티가 아니라 그것을 넘어서는 운동까지 얘기를 해나간다면 훨씬 더 효과가 있지 않을까 합니다.

지 종이 신문의 영향력이 줄어들고 있는데요. 기업들 입장에서 생각만큼 광고 효과가 없다고 생각한다면 그 동맹관계가 깨질 수도 있을 것 같은데요. 그렇다면 대안을 만들어야 하지 않습니까? 공중파 TV도 그렇고, 인터넷도 대안일 수 있을까 하는 생각이 드는데요.

손 글쎄요. 언론에만 국한시켜 얘기하자면, 다음 주에 나오는 제 책 내용이 그런 건데요. 사실 언론을 개혁해나가는 과정은 아주 두텁게 깔려 있는 사람들의 고정관념을 깨는 과정이잖아요. 미디어개혁 과정에서 그런 것과 이어지는 제도적인 방법이 필요하다고 생각해요. 그래서 제가 제안한 게 미디어 개혁위원회예요. 많은 언론학자나 시민단체가 모여서 '신문 방송 뉴미디어를 포괄하는 한국 사회의 공론장을 어떻게 제대로 만들 수 있을 것인가?'를 토론하고 논의하고 그것을 설득시켜나가는 과정, 거기에 방송토론도 포함하는 폭넓은 과정을 만드는 것이 필요해요. 그래서 미디어개혁 위원회라는 것을 구성해 국민적인 학습 과정으로 만들어야 한다고 생각하거든요. 개혁해 나가고, 개혁안을 만들어나가는 과정 자체가 국민적 학습과정이고, 그런 점에서 텔레비전을 충분히 활용해야 한다고 제안하고 있습니다. 그렇게 바뀌어나가는 과정, 언론 개혁에 있어서 자꾸 싸우려고 하지 말고, 언론 개혁 과정을 통해서 전체적인 국민적 동의 구조를 형성해나가는 국민적 교육과정, 학습과정으로 한 단계 높이는 방법을 모색할 때가 아닌가 싶습니다.

지　아까 신뢰도 조사에서 1, 2위였던 손석희, 엄기영 두 분은 방송매체를 갖고 있는데요. 개인적으로 TV를 적극적으로 활용할 생각은 안하시나요?(웃음)

손　기회가 있으면 하는데, 절 잘 안 부르죠.(웃음) 이런 얘기를 하는 게 이익이 될지도 모르겠네요. 방송 출연 제의가 오면 거부한 적은 없어요. 그것도 조금씩 바뀌어가겠죠. 옛날보다는 더 많이 나가고 있으니까요.

학생들의 보수화에 앞서 먼저 교수들의 보수화를 걱정해야

지　이명박, 박근혜 씨의 지지율이 가장 높은 상황인데요. 《오마이뉴스》에 "노 정권 아래서 나타난 비정규직 노동자의 확산, 부익부빈익빈의 심화가 정권교체로 개선되는 게 아니라 더 심각해진다는 뜻이다. 한미FTA 타결로 축배를 든 노 정권을 '좌파'로 몰아치는 깜냥이라면, 그들의 경제정책이 어떤 현실로 나타날지 미루어 짐작할 수 있다"고 하셨지 않습니까? 이번 대선 과정에서 진보진영은 어떻게 해야 한다고 생각하십니까? 더 이상 비판적 지지는 곤란하다는 생각도 드는데요.

손　좋은 질문인데요. 반한나당 전선보다 더 중요한 것은 어떤 내용으로 반한나라당을 할 것이냐 하는 거구요. 노무현 정권을 지나면서 진보 세력도 그렇고, 민주 세력도 그렇고, 많이 분화가 됐잖아요. 시민운동은 사실 많이 망가졌구요. 지금은 새로운 전선을 만드는 게 중요한 것 같아요. 과거에 민중들이 절망했을 때는 재야운동이라는 구심점이 있었어요. 그걸 지금의 전국 연합이 하기도 그렇구요. 그래서 저희 연구원이 내부적으로 제안을 해나갈 생각이에요.

신자유주의 반대와 6.15 공동선언 실천이라는 두 가지를 합의할 수 있는 사람들끼리 모여서 새로운 형태의 전선 조직을 만드는 것이 가장 중요한 것 같습니다. 그 귀결점으로 한나라당이 아닌 사람이 당선되는 것이면 더 바랄 나위가 없겠지만, 반한나라당이 목표가 되어서는 안 된다고 생각해요. 한국 사회의 신자유주의로 인해 피해받고, 고통받는 많은 사람들이 절대 다수거든요. 정규직 노동자들도 고용불안에 시달리고 있구요. 비정규직 노동자, 농민, 청년 실업자 이런 사람들에게 희망을 줄 수 있는 새로운 형태의 전선이 만들어져야 한다고 생각합니다.

그래서 새사연의 대선국면에서의 정치적 선택은 그런 정치적 전선을 만드는 데 있구요. 7공화국 운동을 펼쳐나가 볼까 하는데 어떻게 생각하세요? 새로운 형태의 헌법을 만들고. 그런 이야기를 내부적으로 하고 있어요. 이를테면 저희가 얘기하는 노동중심경제와 국민직접정치를 하려면 헌법을 바꿔야 하거든요. 헌법 개정운동을 하는 게 눈에 보이는 형태로 나타나는 거죠. 직선제 헌법 쟁취처럼 새로운 헌법을 만들고 신자유주의를 넘어서는 그런 경제 체제를 제도화시켜나가는 운동을 펼치자는 겁니다.

지　그 헌법 개정의 핵심적인 내용은 뭔가요?

손　국민직접 투표를 활성화하는 거죠. 국가적 주요사안이 있을 때 많은 사람들이 국민투표를 통해서 결정을 해나가는 거구요. 저는 국회도 바뀌어야 한다고 생각해요. 지금은 지역구가 너무 커요. 지자체에 대한 국민소환권이 시작된다고 하지만 내용에 많은 하자가 있거든요. 그런데 그것조차도 국회는 되고 있지 않아요. 국회의원도 그렇고 대통령도 그렇고 국민소환권을 헌법에 만들어야 한다고 생각합니다. 그렇게 만들려면 현재 지역구 숫자 가지고는 어렵거든요. 최소한 지역구민이 2~3만 정도만 되면 투표로 소환할 수 있어요. 지역구도 더 나눠야 해요. 그러면 국회의원 숫자가 대폭 늘어나게 되죠. 국회의원들의 세비도 많이 줄 필요가 없다고 생각하구요. 국회가 일반 국민들에게 다가갈 수 있도록 만들고, 전면적인 개편을 하려면 헌법을 바꿔야 되겠죠. 그런 게 정치제도의 핵심적인 내용이에요.

경제 문제에서도 노동중심경제를 포함하기 위해서는 헌법에 이 문제가 들어가야 한다고 생각합니다. 단순한 법률 차원이 아니라 헌법에서 좀 보장을 해야죠. 주식회사를 저희는 공공주식회사 개념으로 제안하고 있거든요. 노동자들의 경영참여도 헌법 정신으로 당연히 지켜야 한다고 생각해요. 정치의 새로운 모습, 경제의 새로운 모습을 헌법의 구체적인 조항으로 규정을 짓고, 그런 헌법으로 만들어나가자는 운동을 펴면 사람들에게 달라지는 모습을 보일 수 있지 않을까 합니다.

지　사람들의 인식이나 언론을 바꾸는 것과도 다 연결되어야 할 것 같은데요. 진보진영에서는 한미FTA를 국민투표에 붙이자고 하는데, 지금 상황에서 국민투표를 하면 찬성이 더 많을 것 같거든요.

손 아주 당연한 우려인데요. 국민투표제안에도 그 내용이 잠깐 들어가 있지만, 어떤 안건을 국민투표에 붙인다고 하면 그 안건을 가지고 활발한 토론이 벌어질 거 아닙니까? 이런 것을 국민적인 정치의식이 성숙해가는 과정으로 만들어야 한다는 거죠. 그러려면 많이 바뀌는 게 있어야 하죠. 집중적인 토론을 통해서 뭐가 옳은지를 알게 되면 국민들이 국민투표를 거칠 때마다 정치의식이 한 단계씩 높아지는 거죠. 저희가 사실 국민직접정치를 '새로운 사회를 여는 상상력'이라는 책에서 제안을 할 때는 베네수엘라의 차베스를 모르고 있었는데요. 차베스가 해나가는 모습이 그런 모습이에요. 다 투표를 통해서 해나가는 거죠. 저는 한국 민중들의 정치의식 수준을 봤을 때 충분히 가능하다고 생각해요.

지 요즘 젊은사람들이 훨씬 보수화되는 경향이 있는 것 같습니다. 그러면서도 스스로는 쿨하다고 생각하는 것이 훨씬 위험한 것 같다는 생각도 드는데요. 예전에 〈R통신〉을 통해 젊은이들에게 메시지를 보내기도 하셨는데요.

손 제가 대학에서 강의를 하고 있는데요. 강의가 끝날 때쯤 되면 학생들이 변해 있어요. 요즘 교수 평가를 하잖아요. 교수 평가지를 보면 "정말 새로운 시각을 알게 돼서, 졸업하기 전에 이런 강의를 듣게 돼서 고맙게 생각한다"는 말이 주류예요. 성적 기간이 끝나고 나서 쓴 것이기 때문에 전혀 학점을 의식해서 쓴 게 아니잖아요.(웃음) 제가 말씀드리고 싶은 것은 학생들이 워낙 새로운 이야기를 들을 수가 없는 환경에 있다는 게 문제라는 거예요. '어떻게 보면 학생들의 보수화를 걱정하기에 앞서서 교수들의 보수화를 이야기해야 하지 않을까?' 라는 생각이 들어요. 학생운동이 학생들에게 호소력 있게 다가오지 못한 데에도 그런 문제가 있는 것 같구요.

또 한 가지 학생운동 문제인데요. 뭘 지향하려는지가 막연해요. 저희는 학생운동에도 우리가 지향하는 사회가 어떤 사회인지에 대한 이야기를 분명하게 해야 한다고 요구하고 있어요. 그리고 새사연이 내놓은 대안을 대학가에서 자꾸 얘기할 생각입니다. 그래서 〈R통신〉이라는 쪽지를 계속 보내고 있어요.

지 젊은 층과의 소통 문제를 가지고 진중권 씨와 토론을 하신 적이 있으시잖아요. 진중권 씨는 "역사의식을 갖추길 기대할 수 없는, 과거와 전혀 다른 신체"라고 했는데요. 선생님은 의견이 조금 다르신 것 같습니다. 희망이 있는 것 같다는 얘기로 들리는데요.

손 희망이 있는 것 같은 게 아니라 희망이 있죠.(웃음) 저하고 이야기를 나눈 젊은이들의 달라지는 모습을 제 눈으로 확인하거든요. 그런데 어떻게 희망을 안 가질 수가 있겠어요.

(2007년 5월 31일, 새사연 사무실에서)